Financial theory and practice

재무이론과 실제

강인철 저

publishing and culture
피앤씨미디어

머리말

재무이론은 경영학을 공부하는 학생이나 기업의 재무관리자는 물론 투자자, 채권자, 경영분석가 등에 있어 매우 필요하다 할 것이다. 특히 재무관리자는 기업의 경영활동 과정에서 발생하는 재무상의 여러 문제를 파악하고 분석하여 이에 대한 과학적인 정책을 수립하고 집행할 수 있는 능력을 갖추어야 한다. 이러한 능력을 갖추기 위해서는 대학에서의 체계적인 재무이론 교육이 강조될 수밖에 없다.

수년간 대학에서 재무이론을 강의해 본 결과, 기존 교재들의 내용이 너무 방대하여 한 학기 동안에 모든 내용을 살펴볼 수 없었다. 이것은 강의자의 입장에서는 안타까운 현실이었고, 또한 학생들의 입장에서는 중요한 기업경영기능 중의 하나인 재무이론을 모두 섭렵하지 못하고 졸업한다는 문제가 있었다. 이에 따라 수년간의 강의노트를 정리하여 본서를 출간하게 되었다. 본서의 특징은 한 학기동안 강의할 수 있도록 재무이론과 자본시장의 중요 부분을 발췌하여 책으로 엮었다는 것이다.

이 책은 총 5편 17장으로 구성되어 있다.

제1편은 재무관리의 기초분야로, 재무관리의 개요(제1장), 재무분석(제2장)과 화폐의 시간적 가치(제3장)로 구성되어 있다.

제2편은 투자결정분야로 자본예산(제4장), 포트폴리오이론(제5장)과 자본시장이론(제6장)으로 구성되어 있으며,

제3편은 자본조달결정분야로 자본비용(제7장), 자본구조(제8장)와 배당정책(제9장)으로 구성되어 있다.

제4편에서는 재무관리의 특수분야로, 기업인수합병(M&A)(제10장), 그리고 국제재무관리(제11장)의 개략적인 내용을 다루고 있다.

제5편은 자본시장분야로, 금융시장과 증권시장(제12장), 자본시장의 체계(제13장), 주식시장(제14장), 채권시장(15장), 선물시장(제16장)과 옵션시장(제17장)으로 구성되어 있다.

이 책의 구성에서 완성까지 국내외의 많은 관련 서적을 참고하였으나 강의노트 위주로 책을 엮었기 때문에 출간에 앞서 여러 가지 아쉬운 부분이 많은 것 또한 사실이다. 무엇보다 설명이 모자라거나 명확하지 않은 부분도 많고 오류와 누락도 있을 것으로 생각된다. 이러한 부분은 개정판에서 계속 수정·보완할 것을 약속드린다.

2024년 8월

저자 씀

차 례

제 2 편 투자결정

제 4 장 자본예산

제 5 장 포트폴리오 이론

제 3 편 자본조달결정

제 7 장 자본비용

제 8 장 자본구조

제 4 편 재무관리의 특수분야

제 10 장 기업인수합병(M&A)

PART 1

재무관리의 기초

CHAPTER

01 재무관리의 개요

제1절 재무관리의 의의

재무관리(financial management)는 기업이 필요로 하는 자금을 합리적으로 조달하고, 조달된 자금을 효율적으로 운용하는 관리기능으로서 그 궁극적인 목표는 기업의 가치를 극대화하는 것이다. 다시 말해서 재무관리는 경영활동에 필요한 자금의 운용과 조달에 관련된 의사결정을 수행하는 관리기능으로 정의할 수 있다. 그런데 기업의 모든 경영활동은 직접 또는 간접적으로 자금과 관련되어 있으므로 재무관리는 화폐를 매개체로 하여 기업의 모든 경영활동을 전반적인 관점에서 계획·조정·통제하는 통합적인 관리기능이라 할 수 있다.

초기의 재무관리는 기업의 자금조달에 관련된 문제를 해결하는데 연구의 초점을 두었다. 그러나 기업환경이 복잡해지고 경쟁이 격화됨에 따라 재무관리의 연구대상은 자금조달결정에만 한정되지 않고, 조달된 자본을 어떻게 효율적으로 운용할 것인가의 문제, 즉 투자결정의 문제로 확대되었다.

제2절 재무관리의 기능

앞에서 정의한 바와 같이 재무관리란 기업의 자금흐름과 관련된 모든 의사결정을 보다 효율적으로 유도하고 관리하기 위한 이론과 기법이라 할 수 있다. 다시 말하면 기업의 목표라고 할 수 있는 기업의 가치를 극대화하는 과정에서 수반되는 모든 재무적 의사결정을 합리적으로 내리기 위한 방법을 연구하는 학문이라 할 수 있다.

기업의 재무적 의사결정의 범위는 매우 광범위하나 크게 다음과 같이 세 가지 기능으로 분류할 수 있다.

1. 자본조달결정기능

자본조달결정(financing decision)기능은 투자에 소요되는 자본을 어떻게 효율적으로 조달할 것인가를 결정하는 기능으로서 재무상태표의 대변항목과 관련된 의사결정이다. 자본조달결정에 따라 자본규모와 자본구조가 결정된다. 자본조달결정의 궁극적인 목표는 기업의 목표를 효과적으로 달성하기 위하여 기업의 현재 및 미래상황을 고려한 최적자본배합과 최적자본구조를 결정하는 것이다.

2. 투자결정기능

투자결정(investment decision)기능은 기업이 필요로 하는 자산을 어떻게 구성할 것인가를 결정하는 기능으로서 재무상태표의 차변항목과 관련된 의사결정이다. 투자결정에 따라 자산규모와 구성상태가 결정된다. 투자결정의 궁극적인 목표는 기업의 목표를 효과적으로 달성하기 위하여 기업의 현재 및 미래상황을 고려한 최적자산배합을 결정하는 것이다.

3. 배당결정기능

배당결정(dividend decision)기능은 기업에 여러 가지 형태로 자금을 제공한 투자자들에게 경영활동의 결과 창출된 이익 중 얼마를 배당하고 얼마를 기업 내에 유보할 것인가에 관련되는 의사결정기능이다. 배당결정기능에 따라 배당성향과 배당형태가 결정된다.

제3절 재무관리의 목표

재무관리자의 의사결정은 기업의 목표를 달성하는 데 공헌하는 방향으로 이루어져야 하므로, 무엇보다도 기업의 목표를 분명히 설정할 필요가 있다. 여기서는, 기업가치의 극대화가 재무관리의 의사결정의 기준이 될 수 있음을 알아보고, 전통적으로 경제학에서 기업의 목표로서 여겨져 왔던 이익의 극대화가 기업이 추구해야 할 목표로서 적합하지 않음을 설명한다.

1. 이익의 극대화

이익의 극대화(profit maximization)는 기업이 본질적으로 영리를 목적으로 하고 있다는 점에서 경제학에서 주장되어 왔다. 그러나 이익의 극대화는 다음과 같은 측면에서 기업의 목표로서 받아들여질 수 없다.

첫째, 이익의 개념이 모호하다는 것이다. 이익의 개념은 장기적 이익, 단기적 이익, 매출총이익, 영업이익, 순이익, 주당이익 등으로 다양하여 어느 것을 기업의 목표로 하여야 할지 분명하지 않다.

둘째, 이익의 시간성을 무시한다는 것이다. 즉 화폐의 시간적 가치를 무시한다는 것이다. 이에 따라 이익극대화는 미래의 각기 다른 시점의 이익을 적절히 평가할 수 없다.

셋째, 미래이익의 불확실성을 반영하지 못한다는 것이다. 기업의 활동은 본질적으로 미래와 관련되는 것이고, 미래는 불확실성을 항상 내포하기 마련이다. 이익극대화의 목표는 미래에 발생할 이익의 절대적인 크기만이 중요한 것이지, 그 실현가능성은 고려하지 못한다.

2. 기업가치의 극대화

이익의 극대화를 기업의 목표로 하는 경우 발생하는 위와 같은 문제점을 보완하기 위하여 현대 재무관리에서는 기업의 목표를 주주부의 극대화에 두고 있다. 그리고 주주 부는 기업의 가치로 나타낼 수 있다. 기업가치는 기업이 벌어들일 미래이익 또는 현금흐름의 시간성과 위험성을 고려하여 현재 시점의 가치로 평가한 현재가치를 말한다. 기업가치는 주주의 몫인 자기자본의 가치와 채권자의 몫인 타인자본의 가치의 합계이다. 그러나 재무의사결정이 타인자본의 가치에 미치는 영향은 매우 작기 때문에 자기자본의 가치변화는 기업가치의 변화와 거의 같게 된다. 따라서 주주 부(shareholder's wealth)의 극대화는 기업가치의 극대화(firm's value maximization)와 일치하게 된다.

주주 부의 극대화, 즉 기업가치의 극대화는 이익의 극대화에 비하여 다음과 같은 이점을 가진다.

첫째, 기업가치의 개념이 명확하고, 기업경영상에서 어떠한 의사결정을 내리면 증권시장에서 주가나 채권가격을 통하여 그 영향이 즉각적으로 나타나기 때문에, 그 의사결정이 잘 되었는지 잘못되었는지를 알 수 있다는 점이다.

둘째, 기업가치는 경영자나 주주 등의 주관적인 판단에 의해 결정되는 것이 아니라, 증권시장에서 많은 투자자에 의하여 객관적으로 결정된다는 점이다.

셋째, 기업가치의 극대화 목표는 의사결정을 할 때 현금흐름의 시간성과 현금흐름의 불확실성을 고려할 수 있다는 것이다. 왜냐하면 기업가치는 기업의 미래현금흐름의 시간성과 위험이 모두 고려되어 결정되기 때문이다.

이상에서 설명한 재무관리의 기능과 목표를 그림으로 나타내면 [그림 1-1]과 같다.

그림 1-1 재무관리의 기능과 목표

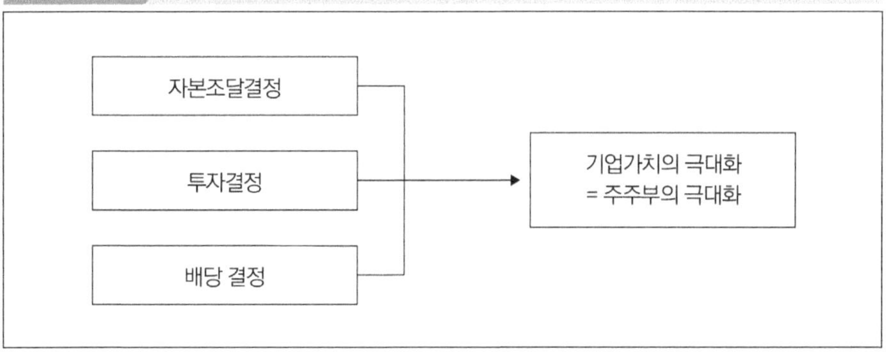

3. 주주 부의 극대화(기업가치의 극대화)와 대리인문제

(1) 대리인문제의 존재

소유와 경영이 분리된 현대기업에서는 주주들이 필요한 의사결정을 직접 할 수는 없으며 그들의 대리인으로서 경영자를 고용하게 되는데 이때 주주와 경영자간의 이해상충의 문제, 즉 의사결정권한의 위임으로 인하여 발생하는 주체와 대리인간의 갈등으로 인한 문제를 대리인문제(agency problem)라 한다. 따라서 주주 부의 극대화가 소유와경영이 분리된 현대기업의 목표로서 타당한가에 대하여 많은 논란이 제기되고 있다. 그러므로 현대 재무관리의 목표를 주주 부의 극대화로 한다는 것은 경영자들이 주주들의 부를 극대화시키는 차원에서 기업을 경영한다는 기본적인 사실이 전제되어 있다.

(2) 대리인문제의 완화를 위한 현실적 장치

위의 대리인문제는 현실적인 시장에 존재하는 다음과 같은 제도적 장치에 의해서 상당히 완화시킬 수 있으며 따라서 주주 부의 극대화가 재무관리의 목표로서 타당성을 유지할 수 있게 된다.

① 주주총회에서 이사회 임원의 선출권 행사
② 백지위임장 투쟁(proxy fight) 등을 통한 무능경영진의 교체압력
③ 경영자 노동시장에 존재하는 치열한 경쟁압력
④ 주식옵션(stock option) 등의 경영자 보상제도의 도입

그러나 주주와 경영자간에 존재하는 대리인문제를 완전히 해결할 수는 없으며 현실적으로 경영자가 주주들의 부를 극대화하지 않고 자신의 부를 극대화하는 방향으로 기업을 경영하는 경우에는 주주들의 부가 희생되는 결과를 초래하게 된다.

제4절 재무관리의 역사적 발전과정

재무관리가 하나의 독립된 학문분야로 연구되기 시작한 것은 1900년 이후이다. 그러나 그 당시에는 경제학의 한 분야로서 화폐금융론의 성격이 주류를 이루고 있었다.

1910년대에 이르러 현재 사용하고 있는 회계계정이 정비되었고, 금융기관이 재무제표를 중심으로 기업의 신용분석을 실시하게 되었다.

1920년대에는 새로운 산업들이 출현하게 되면서 각 기업은 성장과 확장을 위하여 외부로부터 자금을 조달할 필요성을 느끼기 시작했다. 이러한 현상은 기업의 유동성관리를 재무관리의 중요한 과제로 부각시키게 되었다.

1930년대에는 경기후퇴와 금융긴축 때문에 업계에서는 도산과 정리절차가 꼬리를 물고 일어났으며 유동성 확보가 절대과제로 등장하였다. 이러한 현상들은 전통적인 기업재무, 즉 자금조달과 재무구조의 분석을 차차 강조하게 되었다. 대공황을 거치면서 많은 기업들이 파산하게 되자, 기업은 재무정책의 모든 면에서 보수주의를 채택하게 되었으며, 정부는 기업에 대하여 강력한 규제를 하기 시작하였다.

1940년대는 전쟁의 시기로서 설비투자의 재원은 주로 정부에서 조달되었으나 운전자금 조달은 기업 스스로의 몫이었다. 1940년대 후반에도 전후의 경제회복 및 조정국면에서 겪게 되는 어려움을 극복할 수 있는 재무구조의 선택에 계속 관심을 갖게 되었다.

1950년 초에는 전후수요증대로 인해 급격한 경제성장이 있었으나 곧이어 침체의 늪에 빠지게 되었다. 주식시장 침체와 함께 맞이한 기업의 급격한 성장과 긴축통화정책으로 말미암아 재무관리자들은 현금의 확보 및 유지에 큰 관심을 갖게 되었다. 기업의 외부자가 기업을 관찰하기 위한 도구로 사용하던 재무비율분석의 중요성이 퇴조하고, 내부의사결정을 위한 재무관리 기능과 응용이 주목받게 되었다.

1950년대 후반에 접어들면서 성숙단계에 이른 산업의 수익력이 저하되기 시작하자, 투자 전 평가와 심사단계에서의 분석을 강화하게 되었고, 이는 자본비용 분석과 자본예산이론의 발전을 가져왔다. 이러한 상황하에서 현대재무관리이론의 발전에 가장 큰 역할을 한 두 논문이 발표되었다.

하나는 Modigliani와 Miller(1958)의 논문이다. 이들은 자본시장이 효율적이고 완전하다면, 배당은 기업가치에 아무런 영향도 주지 않는다는 내용과 자본구조는 기업가치에 아무런 영향을 주지 않는다는 내용을 발표하였다. 이 논문은 전통적으로 내려오던 재무관리의 내용을 부정한 것으로서, 이를 전환점으로 하여 재무관리의 이론들이 새로이 정비되었다.

또 다른 하나는 Markowitz(1952) 논문이다. 이 논문은 투자자산의 선택에 관한 것인데 분산투자의 중요성을 강조하고 있다. 이 이론은 현대재무관리이론에서 큰 비중을 차지하는 포트폴리오분석의 시발점이 되었다. Markowitz의 분석을 적용하여 Sharpe, Lintner와 Mossin(1966) 등은 자본자산가격결정모형(capital asset pricing model ; CAPM)을 발전시켰다. 이 모형은 자산의 가격이 어떻게 적절하게 결정되는가를 설명한 것으로서, 현대재무관리의 핵심이 되고 있다.

1970년대 후반에 접어들어 옵션가격결정모형(option pricing model)과 재정(차익)가격결정이론(arbitrage pricing theory) 등 자산의 가치평가를 위한 여러 가지 이론과 모형이 개발되어 재무관리와 이론적 발전에 큰 공헌을 하였다. 한편 Jensen과 Meckling(1976)은 채권자, 경영자, 주주 등의 이해상충으로 발생하는 대리인문제와 대리인문제로 인해 발생하는 대리인비용을 다루는 대리인이론(agency theory)이 크게 발전하여 재무관리의 각 분야에 영향을 미쳤다.

1980년대에 들어서는 파생상품의 발달이 두드러졌다. 이와 같은 파생상품에 대한 연구와 더불어 최근 재무관리담당자가 가장 관심을 가져야 할 분야 중 하나는 금융공학(financial engineering)의 등장이다. 금융공학은 파생상품(derivatives)시장의 발달과 이자율을 비롯한 환율, 국제상품가격의 불완전한 변동, 이로 인한 국제자금흐름의 변화, 그리고 투자자의 다양한 요구 등에 의해 발달하기 시작했다. 금융공학은 선물, 옵션, 스왑 등의 파생상품을 이용하여 투자자들의 복잡한 욕구를 만족시킬 수 있는 합성증권(hybrid security)을 창출해 내는 혁신적인 금융기법의 설계, 개발, 응용 및 재무문제의 창조적 해결방안의 개발을 의미한다.

근래 들어 각 국의 경제가 국제화를 촉진하는 과정에서 기업들의 활동영역이 해외로 계속 확대되고 있다. 이에 따라 국제적인 기업측면에서 그 비중이 높아지고 있는 한 분야는 국제재무분야이다. 이는 환리스크나 정치적 위험 등의 국제적 변수를 고려하는 일련의 투자·자금조달 및 이익배당에 관한 의사결정인데, 여기서는 기업의 투자대상 및 자금조달의 다변화가 중요한 내용이 된다.

연습문제

문제 1 이익극대화보다 기업가치의 극대화가 더 적절한 재무관리의 목표라 할 수 있다. 그 이유를 설명하시오.

문제 2 재무관리의 기능에 대하여 설명하시오.

문제 3 재무관리의 목표에 대하여 설명하시오.

문제 4 재무관리의 역사적 발달과정에 대하여 설명하시오.

문제 5 대리인문제가 재무관리 목표에 미치는 영향에 대하여 설명하시오.

CHAPTER

02 재무분석

제1절 재무제표

재무제표(financial statements: F/S)는 기업의 이해관계자에게 재무정보를 제공하기 위해 작성되는 회계보고서로서 재무상태표, 손익계산서와 현금흐름표 등으로 구성된다.

여기서는 재무분석에서 가장 많이 사용되는 재무상태표와 손익계산서에 대하여 살펴보자.

1. 재무상태표

재무상태표(statement of financial position)는 일정시점에서 기업의 자산, 부채와 자본에 관한 정보를 제공하는 재무상태보고서이다.

재무상태표는 자금의 운용상태(자산)와 조달원천(부채와 자본)의 관계, 즉 재무상태를 나타낸다. 재무상태표에서 자산항목은 기업의 조달한 자금을 어떻게 활용하고 있는가 하는 자금의 운용상태 즉, 투자활동을 나타내며, 부채와 자본항목은 이와 같은 자산의 조달원천을 표시하여 기업의 자본을 어떻게 조달하였는가 하는 자본구조 즉, 재무활동을 나타내고 있다. 따라서 재무상태표는 기업의 자금조달활동과 투자활동의 결과를 한 시점에서 정리한 보고서로서 의미를 갖고 있다.

이러한 재무상태표의 간단한 예가 [표 2-1]에 제시되어 있다.

표 2-1 재무상태표

자 산	금 액	부채·자본	금 액
(자 산)		(부 채)	
Ⅰ. 유동자산	144,000	Ⅰ. 유동부채	120,000
1. 현금과 예금	16,000	1. 매입채무	100,000
2. 매출채권	80,000	2. 단기차입금	20,000
3. 재고자산	48,000	Ⅱ. 고정부채	30,000
		1. 사채	15,000
Ⅱ. 고정자산	106,000	2. 장기차입금	15,000
		부채총계	150,000
		(자 본)	
		Ⅰ. 자본금	60,000
		Ⅱ. 자본잉여금	20,000
		Ⅲ. 이익잉여금	20,000
		자본총계	100,000
자산총계	250,000	부채·자본총계	250,000

2. 손익계산서

손익계산서(income statements: I/S)는 일정기간동안 기업에서 발생한 수익과 비용을 대응시켜 당해기간의 손익을 표시한 보고서로서 기업의 종합적인 경영 성과를 나타내는 재무제표이다.

우리나라 기업회계기준에서는 이익항목을 매출총이익, 영업이익, 경상이익, 법인세차감전순이익, 당기순이익으로 구분하여 표시하도록 규정하고 있다. 이와 같이 이익항목을 구분하여 표시함으로써 해당이익이 기업경영의 어떤 활동에서 발생하였는지를 파악할 수 있다.

이러한 손익계산서의 예는 [표 2-2]에 제시되어 있다.

표 2-2 손익계산서

과 목	금 액
Ⅰ. 매출액	730,000
Ⅱ. 매출원가	426,000
Ⅲ. 매출총이익	304,000
Ⅳ. 판매비와 일반관리비	94,000
Ⅴ. 영업이익	210,000
Ⅵ. 영업외비용(이자비용)	64,000
Ⅶ. 법인세차감전순이익	146,000
Ⅷ. 법인세	73,000
Ⅸ. 당기순이익	73,000

제2절 재무비율분석

1. 재무비율분석의 의의

재무비율분석(financial ratio analysis)은 손익계산서나 재무상태표상의 항목을 서로 대응하는 항목이나 부분으로 분류, 그 총체적 구성비나 개별항목간의 비율을 산출하고, 이를 적절한 비율과 비교하여 전체적인 기업의 재무상태나 경영성과를 분석, 평가하는 것을 말한다.

재무비율(financial ratio)은 일반적으로 [표 2-3]과 같이 유동성비율, 레버리지비율, 활동성비율, 수익성비율, 시장가치비율로 나눌 수 있다.

표 2-3 재무비율의 종류

분 류	의 미	관련비율
유동성비율	단기채무의 대응능력을 측정	유동비율, 당좌비율 등
레버리지비율	타인자본에 의존하고 있는 정도를 측정	부채비율, 이자보상비율, 자기자본비율 등

활동성비율	자산의 이용효율성을 측정	재고자산회전율, 매출채권회전율, 고정자산회전율, 총자산회전율 등
수익성비율	전체적인 경영성과를 측정	총자본순이익률, 매출액순이익률, 자기자본순이익률 등
시장가치비율	주식시장에서의 평가를 측정	주가수익비율, 주가순자산비율, 배당수익률, q비율 등

2. 재무비율의 종류

(1) 유동성비율

유동성비율(liquidity ratios)은 기업의 단기채무에 대한 대응능력을 측정하는 비율이다. 1년 이내에 만기가 도래하는 채무에 대한 기업의 지급능력을 측정하는 것으로 유동비율과 당좌비율로 측정한다.

유동비율(current ratio)은 기업의 유동성을 측정하는데 가장 많이 사용되는 비율이다. 즉,

$$\text{유동비율} = \frac{\text{유동자산}}{\text{유동부채}} \times 100 \tag{2-1}$$

위의 자료를 이용하여 유동비율을 구하면 다음과 같다.

$$\text{유동비율} = \frac{\text{유동자산}}{\text{유동부채}} \times 100 = \frac{144{,}000}{120{,}000} \times 100 = 120\%$$

당좌비율(quick ratio)은 산성시험비율(acid-test ratio)이라고도 하는데, 이것은 유동자산 중에서 유동성이 가장 떨어지는 재고자산을 차감하여 유동부채로 나눈 비율이다. 이것은 기업의 유동성을 엄격하게 평가하기 위하여 사용된다.

$$\text{당좌비율} = \frac{\text{유동자산} - \text{재고자산}}{\text{유동부채}} \times 100 \tag{2-2}$$

위의 자료를 이용하여 당좌비율을 구하면 다음과 같다.

$$\text{당좌비율} = \frac{\text{유동자산} - \text{재고자산}}{\text{유동부채}} \times 100$$
$$= \frac{144{,}000 - 48{,}000}{120{,}000} \times 100 = 80\%$$

(2) 레버리지비율

레버리지비율(leverage ratios)은 기업이 조달한 자본 중에서 타인자본에 의존하고 있는 정도를 나타내는 비율이다. 이와 관련된 비율로는 대표적으로 부채비율과 이자보상비율이 있다.

부채비율(debt ratio)은 총자본을 구성하고 있는 자기자본과 타인자본의 비율이다. 즉,

$$\text{부채비율} = \frac{\text{타인자본}}{\text{자기자본}} \times 100 \qquad (2-3)$$

위의 자료를 이용하여 부채비율을 구하면 다음과 같다.

$$\text{부채비율} = \frac{\text{타인자본}}{\text{자기자본}} \times 100 = \frac{150{,}000}{100{,}000} \times 100 = 150\%$$

이자보상비율(interest coverage ratio)은 타인자본의 사용으로 발생하는 금융비용인 이자가 기업에 어느 정도 압박을 가져오는가를 나타내는 비율이다. 이것은 기업의 영업이익이 금융비용의 몇 배에 해당되는가로 측정된다. 즉,

$$\text{이자보상비율} = \frac{\text{경상이익} + \text{이자비용}}{\text{이자비용}} \qquad (2-4)$$

위의 자료를 이용하여 이자보상비율을 구하면 다음과 같다.

$$이자보상비율 = \frac{경상이익 + 이자비용}{이자비용} = \frac{210,000}{64,000} \fallingdotseq 3.28배$$

자기자본비율(net worth to total assets)은 총자본 중에서 자기자본이 차지하고 있는 비율을 말하는데, 기업의 안정성을 측정·판단하는 기준이 된다.

$$자기자본비율 = \frac{자기자본}{총자본} \times 100 \qquad (2-5)$$

위의 자료를 이용하여 자기자본비율을 구하면 다음과 같다.

$$자기자본비율 = \frac{자기자본}{총자본} \times 100 = \frac{100,000}{250,000} \times 100 = 40\%$$

고정비율(fixed ratio)은 고정자산을 자기자본으로 나눈 비율로 자본의 유동성을 나타내는 지표이며, 기업의 안정성 측정에 이용된다. 고정자산은 환금이 불가능하며 투자자산을 회수하는 감가상각의 기간이 길기 때문에 가급적이면 자기자본으로 조달하는 것이 좋다. 고정비율은 100% 이하로 나타나는 것이 이상적이며, 이 값이 낮을수록 안정성이 높아진다.

$$고정비율 = \frac{고정자산}{자기자본} \times 100 \qquad (2-6)$$

위의 자료를 이용하여 고정비율을 구하면 다음과 같다.

$$고정비율 = \frac{고정자산}{자기자본} \times 100 = \frac{106,000}{100,000} \times 100 = 106\%$$

(3) 활동성비율

활동성비율(activity ratios)은 기업이 가지고 있는 자원들이 얼마나 효율적으로 활용되고 있는가를 나타내는 비율이다. 이것은 매출액을 분자로 하여 주요자원에 대한 회전율로 계산된다. 대표적으로 많이 쓰이는 비율로는 재고자산회전율, 매출채권회전율, 고정자산회전율, 총자산회전율 등이 있다.

재고자산회전율(inventory turnover)은 매출액을 재고자산으로 나눈 값으로, 재고자산이 일정기간동안에 몇 번이나 당좌자산으로 전환하였는가를 측정한다. 즉,

$$\text{재고자산회전율} = \frac{\text{매출액}}{\text{재고자산}} \qquad (2-7)$$

위의 자료를 이용하여 재고자산회전율을 구하면 다음과 같다.

$$\text{재고자산회전율} = \frac{\text{매출액}}{\text{재고자산}} = \frac{730{,}000}{48{,}000} \fallingdotseq 15.21\text{회}$$

매출채권회전율(receivable turnover)은 매출액을 외상매출금으로 나눈 비율이다. 즉,

$$\text{매출채권회전율} = \frac{\text{매출액}}{\text{외상매출금}} \qquad (2-8)$$

위의 자료를 이용하여 매출채권회전율을 구하면 다음과 같다.

$$\text{매출채권회전율} = \frac{\text{매출액}}{\text{외상매출금}} = \frac{730{,}000}{80{,}000} = 9.125\text{회}$$

고정자산회전율(fixed asset turnover)은 매출액을 고정자산으로 나눈 값으로, 고정자산이 얼마나 효율적으로 이용되고 있는가를 측정하는 비율이다.

$$\text{고정자산회전율} = \frac{\text{매출액}}{\text{고정자산}} \quad (2-9)$$

위의 자료를 이용하여 고정자산회전율을 구하면 다음과 같다.

$$\text{고정자산회전율} = \frac{\text{매출액}}{\text{고정자산}} = \frac{730{,}000}{106{,}000} \fallingdotseq 6.89\text{회}$$

총자산회전율(total assets turnover)은 매출액을 총자산으로 나눈 비율로서 기업이 보유하고 있는 전체 자산의 효율적인 이용도를 측정하는 지표이다.

$$\text{총자산회전율} = \frac{\text{매출액}}{\text{총자산}} \quad (2-10)$$

위의 자료를 이용하여 총자산회전율을 구하면 다음과 같다.

$$\text{총자산회전율} = \frac{\text{매출액}}{\text{총자산}} = \frac{730{,}000}{250{,}000} \fallingdotseq 2.92\text{회}$$

매입채무회전율(accounts payable turnover)은 매입채무의 변제속도를 표시해주는 비율이다. 기업은 매입채무를 통해 거래를 하면 현금을 더 많이 확보할 수 있으므로 최대한 변제를 늦추고 싶어한다. 매입채무의 변제기간은 기업의 구매협상력에 좌우된다고 볼 수 있다. 매입채무회전율이 낮을수록 기업의 판매자와의 협상력이 좋다고 생각할 수 있다. 반면, 기업의 협상력이 낮아 자금조달을 위한 기회비용이 발생하고 있다는 증거가 된다. 하지만 낮은 매입채무회전율이 항상 긍정적인 것은 아니다. 매입채무가 많아서 채무를 잘 이행하지 못할 리스크가 있을 수도 있다.

$$\text{매입채무회전율} = \frac{\text{매출액}}{\text{매입채무}} \qquad (2-11)$$

위의 자료를 이용하여 총자산회전율을 구하면 다음과 같다.

$$\text{매입채무회전율} = \frac{\text{매출액}}{\text{매입채무}} = \frac{730{,}000}{100{,}000} = 7.3\text{회}$$

자기자본회전율(stockholder's equity turnover)은 자기자본의 이용능률을 나타내는 지표로 매출액을 자기자본으로 나눈 횟수로 측정된다. 이 비율이 낮다는 것은 자기자본이 과대하거나 매출액이 적다는 것을 의미하므로 투하자본을 줄이거나 매출증대방안을 마련해야 한다.

$$\text{자기자본회전율} = \frac{\text{매출액}}{\text{자기자본}} \qquad (2-12)$$

위의 자료를 이용하여 자기자본회전율을 구하면 다음과 같다.

$$\text{자기자본회전율} = \frac{\text{매출액}}{\text{자기자본}} = \frac{730{,}000}{100{,}000} \fallingdotseq 7.3\text{회}$$

(4) 수익성비율

수익성비율(profitability ratios)은 기업의 이익창출능력을 나타내는 지표로서 기업활동의 결과를 집약한 경영성과를 측정하는 재무비율이다. 여기에는 일반적으로 총자본(총자산)순이익률, 매출액순이익률, 자기자본순이익률 등이 있다.

총자본순이익률은 순이익과 총자본의 관계를 나타내는 것으로서 기업의 수익성을 대표하는 비율이다. 이 비율은 투자수익률(return on investment)이라고도 하며, 간단히 ROI로 나타낸다.

$$총자본순이익율 = \frac{당기순이익}{총자본} \times 100 \qquad (2-13)$$

위의 자료를 이용하여 총자본순이익률을 구하면 다음과 같다.

$$총자본순이익률 = \frac{당기순이익}{총자본} \times 100 = \frac{73,000}{250,000} \times 100 = 29.2\%$$

매출액순이익률(net margin on sales)은 순이익을 매출액으로 나눈 것으로 매출액 1원에 대하여 순이익이 얼마인가를 나타낸다. 보통 매출마진이라는 용어로 쓴다. 이 비율은 기업의 영업활동의 성과를 총괄적으로 파악하려는 비율이다.

$$매출액순이익율 = \frac{당기순이익}{매출액} \times 100 \qquad (2-14)$$

위의 자료를 이용하여 매출액순이익률을 구하면 다음과 같다.

$$매출액순이익률 = \frac{당기순이익}{매출액} \times 100 = \frac{73,000}{730,000} \times 100 = 10\%$$

자기자본순이익률(return on equity)은 순이익을 자기자본으로 나눈 것이다. 기업의 목적이 장기간에 걸쳐 주주의 투자에 대한 이익을 극대화하는데 있으므로, 이 비율은 경영자가 얼마나 이 목적을 달성하였는가를 측정한다.

$$자기자본순이익율 = \frac{당기순이익}{자기자본} \times 100 \qquad (2-15)$$

위의 자료를 이용하여 자기자본순이익률을 구하면 다음과 같다.

$$자기자본순이익률 = \frac{당기순이익}{자기자본} \times 100 = \frac{73,000}{100,000} \times 100 = 73\%$$

위에서 기술한 총자본(총자산)순이익률, 자기자본순이익률과 매출액순이익률은 다음과 같이 서로 관련되어 있다.

$$\begin{aligned} 총자본순이익율 &= \frac{순이익}{총자본} = \frac{순이익}{매출액} \times \frac{매출액}{총자본} \\ &= 매출액순익률 \times 총자본회전율 \end{aligned} \tag{2-16}$$

$$\begin{aligned} 자기자본순이익율 &= \frac{순이익}{자기자본} = \frac{순이익}{총자본} \times \frac{총자본}{자기자본} \\ &= 총자본회전율 \times (부채비율+1) \end{aligned} \tag{2-17}$$

(5) 시장가치비율

시장가치비율(market value ratios)은 이익이나 기업의 미래전망 등을 고려하여 시장에서 기업의 가치가 어느 정도로 평가되고 있는가를 나타내는 비율로서 주로 주가와 관련된 비율을 말한다. 여기에는 주당이익, 주당순자산, 주당배당, 주가수익비율, 주가순자산비율 등이 있다.

주당이익(earnings per share: EPS)은 주식을 평가할 때 가장 기본이 되는 자료로서, 발행주식 1주당 순이익이 얼마인가를 보여 주는 수치이다. EPS가 클수록 그 기업의 주식가격이 높은 것이 보통이다. EPS는 주식가격평가에 가장 기본적인 요소이다.

$$주당이익 = \frac{순이익}{발행주식수} \tag{2-18}$$

주당순자산((book-value per share: BPS)는 1주당 순자산이 얼마인가를 나타내는 지표이다. 순자산은 자산에서 부채를 뺀 부분으로 주주의 몫을 나타낸다.

$$\text{주당순자산} = \frac{\text{순자산}}{\text{발행주식수}} \qquad (2-19)$$

주당배당(dividend per share: DPS)는 지급배당금을 발행주식수로 나눈 것으로, 1주에 대해 지급한 배당을 말한다.

$$\text{주당배당} = \frac{\text{배당금}}{\text{발행주식수}} \qquad (2-20)$$

주가수익비율(price/earnings ratio)은 주가를 주당순이익으로 나눈 것으로, P/E비율 또는 PER이라고도 한다. 이것은 주가가 주당순이익의 몇 배에 해당하는가를 측정하는 비율이다. 즉,

$$\text{주가수익비율} = \frac{\text{주가}}{\text{주당순이익(EPS)}} \qquad (2-21)$$

주가순자산비율(price/book-value ratio: PBR)은 시장가치 대 장부가치비율이라고도 한다. 이것은 장부상으로 본 소유주 지분과 증권시장에서 평가되는 가치를 서로 비교한 것이다. 즉,

$$\text{주가순자산비율} = \frac{\text{주가}}{\text{주당순자산(BPS)}} \qquad (2-22)$$

주가/현금흐름비율(price/cash-flow ratio: PCR)은 주가를 주당 현금흐름으로 나눈 것으로서, 기업의 수익성과 성장성을 고려하여 고안된 투자지표이다. 주당 현금흐름이 크면 향후 성장가능성이 높다고 할 수 있으며, PCR이 작으면 장래의 이익성장에 비해 현 주가가 낮게 형성되어 있다고 판단한다.

$$\text{주가/현금흐름비율} = \frac{\text{주가}}{\text{주당현금흐름}} \quad (2-23)$$

배당수익률(Dividend Yield Ratio)은 주가에 대한 주당 배당금의 비율을 나타내는 것으로 안정적인 배당투자를 원하는 투자자에게 적합한 지표이다.

$$\text{배당수익률} = \frac{\text{주가}}{\text{주당배당금}} \quad (2-24)$$

토빈의 q비율(Tobin's q ratio)은 주식시장에서 평가된 기업자산의 시장가치를 그 자산들의 대체원가로 나눈 비율로서 토빈이 고안한 것이다. 여기에서 대체원가란 현재 사용하고 있는 자산을 대체하는데 드는 원가를 말한다.

$$\text{q비율} = \frac{\text{주식시장에서 평가된 기업의 시장가치(주가)}}{\text{기업 실물자산의 대체비용}} \quad (2-25)$$

토빈에 의하면 비율이 1보다 크면(자산의 가치가 대체원가보다 크면) 기업의 시장가치가 그 대체비용을 능가하므로 기업들은 투자를 증가시키려는 유인성을 갖으며, 투자자들이 그 기업의 사업기회를 좋게 평가하고 있다는 것을 의미한다. 반면에 1보다 작으면 그 기업은 신규투자를 할 유인이 없다고 해석한다.

3. 재무비율의 평가

재무비율을 계산한 후에는 이러한 비율을 종합적으로 평가해야 하는데, 이 평가에 사용되는 비율을 표준비율(standard ratio)이라고 한다.

일반적으로 표준비율은 다음과 같은 기준으로 산정한다.

첫째, 평가대상 기업이 속해 있는 산업평균비율을 표준비율로 하여 평가한다.

둘째, 평가대상 기업이 속한 산업의 우수한 기업의 재무비율을 표준비율로 하여 평가한다.

셋째, 평가대상 기업의 영업실적이 양호했던 해의 비율을 표준비율로 하여 평가한다.

이렇게 표준비율을 계산한 후에는 종합적으로 점수를 계산하여 기업의 상태를 평가하여야 한다.

4. 재무비율분석의 한계점

재무비율분석은 이미 공시된 재무제표상의 자료를 사용하여 기업의 재무상태와 경영성과를 분석할 수 있다는 점에서 큰 의의를 갖는다. 또한 분석자료를 수집하는데 노력과 비용을 들이지 않고, 전문적 지식 없이도 기업을 용이하게 분석·평가할 수 있다는 장점을 가지고 있다. 그러나 재무비율분석은 다음과 같은 몇 가지 한계점을 가진다.

첫째, 기업의 이해관계자들은 기업을 평가할 때 주로 기업의 미래가치에 관심을 가지는데, 비율분석은 주로 기업의 과거자료를 이용하므로 분석의 시간적 차이가 존재하게 된다.

둘째, 각 기업마다 회계처리방법이 서로 다를 수 있기 때문에 경영성과 및 재무상태의 분석결과가 회계처리방법에 따라 달라질 수 있다.

셋째, 기준설정에 어려움이 있다. 즉, 비교기준이 되는 표준비율을 어떻게 설정할 것인가가 문제가 된다.

넷째, 기초자료가 되는 재무제표는 기업가치의 변화를 즉시 적절하게 반영하지 못한다. 즉, 재무상태표의 경우 기업의 계절적 변동이나 물가변동에 따른 기업가치의 변화를 반영하지 못한다.

제3절 재무비율의 종합적 평가방법

1. 추세분석법

재무비율분석에서는 어떤 한 시점에서 특정 기업의 재무비율을 표준비율과 비교함으로써 그 기업의 재무상태나 경영성과를 분석한다. 그러나 기업의 환경은 시간의 변화에 따라 영향을 받는다. 따라서 기업환경이 바뀌면 재무비율도 변동하기 마련이다. 추세분석은 이러한 비율분석의 문제점을 보완하기 위한 것으로서 분석하고자 하는 특정 비율의 시간적 변화추세를 관찰한 후 미래를 예측하는 분석방법이다.

일반적으로 재무제표상의 수치 또는 비율을 이용하여 기업의 경영성과와 재무상태를 평가하고자 할 때, 추세분석(trend analysis)에 의하면 해당기업의 재무제표 및 관련지표를 기간별로 비교함으로써 기업경영상태의 변동추이를 파악할 수 있다. 이와 같이 장기적인 추세를 분석하면 그 기업의 경영성과와 재무상태가 개선되고 있는지 또는 악화되는지에 관한 정보를 얻을 수 있다. 예를 들어 유동비율의 추세가 [그림 2-1] 과 같다고 하자. 재무비율분석에서는 유동비율이 표준비율보다 높아 양호한 것으로 평가되겠으나, 과거의 추세를 보면 유동비율은 계속 하락하고 있어 앞으로 악화될 위험을 예상할 수 있다. 그러므로 즉시 어떤 개선조치를 마련하여야 한다는 평가를 하게 된다.

그림 2-1 유동비율의 추세

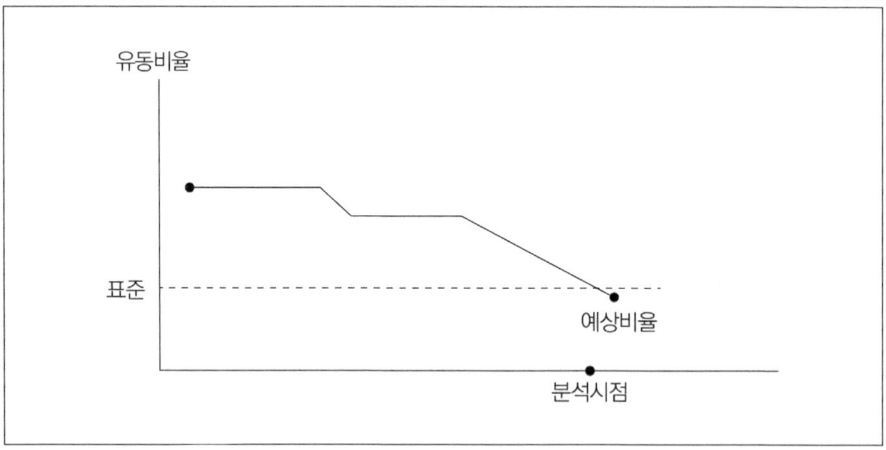

2. 지수법

비율분석에서는 기업의 재무상태나 경영성과를 평가하기 위하여 개별재무비율을 이용하였다. 그러나 각 재무비율간의 평가가 달리 나타나게 되면 개별

재무비율로서는 기업전체의 경영실태를 종합적으로 평가하기가 곤란하다. 따라서 하나의 단일지표로서 평가근거를 산출할 수 있는 지수가 필요하게 된다.

지수법(index method)은 개별재무비율들을 동시에 고려하여 기업의 경영성과와 재무상태를 종합적으로 평가할 수 있는 방법이다. 이 분석기법은 월(A. Wall)에 의해 처음 제시된 것으로서 개별재무비율에 가중치를 부여하여 지수를 산출하기 때문에 가중비율종합법이라고도 한다. 분석목적에 따라 주요 재무비율의 선정, 가중치의 크기, 비교되는 표준비율 등의 차이가 있지만 일반적으로 종합지수법의 분석절차는 다음과 같다.

① 주요 재무비율의 선정 : 여러 종류의 재무비율 중에서 분석목적에 적합한 재무비율들을 선정한다.
② 가중치의 비교 : 선정된 주요 재무비율에 대하여 중요도에 따라 가중치를 부여한다.
③ 관계비율의 계산 : 선정된 주요재무비율에 해당기업의 실제비율을 표준비율로 나누어 관계비율을 계산한다.
④ 종합지수의 산출 : 관계비율에 가중치를 곱하여 비율별 평점을 계산한 후, 이들을 합하여 종합지수를 구한다.
⑤ 종합평가 : 종합지수가 100 이상이면 기업의 경영성과 및 재무상태가 양호한 것으로 100 이하이면 불량한 것으로 평가한다.

종합지수법을 적용하는 경우에는 월(A. Wall)과 트랜트(J.B. Trant)의 종합지수법이 주로 사용되고 있다. [표 2－4]은 월과 트랜트의 지수법에서 사용한 주요 재무비율과 가중치를 나타내고 있다.

이 표를 보면 월은 정태비율인 유동비율, 부채비율, 고정비율 3개의 재무비율에 대해 높은 가중치(65%)를 부여하고 있는 반면에 트랜트는 동태비율인 활동성비율에 높은 가중치(65%)를 부여하고 주요 재무비율 선정에서 자기자본회전율들 대신에 매입채무회전율로 대체하고 있다는 점에서 차이가 있다.

표 2-4 월과 트랜트의 주요 재무비율과 가중치

재 무 비 율	월	트 랜 트
유동비율	25	15
부채비율	25	10
고정비율	15	10
매출채권회전율	10	10
재고자산회전율	10	20
고정자산회전율	10	20
자기자본회전율	5	-
매입채무회전율	-	15
합 계	100(%)	100(%)

월의 지수법을 이용한 가상적인 예는 [표 2-5]에 제시되어 있다. 표에서 종합지수가 136.50으로서 100보다 높기 때문에 월의 기준에서 이 기업의 경영상태가 양호한 것으로 평가될 수 있다.

표 2-5 월의 지수법을 이용한 가상적인 예

재 무 비 율	가중치 (A)	실제비율 (B)	표준비율 (C)	관계비율 (D)=B/C	평점 (E)=A×D
유동비율(%)	25	101.16	95.95	1.05	26.25
부채비율(%)	25	335.83	451.85	1.35	33.75
고정비율(%)	15	212.81	277.56	1.30	19.50
매출채권회전율(회)	10	4.41	4.07	1.08	10.80
재고자산회전율(회)	10	19.45	9.27	2.10	21.00
고정자산회전율(회)	10	3.93	1.99	1.97	19.70
자기자본회전율(회)	5	5.98	5.45	1.10	5.50
합 계	100				136.50

3. ROE분석

앞에서 언급한 주요 재무비율들은 서로 연관되어 있다. 따라서 이들을 서로 연결하여 살펴보고 이들간의 관계를 도표로 만들어 기업관리에 유용하게 사용할 수 있다. 이러한 방법은 일찍이 미국의 듀퐁(DuPont)회사에 의하여 개발되었으므로 이를 듀퐁방정식과 듀퐁도표라고 부른다.

*ROE*와 *ROI*는 아래와 같은 관계를 갖는다.

$$ROI = \frac{\text{순이익}}{\text{총자산}} = \frac{\text{순이익}}{\text{매출액}} \times \frac{\text{매출액}}{\text{총자산}} = \text{매출액순이익률} \times \text{총자산회전율}$$

$$ROE = \frac{\text{순이익}}{\text{자기자본}} = \frac{\text{순이익}}{\text{총자본}} \times \frac{\text{총자본}}{\text{자기자본}} = ROI \times (\text{부채비율}+1) \qquad (2-26)$$

$$= \text{매출액순이익률} \times \text{총자산회전율} \times (\text{부채비율}+1) \rightarrow \text{듀퐁방정식}$$

듀퐁방정식은 *ROE*가 3가지 요소에 의하여 영향을 받는다는 것을 보여준다.

① 매출액순이익률에 의하여 측정된 영업활동의 효율성

② 총자산회전율에 의하여 측정된 자산사용의 효율성

③ 부채비율에 의하여 측정된 기업의 재무레버리지 정도

만약 매출액순이익률이 낮거나 총자산회전율이 낮거나 또는 둘 다 낮다면, *ROI*는 낮아지며 이는 또한 *ROE*를 낮춘다는 것이다.

그러나 부채비율이 커진다면 *ROE*는 높아질 수 있는 것이다. 하지만 이 경우 타인자본사용에 따른 이자비용은 기업의 순이익을 감소시키는 역할을 하게 된다. 따라서 순이익이 이자를 지급하고도 종전보다 감소하지 않거나, 증가한다면 부채사용의 증가에 따라 *ROE*도 더 높게 나타날 것이다.

듀퐁방정식은 *ROE*가 만족스럽지 못한 상황일 경우 어떠한 곳에 문제가 있는가를 살펴볼 수 있게 하며, *ROE*가 변하는 경우 그것이 어떠한 것에 의하여 영향을 많이 받았는가를 살펴보는데 도움을 준다. 또한 듀퐁방정식이 의미하는 *ROE*를 구성하는 비율들을 도표화하면 문제가 되는 부분을 보다 쉽게 점검하는데도 유용하게 사용될 수 있다.

그림 2-2 ROI차트(듀퐁도표)

듀퐁도표는 목표*ROE*를 달성하기 위하여 현재 각 항목의 수치가 어떠한 상태인가를 점검하면서 기업의 성과를 높이기 위하여 관리하여야 할 항목의 파악, 이와 관련된 활동의 파악, 해당활동과 관련된 적절한 의사결정을 하는데 도움을 준다. 또한 문제가 되는 곳을 파악하여 이를 통제 및 관리하는데 도움을 준다.

제4절 레버리지분석

1. 레버리지분석의 의의

레버리지(leverage)는 원래 '지렛대'라는 뜻으로 재무관리에서는 고정적인 비용을 부담하고 이익의 증가를 획득하는 과정이다. 레버리지는 영업레버리지와 재무레버리지로 구분된다.

레버리지분석은 기업이 영업활동에서 부담하는 영업고정비용과 자본조달의 결과로 부담하는 재무고정비용이 지렛대 작용을 하여 경기변동에 따라 기업의 손익을 확대시키는 과정을 분석하는 것을 의미한다. 레버리지분석은 영업레버리지분석, 재무레버리지분석 및 결합레버리지분석으로 구분된다.

2. 영업레버리지분석

영업레버리지(operating leverage)란 기업이 영업비 중에서 고정영업비를 부담하는 정도를 의미한다. 영업레버리지가 높은 경우 매출량(액)이 변할 때 영업이익은 매출량(액)이 변하는 비율보다 높은 비율로 변하게 되는데, 이를 영업레버리지효과라고 한다. 다시 말해서 영업레버리지효과는 매출량(액)의 변화가 영업이익에 미치는 영향을 나타내는 것이며, 이러한 매출량(액)과 영업이익의 관계는 고정비의 크기에 의하여 영향을 받게 된다.

예를 들면, [표 2-6]에서 매출액이 10% 변동할 때 영업이익은 25% 변동하는 것을 알 수 있다. 영업이익이 더 확대해서 변동하는 이유는 고정영업비용 때문이다. 즉 고정영업비용이 지렛대 역할을 한 것이다.

표 2-6 영업레버리지와 영업이익의 변화

항 목	10% 감소	현 재	10% 증가
매 출 액	900	1,000	1,100
(-) 고정비	300	300	300
(-) 변동비	450	500	550
영 업 이 익	**150**	**200**	**250**

매출액(량)이 1% 변동할 때 영업이익이 몇 % 변동하는지를 계산하면 영업레버리지효과를 측정할 수 있는데 이러한 척도를 영업레버리지도라고 한다. 영업레버리지도(degree of operating leverage: DOL)는 영업이익의 변화율을 매출량의 변화율로 나눈 값으로 정의된다. 즉,

$$\text{영업레버리지도} = \frac{\text{영업이익의 변화율}}{\text{매출량의 변화율}}$$

$$= \frac{\Delta EBIT}{EBIT} \times \frac{Q}{\Delta Q}$$

$$= \frac{\Delta Q(p-v)}{Q(p-v)-F} \times \frac{Q}{\Delta Q} \qquad (2-27)$$

$$= \frac{Q(p-v)}{Q(p-v)-F}$$

□ $EBIT$=영업이익, Q=매출량, p=단위당 판매가격,
v=단위당 변동비, F=영업고정비

3. 재무레버리지분석

재무레버리지(financial leverage)란 기업이 자본조달의 결과로 재무고정비(이자비용)를 부담하는 정도를 의미한다. 주주들에게 돌아가는 순이익은 타인자본 사용에 따른 이자부담으로 인하여 영업이익이 변동할 때 더 확대된 비율로 변동하게 된다.

즉, 재무레버리지효과는 영업이익의 변화가 주주에게 돌아가는 순이익에 미치는 영향을 나타내는 것이며, 이러한 영업이익과 주당순이익의 관계는 재무고정비의 크기에 의하여 영향을 받게 된다.

표 2-7 재무레버리지와 순이익의 변화

항 목	40% 감소	현 재	40% 증가
영 업 이 익	6,000	10,000	14,000
(-) 이 자	2,000	2,000	2,000
세 전 이 익	4,000	8,000	12,000
(-) 법인세	2,000	4,000	6,000
순 이 익	2,000	4,000	6,000

예를 들면, [표 2−7]에서 영업이익이 40% 변동할 때 순이익은 50% 변동하는 것을 알 수 있다. 순이익이 더 확대해서 변동하는 이유는 고정재무비용 때문이다. 즉 고정재무비용이 지렛대 역할을 한 것이다.

재무레버리지효과의 정도를 측정하는 척도로는 재무레버리지도가 사용되는데 재무레버리지도는 영업이익 1% 변화할 때 주당순이익이 몇 % 변화하는지를 나타낸다. 즉, 재무레버리지도(degree of financial leverage: DFL)는 영업이익의 변화율에 대한 주당순이익의 변화율로 나타난다. 즉,

$$
\begin{aligned}
\text{재무레버리지도} &= \frac{\text{주당순이익의 변화율}}{\text{영업이익의 변화율}} \\
&= \frac{\Delta EPS}{EPS} \times \frac{EBIT}{\Delta EBIT} \\
&= \frac{\dfrac{\Delta EBIT(1-t)}{N}}{\dfrac{(EBIT-I)(1-t)}{N}} \times \frac{EBIT}{\Delta EBIT} \\
&= \frac{EBIT}{EBIT-I} = \frac{Q(p-v)-F}{Q(p-v)-F-I}
\end{aligned} \qquad (2-28)
$$

□ EPS=주당순이익, N=발행주식수, t=법인세율, I=재무고정비

4. 결합레버리지분석

매출액(량)의 변화가 주당이익에 어떤 영향을 미칠 것인가 하는 것은 영업레버리지와 재무레버리지를 동시에 고려해야 하는데, 이들을 결합한 레버리지를 결합레버리지(combined leverage)라고 한다. 그리고 결합레버리지효과는 매출량이 변할 때 주당이익은 매출량이 변하는 비율보다 높은 비율로 변하게 되는 효과를 말한다.

결합레버리지효과의 정도를 측정하는 척도로는 결합레버리지도가 사용되는데 결합레버리지도(degree of combined leverage: DCL)는 매출액 1% 변화할 때 주당순이익이 몇 % 변화하는지를 나타낸다. 즉, 재무레버리지도는 매출량 변화율에 대한 주당순이익의 변화율로 나타나고, 또한 이것은 영업레버리지도와 재무

레버리지도의 곱으로 나타난다. 즉,

$$\begin{aligned}\text{결합레버리지도} &= \text{영업레버리지도}\times\text{재무레버리지도} \\ &= \frac{Q(p-v)}{Q(p-v)-F}\times\frac{Q(p-v)-F}{Q(p-v)-F-I} \\ &= \frac{Q(p-v)}{Q(p-v)-F-I}\end{aligned} \qquad (2-29)$$

이상에서 설명한 영업레버리지, 재무레버리지와 결합레버리지의 관계를 나타내면 [그림 2-3]과 같다.

그림 2-3 영업레버리지, 재무레버리지와 결합레버리지의 관계

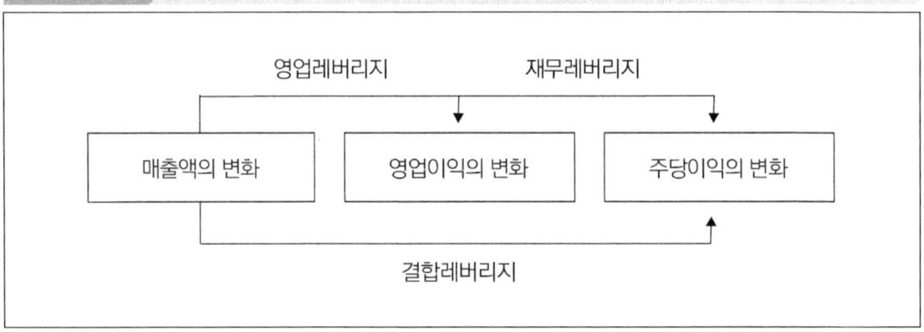

5. 레버리지와 위험

레버리지분석은 영업비 중 고정영업비와 재무비용의 부담이 영업이익이나 주당이익에 미치는 영향에 대한 분석이다.

레버리지도가 높을수록 매출액이 증가할 때에는 기업의 영업이익이나 주당이익이 급격히 증가하고, 매출액이 감소할 때에는 이와 반대현상이 일어난다. 따라서 레버리지는 기업이익의 변동성 또는 위험도를 의미한다고 할 수 있다.

(1) 영업레버리지와 위험

매출액 변화율의 분산을 $\sigma^2(S)$라 하고 영업이익 변화율의 분산을 $\sigma^2(O)$라고 하면 이들의 관계는 다음과 같이 표시할 수 있다.

$$DOL = \frac{\Delta EBIT / EBIT}{\Delta Q / Q} \Rightarrow \frac{\Delta EBIT}{EBIT} = DOL \cdot \frac{\Delta Q}{Q}$$

$$Var\left(\frac{\Delta EBIT}{EBIT}\right) = Var\left(DOL \cdot \frac{\Delta Q}{Q}\right) = DOL^2 \cdot Var\left(\frac{\Delta Q}{Q}\right) \qquad (2-30)$$

$$\sigma^2(O) = DOL^2 \cdot \sigma^2(S)$$

즉, 매출액(S)이 불확실한 상황에서 영업이익 변화율의 분산은 매출액 변화율의 분산에 영업레버리지도의 제곱(DOL^2)을 곱하여 산출할 수 있다.

(2) 재무레버리지와 위험

주당이익 변화율의 분산을 $\sigma^2(E)$라 하면 영업이익 변화율의 분산과 주당이익 변화율의 분산과의 관계는 다음과 같이 표시할 수 있다.

$$DFL = \frac{\Delta EPS / EPS}{\Delta EBIT / EBIT} \Rightarrow \frac{\Delta EPS}{EPS} = DFL \cdot \frac{\Delta EBIT}{EBIT}$$

$$Var\left(\frac{\Delta EPS}{EPS}\right) = Var\left(DFL \cdot \frac{\Delta EBIT}{EBIT}\right) = DFL^2 \cdot Var\left(\frac{\Delta EBIT}{EBIT}\right) \qquad (2-31)$$

$$\sigma^2(E) = DFL^2 \cdot \sigma^2(O)$$

즉, 주당이익 변화율의 분산은 영업이익 변화율의 분산에 재무레버리지도의 제곱(DFL^2)을 곱하여 산출할 수 있다.

(3) 결합레버리지와 위험

매출액 변화율의 분산과 주당이익 변화율의 분산과의 관계는 영업레버리지도에 재무레버리지도를 곱한 결합레버리지도를 이용하여 다음과 같이 표시할 수 있다.

$$DCL = DOL \cdot DFL = \frac{\Delta EPS / EPS}{\Delta Q / Q} \Rightarrow \frac{\Delta EPS}{EPS} = DCL \cdot \frac{\Delta Q}{Q},$$

$$\text{또는 } \frac{\Delta EPS}{EPS} = DOL \cdot DFL \cdot \frac{\Delta Q}{Q}$$

$$Var\left(\frac{\Delta EPS}{EPS}\right) = Var\left(DCL \cdot \frac{\Delta Q}{Q}\right) = DCL^2 \cdot Var\left(\frac{\Delta Q}{Q}\right) \qquad (2-32)$$

$$= (DOL \cdot DFL)^2 \cdot Var\left(\frac{\Delta Q}{Q}\right)$$

$$\sigma^2(E) = DCL^2 \cdot \sigma^2(S) = (DOL \cdot DFL)^2 \cdot \sigma^2(S)$$

즉, 주당이익 변화율의 분산은 매출액 변화율의 분산에 결합레버리지도의 제곱(DCL^2)을 곱하여 직접 산출할 수 있다.

<그림 2-4>는 매출액의 불확실성에 따르는 위험은 두 레버리지 때문에 확대되어 주당이익의 위험이 매우 커진다는 것을 보여 주고 있다.

그림 2-4 레버리지와 위험

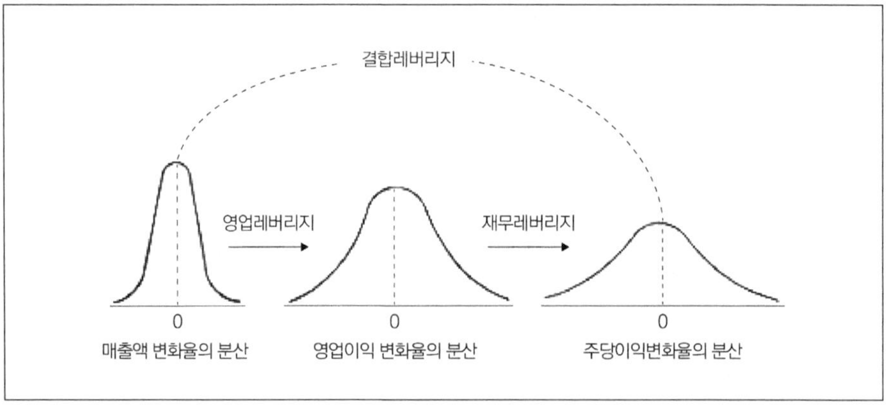

[그림 2-4]에서 보는 바와 같이 매출액이 불확실한 상황에서 레버리지가 크면 클수록 주당이익변화율은 확대되어 위험이 증가한다. 레버리지 증가로 주당이익의 위험이 증가하게 되므로, 주주들은 레버리지 증가에 대하여 적절한 보상을 바라게 된다.

6. 레버리지분석 예제

예제 2-1

부산공업은 단위당 판매가격이 2,000원인 제품을 총 10,000개 판매하였다. 이 제품의 단위당 변동비는 800원이며, 기업의 고정영업비는 3,000,000원이다. 이 기업은 타인자본을 현재 60,000,000원을 사용하고 있고, 이자비용은 연 10%이다.
이 기업의 영업레버리지도, 재무레버리지도와 결합레버리지도를 구하라.

$$\text{영업레버리지도} = \frac{Q(p-v)}{Q(p-v)-F} = \frac{10{,}000 \times (2{,}000-800)}{10{,}000 \times (2{,}000-800)-3{,}000{,}000} = 1.33$$

$$\text{재무레버리지도} = \frac{Q(p-v)-F}{Q(p-v)-F-I} = \frac{10{,}000 \times (2{,}000-800)-3{,}000{,}000}{10{,}000 \times (2{,}000-800)-3{,}000{,}000-6{,}000{,}000} = 3$$

$$\text{결합레버리지도} = \text{영업레버리지도} \times \text{재무레버리지도} = 1.33 \times 3 = 4$$

예제 2-2

손익계산서가 다음과 같다고 하자.

매출액	1,000,000
변동매출원가	400,000
고정영업비용	300,000
지급이자	200,000
순이익	100,000

1. DOL을 구하라.

$$DOL = \frac{Q(p-v)}{Q(p-v)-F} = \frac{1{,}000{,}000-400{,}000}{300{,}000} = 2$$

2. 매출량 변화율의 분산이 0.3일 경우 영업이익 변화율의 분산을 구하라.

$$\sigma^2\left(\frac{\Delta EBIT}{EBIT}\right) = DOL^2 \cdot \sigma^2\left(\frac{\Delta Q}{Q}\right) = 2^2 \times 0.3 = 1.2$$

3. DFL을 구하라.

$$DFL = \frac{Q(p-v)-F}{Q(p-v)-F-I} = \frac{1,000,000-400,000-300,000}{100,000} = 3$$

4. 영업이익 변화율의 분산이 0.3일 경우 주당이익 변화율의 분산을 구하라.

$$\sigma^2\left(\frac{\Delta EPS}{EPS}\right) = DFL^2 \cdot \sigma^2\left(\frac{\Delta EBIT}{EBIT}\right) = 3^2 \times 0.3 = 2.7$$

연습문제

문제 1 재무비율분석의 의의를 설명하라.

문제 2 재무비율분석의 한계점을 설명하라.

문제 3 음의 자료를 이용하여 ① 유동비율, ② 당좌비율, ③ 부채비율, ④ 이자보상비율, ⑤ 재고자산회전율, ⑥ 매출채권회전율, ⑦ 총자산회전율, ⑧ 매출액순이익률, ⑨ 총자산순이익률, ⑩ 자기자본순이익률을 구하시오.

재 무 상 태 표

자　　산	금　　액	부채·자본	금　　액
(자　산)		(부　채)	
Ⅰ. 유동자산	1,028,500	Ⅰ. 유동부채	557,600
1. 현금과 예금	10,000	1. 매입채무	493,000
2. 유가증권	7,000	2. 단기차입금	64,600
3. 매출채권	323,000	Ⅱ. 고정부채	30,000
4. 재고자산	688,500	1. 사채	15,000
		2. 장기차입금	15,000
Ⅱ. 고정자산	192,100	부채총계	587,600
1. 토지	102,000		
2. 건물	55,000	(자　본)	
3. 기계장치	30,000	Ⅰ. 자본금	200,000
4. 기타 고정자산	5,100	Ⅱ. 자본잉여금	106,000
		Ⅲ. 이익잉여금	327,000
		자본총계	633,000
자산총계	1,220,600	부채·자본총계	1,220,600

손 익 계 산 서

과 목	금 액
Ⅰ. 매출액	2,380,000
Ⅱ. 매출원가	1,904,000
Ⅲ. 매출총이익	476,000
Ⅳ. 판매비와 관리비	394,000
Ⅴ. 영업이익	82,000
Ⅵ. 영업외비용(이자비용)	64,000
Ⅶ. 법인세비용차감전순이익	18,000
Ⅷ. 법인세비용(50%)	9,000
Ⅸ. 당기순이익	9,000

문제 4 문구를 생산·판매하고 있는 부산문구에 관련되는 자료는 아래와 같다.

· 단위당 판매가격 = 4,000원 · 단위당 변동비 = 3,000원
· 고정영업비용 = 50,000,000원 · 이자비용 = 10,000,000원
· 생산량 = 200,000개

(1) 영업레버리지도는 얼마인가?
(2) 매출액이 1% 증가할 경우, 영업이익은 몇 % 증가하는가?
(3) 재무레버리지도는 얼마인가?
(4) 영업이익이 1% 증가할 경우, 주당순이익은 몇 % 증가하는가?
(5) 이 회사의 결합레버리지도는 얼마인가?

문제 5 다음의 자료를 사용하여 영업레버리지도, 재무레버리지도 및 결합레버리지도를 구하시오.

매출액	10,000
−변동비	4,000
−고정비	3,000
영업이익	3,000
−이자비용	1,000
법인세차감전순이익	2,000

문제 6 다음의 자료를 사용하여 영업레버리지도, 재무레버리지도 및 결합레버리지도를 구하시오.

영업고정비	200만개
단위당 변동비	30,000원
100% 조업시의 생산능력	40억원
판매단가	10억원
이자비용	15,000원

문제 7 경남기업은 매출액이 1% 증가하면 영업이익이 3% 증가한다. 이 기업의 결합레버리지도는 6이며, 현재 PER은 12이다. 영업이익이 10% 증가하는 경우, 주가가 10% 상승한다면 PER은 얼마가 되는가?

CHAPTER

03 화폐의 시간적 가치

화폐는 동일한 금액이라 할지라도 시점에 따라 그 가치가 다르게 된다. 즉, 오늘의 1,000만원과 1년 후의 1,000만원의 가치는 다르다. 그 이유는 화폐의 시간적 가치가 반영되기 때문이다. 화폐의 가치와 시간과의 관계를 화폐의 시간적 가치(time value of money)라고 한다.

일반적으로 사람들은 동일한 금액이라 하더라도 미래의 현금보다 현재의 현금을 선호하는 경향이 있는데 이를 유동성선호(liquidity preference)라 한다. 사람들이 유동성을 선호하는 이유로는 다음의 4가지를 들 수 있다.

① 시차선호(time preference)

사람의 생명은 유한하기 때문에 모든 사람은 본능적으로 보다 가까운 미래의 현금흐름을 먼 미래의 현금흐름보다 선호하게 된다.

② 인플레이션(inflation)

인플레이션이 존재하는 경우 현재 시점의 일정한 금액이 갖는 구매력(purchasing power)은 동일한 금액의 현금이 미래 시점에 갖게 되는 구매력보다 커진다. 따라서 사람들이 인플레이션에 대한 우려를 갖는 현재시점의 일정금액은 당연히 미래시점의 동일한 금액보다 선호하게 된다.

③ 투자기회(investment opportunity)

사람은 현재의 일정한 금액을 보유하고 있는 경우 새로운 투자기회에 즉시 투자할 수 있고, 이러한 투자를 통하여 수익을 창출할 수 있기 때문에 현재의 금액을 미래의 금액보다 선호하게 된다.

④ 불확실성(uncertainty)

미래시점은 현재시점에 비하여 현금흐름의 불확실성이 존재하게 되고 따라서 사람들은 불확실성이 없는 현재의 금액을 더 선호하게 된다.

화폐의 시간적 가치를 산출하기 위하여 시장이자율을 사용한다. 시장이자율은 화폐의 시간적 가치를 나타내는 척도로서 시간이 다른 화폐의 상대적 가치를 설명해 준다. 시장이자율은 유동성포기에 의한 시차보상(무위험이자율)과 위험의 수반에 따른 위험보상액(risk premium)을 포함하고 있다.

이와 같이 화폐의 시간적 가치를 고려하지 않는다면 기업은 투자의사결정뿐만 아니라 자본조달결정, 배당결정 등 기업의 재무관리기능을 제대로 수행하지 못할 것이다.

제1절 일시불의 미래가치와 현재가치

1. 일시불의 미래가치

미래가치(future value: FV)란 현재의 일정 금액을 미래의 시점에서 평가한 가치를 말하며 미래가치를 구하는 계산과정을 복리계산(compounding)이라고 한다. 현재의 일정금액을 PV, 기간당 이자율을 i라고 할 때 n기간후의 미래가치 FVn은 다음과 같다.

$$FV_n = PV \cdot (1+i)^n \tag{3-1}$$

여기서 $(1+i)^n$을 복리계수 또는 미래가치계수라고 한다. 이러한 미래가치계수를 표로 나타내면 다음과 같다.

표 3-1 미래가치계수

n \ i	1%	2%	3%	5%	7%	10%	12%	15%
1	1.0100	1.0200	1.0300	1.0500	1.0700	1.1000	1.1200	1.1500
2	1.0201	1.0404	1.0609	1.1025	1.1449	1.2100	1.2544	1.3225

3	1.0303	1.0612	1.0927	1.1576	1.2250	1.3310	1.4049	1.5209
4	1.0406	1.0824	1.1255	1.2155	1.3108	1.4641	1.5735	1.7490
5	1.0510	1.1041	1.1593	1.2763	1.4026	1.6105	1.7623	2.0114
6	1.0615	1.1262	1.1941	1.3401	1.5007	1.7716	1.9738	2.3131
7	1.0721	1.1487	1.2299	1.4071	1.6058	1.9487	2.2107	2.6600
8	1.0828	1.1717	1.2668	1.4775	1.7182	2.1436	2.4760	3.0590
9	1.0937	1.1951	1.3048	1.5513	1.8385	2.3579	2.7731	3.5179

예제 3-1

현금 100만원을 연리 7%로 매년 복리계산되는 정기예금에 예금하는 경우 5년 후의 미래가치는 얼마인가?

$$FV_5 = 100\text{만원} \times (1+0.07)^5 = 100\text{만원} \times 1.4026 = 140.26\text{만원}$$

0 1 2 3 4 5년

100만원 ──────────────────▶ 140.26만원

그리고 이자계산이 1년 동안에 두 번 이상 있을 경우, 미래가치 계산에 사용될 이자율과 기간은 적절하게 수정되어야 한다. 즉 연이자율은 이자계산회수로 나누어 사용하고 기간은 이자계산회수를 곱하여 사용하여야 한다. 1년 중 이자계산회수를 m이라 할 때 미래가치 FVn은 다음과 같이 산출한다.

$$FV_n = PV \cdot \left(1 + \frac{i}{m}\right)^{nm} \qquad (3-2)$$

예제 3-2

연 이자율이 12%이고 연간 4회 이자계산을 하는 경우, 현재 1,000원의 2년 후 미래가치는 얼마인가?

$$FV_2 = 1{,}000 \times \left(1 + \frac{0.12}{4}\right)^{2\times4} = 1{,}000 \times (1 + 0.03)^8 = 1{,}000 \times 1.2668 = 1{,}267\text{원}$$

이론적으로 연간 이자지급 횟수가 무한대라면 n년 후의 미래가치는 다음의 식(3−3)으로 표시되고, 여기서 $\frac{m}{i} = q$ 로 놓고 식을 변형하고 자연대수 e의 정의 $\lim_{x\to\infty}\left(1+\frac{1}{x}\right)^x = e$ 를 활용하면 다음과 같이 산출할 수 있다.

$$\begin{aligned} FV_n &= \lim_{m\to\infty} PV \cdot \left(1+\frac{i}{m}\right)^{nm} = PV \cdot \lim_{m\to\infty}\left(1+\frac{1}{m}\right)^{n\frac{m}{i}i} \\ &= PV \cdot \lim_{q\to\infty}\left(1+\frac{1}{q}\right)^{nqi} = PV \cdot \lim_{q\to\infty}\left[\left(1+\frac{1}{q}\right)^{q}\right]^{n\cdot i} = PV \cdot e^{n\cdot i} \end{aligned} \qquad (3-3)$$

$e = 2.71828\ldots.$

이와 같이 이자의 지급이 무한히 반복되는 것을 가정하여 미래가치를 계산하는 과정을 연속복리계산(continuous compounding)이라고 한다.

예제 3-3

현재 100,000원을 연 이자율이 10%로 연속복리 계산한 경우 5년 후의 미래가치는 얼마나 될까?

$$FV_n = 100{,}000 \times e^{5\cdot 0.1} = 164{,}872$$

2. 일시불의 현재가치

현재가치(present value: PV)란 미래의 일정금액을 현재의 시점에서 평가한 가치를 말하며 간단히 현가라고도 한다. 현가의 개념은 필수수익률, 자본비용, 가치평가, 자본예산 등의 계산에 주로 활용된다.

현재가치를 구하는 계산과정을 할인계산(discounting)이라고 하고, 이 때 사용하는 이자율을 할인율(discount rate)이라고 한다. 기간당 할인율을 i라고 할 때, n기간후의 미래가치인 FVn을 현재가치 PVn으로 환산하면 다음과 같다.

$$PV = FV_n \cdot \frac{1}{(1+i)^n} \qquad (3-4)$$

여기서, $\frac{1}{(1+i)^n}$을 현가계수라 한다. 이러한 현가계수를 표로 나타내면 다음과 같다.

표 3-2 현가계수

n \ i	1%	2%	3%	5%	7%	10%	12%	15%
1	0.9901	0.9804	0.9709	0.9524	0.9346	0.9091	0.8929	0.8696
2	0.9803	0.9612	0.9426	0.9070	0.8734	0.8264	0.7972	0.7561
3	0.9706	0.9423	0.9151	0.8638	0.8163	0.7513	0.7118	0.6575
4	0.9610	0.9238	0.8885	0.8227	0.7629	0.6830	0.6355	0.5718
5	0.9515	0.9057	0.8626	0.7835	0.7130	0.6209	0.5674	0.4972
6	0.9420	0.8880	0.8375	0.7462	0.6663	0.5645	0.5066	0.4323
7	0.9327	0.8706	0.8131	0.7107	0.6227	0.5132	0.4523	0.3759
8	0.9235	0.8535	0.7894	0.6768	0.5820	0.4665	0.4039	0.3269
9	0.9143	0.8368	0.7664	0.6446	0.5439	0.4241	0.3606	0.2843

예제 3-4

연 이자율이 12%일 때 5년후에 100만원을 수취하기 위해서 현재 얼마를 예금해야 하는가?

$$FV_5 = 100만원 \times (1+0.07)^5 = 100만원 \times 1.4026 = 140.26만원$$

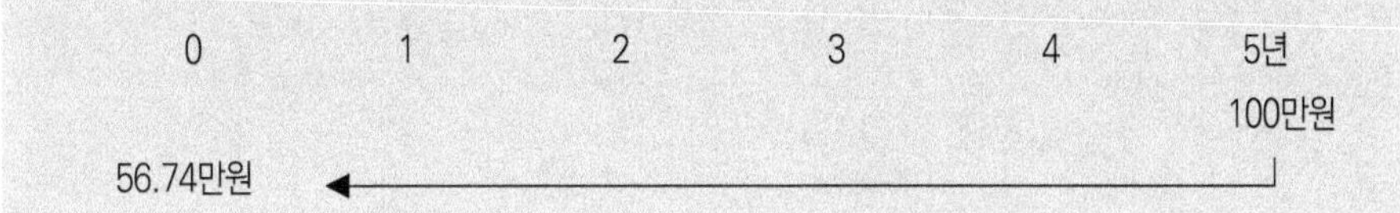

그리고, 이자계산이 1년 동안에 두 번 이상 있을 경우, 현재가치 계산에 사용될 이자율과 기간은 적절하게 수정되어야 한다. 즉 연이자율은 이자계산회수로 나누어 사용하고 기간은 이자계산회수를 곱하여 사용하여야 한다. 1년 중 이자계산회수를 m이라 할 때 현재가치는 다음과 같이 산출한다.

$$PV = FV_n \cdot \frac{1}{\left(1+\frac{i}{m}\right)^{nm}} \qquad (3-5)$$

예제 3-5

연 이자율이 12%이고 연간 4회 이자계산을 하는 경우, 2년 후 10,000원의 목돈을 마련하기 위하여 현재 얼마를 저금하여야 하는가?

$$PV = 10{,}000 \times \frac{1}{\left(1+\frac{0.12}{4}\right)^{2\times 4}} = 10{,}000 \times \frac{1}{(1+0.03)^8}$$
$$= 10{,}000 \times 0.7894 = 7{,}894원$$

동일한 논리로 미래가치를 연속적으로 할인할 경우의 현재가치는 다음과 같이 계산된다.

$$PV = \frac{FV_n}{e^{n \cdot i}} = FV_n \times e^{-n \cdot i} \tag{3-6}$$

예제 3-6

5년 후의 100,000원을 연속할인했을 경우, 현재가치는 얼마이겠는가?
(단, 할인율은 10%)

$$PV = \frac{100,000}{e^{5 \times 0.1}} = 100,000 \times e^{-5 \times 0.1} = 60,653$$

제2절 연금의 미래가치와 현재가치

연금(annuity)이란 일정기간 동안 일정금액을 계속 지불 또는 수령하는 것을 말하며 실생활에서 볼 수 있는 정기적금, 연금보험 등이 그 예이다. 특별한 언급이 없는 경우 연금은 기말에 지급되는 것으로 가정한다.

1. 연금의 미래가치

연금의 미래가치는 매기의 지불액을 미래가치로 환산한 금액의 합계이다. A를 매기말의 지불액, 기간당 이자율을 i라 할 때 n기간 후의 연금의 미래가치 FV_n은 다음과 같다.[1)]

$$FV_n = A(1+i)^0 + A(1+i)^1 + A(1+i)^2 + \cdot \cdot \cdot + A(1+i)^{n-1} = A\left[\frac{(1+i)^n - 1}{i}\right] \tag{3-7}$$

1) 고등학교에서 배운 등비수열의 합을 구하는 공식은 다음과 같다.

$$\text{초항} \times \frac{1-(\text{공비})^n}{1-\text{공비}} = A \times \frac{1-(1+i)^n}{1-(1+i)} = A \times \frac{1-(1+i)^n}{(-i)} = A \times \left[\frac{(1+i)^n - 1}{i}\right]$$

위 식에서 $\frac{(1+i)^n-1}{i}$을 연금의 복리계수 또는 연금의 미래가치계수라 한다. 이 같은 연금의 미래가치계수를 표로 나타내면 다음과 같다.

표 3-3 연금의 미래가치계수

n \ i	1%	2%	3%	5%	7%	10%	12%	15%
1	1.0000	1.0000	1.0000	1.0000	1.0000	1.0000	1.0000	1.0000
2	2.0100	2.0200	2.0300	2.0500	2.0700	2.1000	2.1200	2.1500
3	3.0301	3.0604	3.0909	3.1525	3.2149	3.3100	3.3744	3.4725
4	4.0604	4.1216	4.1836	4.3101	4.4399	4.6410	4.7793	4.9934
5	5.1010	5.2040	5.3091	5.5256	5.7507	6.1051	6.3528	6.7424
6	6.1520	6.3081	6.4684	6.8019	7.1533	7.7156	8.1152	8.7537
7	7.2135	7.4343	7.6625	8.1420	8.6540	9.4872	10.089	11.0668
8	8.2857	8.5830	8.8923	9.5491	10.2598	11.4359	12.300	13.7268
9	9.3685	9.7546	10.1591	11.0266	11.9780	13.5795	14.776	16.7858

예제 3-7

연 이자율이 15%이고 1년에 1회 이자계산을 하는 정기적금에 매기말 50,000원씩 5년 동안 불입하면 5년 후 얼마를 찾게 되는가?

$$FV_5 = 50{,}000 \times \left(\frac{(1+0.15)^5-1}{0.15}\right) = 50{,}000 \times 6.7424 = 337{,}119\text{원}$$

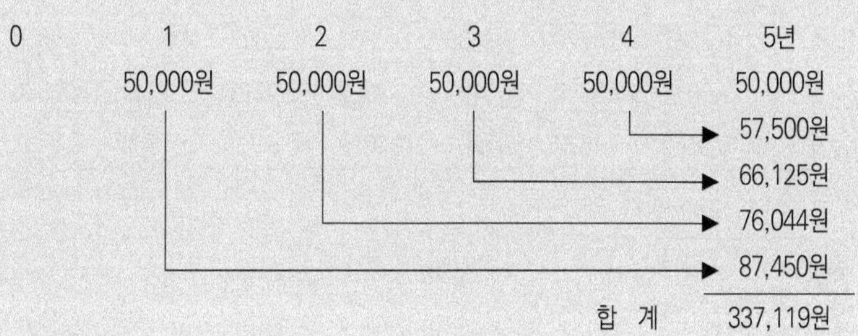

2. 연금의 현재가치

연금의 현재가치는 매기말 지불액을 현재가치로 환산한 금액의 합계이다. A를 매기말 수령액, 기간당 이자율을 i라 할 때 n기간 동안의 연금의 현재가치 PV는 다음과 같다.2)

$$PV = A\frac{1}{(1+i)^1} + A\frac{1}{(1+i)^2} + A\frac{1}{(1+i)^3} + \cdot\cdot\cdot + A\frac{1}{(1+i)^n} = A\left[\frac{1}{i} - \frac{1}{i(1+i)^n}\right] \quad (3-8)$$

위 식에서 $\left[\frac{1}{i} - \frac{1}{i(1+i)^n}\right]$을 연금의 현가계수라 한다. 이러한 연금의 현가계수를 표로 나타내면 다음과 같다.

표 3-4 연금의 현가계수

n \ i	1%	2%	3%	5%	7%	10%	12%	15%
1	0.9901	0.9804	0.9709	0.9524	0.9346	0.9091	0.8929	0.8696
2	1.9704	1.9416	1.9135	1.8594	1.8080	1.7355	1.6901	1.6257
3	2.9410	2.8839	2.8286	2.7232	2.6243	2.4869	2.4018	2.2832
4	3.9020	3.8077	3.7171	3.5460	3.3872	3.1699	3.0373	2.8550
5	4.8534	4.7135	4.5797	4.3295	4.1002	3.7908	3.6048	3.3522
6	5.7955	5.6014	5.4172	5.0757	4.7665	4.3553	4.1114	3.7845
7	6.7282	6.4720	6.2303	5.7864	5.3893	4.8684	4.5638	4.1604
8	7.6517	7.3255	7.0197	6.4632	5.9713	5.3349	4.9676	4.4873
9	8.5660	8.1622	7.7861	7.1078	6.5152	5.7590	5.3282	4.7716

2) 초항이 $\frac{A}{(1+i)}$이고 공비가 $\frac{1}{(1+i)}$인 등비수열이다. 등비수열을 구하는 공식에 대입하여 정리하면 다음과 같다.

$$초항 \times \frac{1-(공비)^n}{1-공비} = \frac{A}{(1+i)} \times \frac{1-\left(\frac{1}{1+i}\right)^n}{1-\frac{1}{1+i}} = A \cdot \left[\frac{1-\left(\frac{1}{1+i}\right)^n}{i}\right] = A \cdot \left[\frac{1}{i} - \frac{1}{i(1+i)^n}\right]$$

예제 3-8

연 이자율이 12%이고 매년말 30,000원씩 4년 동안 수령하는 연금을 현재일시불로 받으면 얼마를 받을 수 있는가?

$$PV = 30{,}000 \times \left[\frac{1}{0.12} - \frac{1}{0.12(1+0.12)^4} \right]$$

$$= 30{,}000 \times 3.0373$$

$$= 91{,}119\text{원}$$

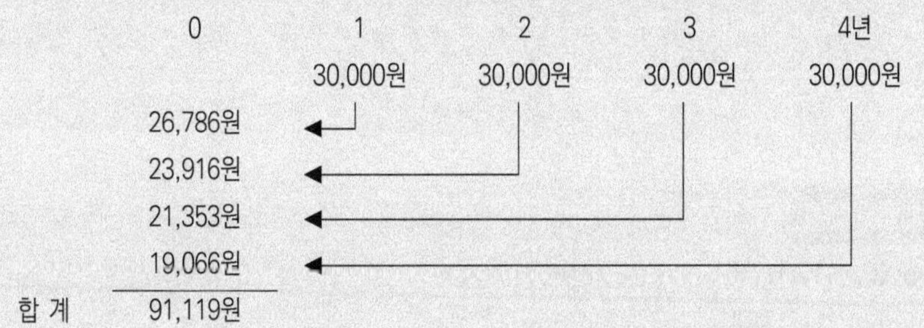

3. 영구연금의 현재가치

매기간 동일한 액수의 현금흐름이 영원히 발생하는 경우를 영구연금(perpetuity)이라 한다. 실제로 영국에서 발행되는 국채 중에는 채권의 원금은 상환되지 않고 영원히 이자만 지급되는 채권이 있다. 이와 같이 매기간 동일한 액수의 현금흐름이 영원히 발생하는 채권의 현재가치는 얼마인가를 계산하는 것이 영구연금의 현재가치 계산이다.

영구연금의 현재가치도 매기간 발생하는 현금흐름을 각각 현재가치로 평가하여 모두 합산한다는 점에서 개별현금흐름의 현가계산과 동일하다. 다만 그 패턴이 일정하기 때문에 그 합을 계산하는 과정을 일반화할 수 있다는 점에서만 개별현금흐름의 계산과 차이가 있다.

즉, 영구연금의 현가는 다음의 식과 같이 계산된다.

$$PV=\frac{A}{(1+i)^1}+\frac{A}{(1+i)^2}+\frac{A}{(1+i)^3}+\frac{A}{(1+i)^4}+\cdots \qquad (3-9)$$

이것은 공비가 $\frac{1}{(1+i)}$이고 초항이 $\frac{A}{(1+i)}$인 무한등비수열이므로 합을 구하면 다음과 같이 계산된다.

$$PV=\frac{\frac{A}{(1+i)}}{1-\frac{1}{(1+i)}}=\frac{A}{i} \qquad (3-10)$$

예제 3-9

연 이자율이 12%이고 연간 4회 이자계산을 하는 경우, 2년 후 10,000원의 목돈을 마련하기 위하여 현재 얼마를 저금하여야 하는가?

$$PV=10{,}000\times\frac{1}{\left(1+\frac{0.12}{4}\right)^{2\times4}}=10{,}000\times\frac{1}{(1+0.03)^8}$$

$$=10{,}000\times0.7894=7{,}894\text{원}$$

제3절 불규칙한 현금흐름의 미래가치와 현재가치

1. 불규칙한 현금흐름의 미래가치

앞에서는 현금흐름이 매기 일정한 경우를 살펴보았다. 현금흐름이 일정하지 않고 불규칙할 경우에는 매기의 현금흐름을 미래가치로 환산한 후 이를 합산하여 미래가치의 총액을 구하면 된다.

예제 3-10

연 이자율이 10%이고 1년 후에 1,000원, 2년 후에 2,000원, 3년 후에 3,000원, 4년 후에 4,000원, 5년 후에 5,000원씩 현금흐름이 있다. 이 현금흐름의 5년 후 미래가치는 얼마인가?

$$\begin{aligned} FV_5 &= 1{,}000\times(1+0.1)^4+2{,}000\times(1+0.1)^3+3{,}000\times(1+0.1)^2+4{,}000\times(1+0.1)^1 \\ &\quad +5{,}000\times(1+0.1)0 \\ &= 1{,}000\times1.4641+2{,}000\times1.3310+3{,}000\times1.2100+4{,}000\times1.1000+5{,}000 \\ &= 17{,}156\text{원} \end{aligned}$$

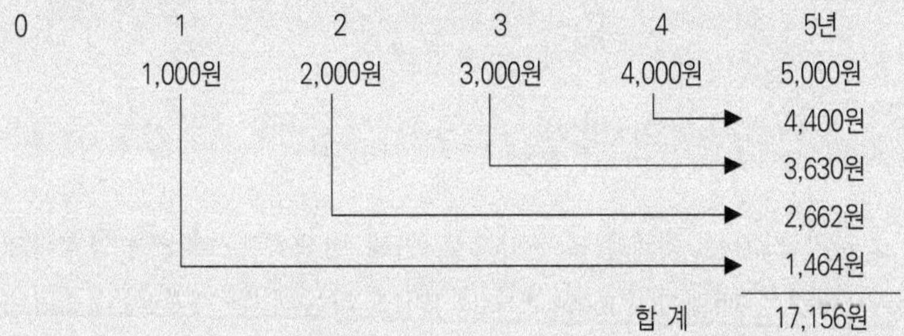

2. 불규칙한 현금흐름의 현재가치

현금흐름이 불규칙한 경우 매기의 현금흐름을 현재가치로 환산한 후 이를 합산하여 현재가치 총액을 구하면 된다.

예제 3-11

연 이자율이 10%이고 1년 후에 1,000원, 2년 후에 2,000원, 3년 후에 3,000원, 4년 후에 4,000원씩 현금흐름이 있다면 이 현금흐름의 현재가치는 얼마인가?

$$\begin{aligned} PV &= \frac{1{,}000}{(1+0.1)^1}+\frac{2{,}000}{(1+0.1)^2}+\frac{3{,}000}{(1+0.1)^3}+\frac{4{,}000}{(1+0.1)^4} \\ &= 1{,}000\times0.9091+2{,}000\times0.8264+3{,}000\times0.7513+4{,}000\times0.6830 \\ &= 7{,}548\text{원} \end{aligned}$$

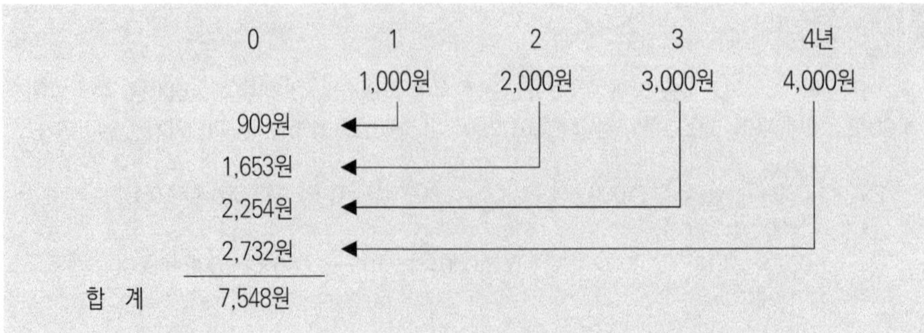

제4절 증권의 가치평가

증권의 가치는 증권을 소유함으로 인해 발생하는 미래 현금흐름의 현재가치이다. 이것을 내재가치(intrinsic value)라고 하는데, 투자자는 내재가치와 증권의 시장가격을 비교하여 투자에 관한 의사결정을 하게 된다. 채권투자의 경우 미래에 발생할 현금흐름은 만기까지 매기간마다 얻게 되는 이자수익과 만기에 받게 되는 원금상환액이 되고, 주식투자의 경우 미래에 발생하게 될 현금흐름은 투자기간 동안 매기간 받게 되는 배당수익과 미래 처분시의 처분가액이 된다.

1. 주식의 가치평가

가치평가는 특정 자산의 내재가치를 추정하는 과정을 말하고, 내재가치는 그 자산을 보유함으로써 생기는 미래현금흐름의 현재가치로 나타난다. 일반적으로 주식을 소유함으로써 기대되는 미래현금흐름의 형태는 보유기간동안에 받는 배당과 보유주식의 처분으로부터 발생하는 처분가격이다. 따라서 주식의 가치평가는 미래배당과 예상처분가격의 현재가치이다.

따라서 주식의 내재가치를 계산하는 과정은 다음과 같이 요약할 수 있다.

① 주식을 통해 얻을 수 있는 미래현금흐름을 계산한다.

② 현금흐름에 추정된 불확실성을 반영한 요구수익률(할인율)을 계산한다.

③ 매기간 추정된 현금흐름을 요구수익률로 할인하여 합산한다.

1) 배당평가모형

배당평가모형은 주식의 보유를 통해 얻을 수 있는 미래의 배당액을 현재가치로 환산하여 모두 합한 금액을 주식의 내재가치로 평가하는 모형이다.

만약 주식을 한 기간만 보유한다고 가정할 경우 주식의 가치는 기대되는 배당금과 한 기간 뒤의 주식예상처분가격을 적절한 할인율(요구수익률)로 할인한 값이 주식의 내재가치가 될 것이다. 이것을 식으로 표시하면 다음과 같다.

$$P_0 = \frac{D_1}{(1+r)} + \frac{P_1}{(1+r)} \qquad (3-11)$$

P_0 : 주식의 현재가치(내재가치), D_1 : 1년 동안의 예상배당액
P_1 : 1년 후 예상처분가격, 할인율(주주의 요구수익률)

예제 3-12

(주)부산은 1년간 1,000원의 배당을 하며, 1년 뒤 주가가 5,000원이 될 것으로 예상되며, 할인율(주주의 요구수익률)은 15%이다. 이 회사의 주식은 현재가치가 얼마나 될까?

$$P_0 = \frac{1{,}000}{(1+0.15)^1} + \frac{5{,}000}{(1+0.15)^1} = 5{,}217.39$$

주식의 평가시 기업이 영속적으로 존재하는 것으로 가정하면, 주식가치는 미래의 배당에 미래의 주식예상처분가격을 현재가치로 평가한 금액으로 연속해서 계산되며, 다시 미래의 예상처분가격은 계산시점 이후의 기대배당에 다한 현재가치이므로 결국 현재의 주식가치는 영구히 계속되는 배당흐름의 현재가치로 계산할 수 있다. 이것을 식으로 표현하면 다음과 같다.

$$\begin{aligned} P_0 &= \frac{D_1}{(1+r)} + \frac{D_2}{(1+r)^2} + \cdots + \frac{d_\infty}{(1+r)^\infty} + \frac{P_\infty}{(1+r)^\infty} \\ &= \sum_{t=1}^{\infty} \frac{D_t}{(1+r)^t} + \frac{P_\infty}{(1+r)^\infty} = \sum_{t=1}^{\infty} \frac{D_t}{(1+r)^t} \end{aligned} \qquad (3-12)$$

위 식을 배당자본환원모형이라고도 하며 만일 배당의 성장이 없이 항상 일정한 배당이 지급되는 경우 이것을 무성장모형이라고도 한다. 무성장모형의 경우 주가는 미래 일정한 배당액을 할인율로 현재가치화한 금액이다. 무성장모형은 다음과 같이 표시된다.

$$P_0 = \frac{D}{r} \tag{3-13}$$

예제 3-13

(주)부산은 지난해말 주당 2,000원의 배당을 지급하였으며, 앞으로도 계속 이러한 배당수준을 유지할 계획이다. 주주의 요구수익률, 즉 할인율은 15%이고, 이 기업이 영구히 존재한다고 가정할 때 주가는 얼마나 될까?

$$P_0 = \frac{2{,}000}{0.15} = 13{,}333.33$$

2) 배당성장모형

주식의 가치평가는 앞에서 살펴본 것처럼 미래배당흐름의 현재가치로 나타낼 수 있다. 그러나 기본적인 배당평가모형은 주식의 가치평가를 위한 개념적인 틀을 제공하지만 실제 적용시에는 어려움이 있다. 왜냐하면 미래 특정 시점에 지급되는 배당의 크기를 장기적으로 예측한다는 것은 대단히 어려운 문제이기 때문이다. 그래서 미래배당이 매기 일정하게 지급되거나 일정한 비율로 성장한다면 평가의 어려움을 줄일 수 있다. 따라서 성장률을 고려한 배당평가모형이 여기에 제시된다.

배당이 항상 일정한 값을 갖지 않고 일정한 성장률로 증가하는 경우의 주식가격결정을 다룬 것이 고든(Gordon)의 일정성장모형이다.

첫 번째 연도말의 기대배당액을 D_1이라 하고, 매년 기업의 성장률 g만큼 증가한다면 매년 기대되는 배당액을 식(3-12)에 대입하여 표시하면 다음과 같게 된다.

$$P_0 = \frac{D_1}{(1+r)} + D_1\frac{(1+g)}{(1+r)^2} + D_1\frac{(1+g)^2}{(1+r)^3} + \cdots$$

$$= \frac{\dfrac{D_1}{(1+r)}}{1 - \dfrac{(1+g)}{(1+r)}} = \frac{D_1}{(r-g)} \qquad (3-14)$$

예제 3-14

부산기업의 지난해 말의 주당배당이 1,000원이고, 향후 배당금의 연평균 성장률이 8%로 영원히 지속될 것으로 예상된다. 주주의 요구수익률이 12%인 경우 이 주식의 내재가치는?

$$P_0 = \frac{1{,}000(1+0.08)}{0.12-0.08} = 27{,}000\text{원}$$

3) 이익평가모형

이익평가모형은 주식의 가치를 미래의 예상배당금이 아닌 주당순이익(EPS)의 현재가치로 평가하는 모형이다.

배당평가모형에서와 마찬가지로 매기간 기대되는 주당순이익을 각각 EPS_1, EPS_2, EPS_3, …, EPS_n 이라 하면, 주가는 이 주당순이익을 현재가치로 평가한 금액이 된다는 것이다. 따라서 이익평가모형은 다음과 같이 나타낼 수 있다.

$$P_0 = \frac{EPS_1}{(1+r)} + \frac{EPS_2}{(1+r)^2} + \cdots + \frac{EPS_n}{(1+r)^n} = \sum_{t=1}^{n} \frac{EPS_t}{(1+r)^t} \qquad (3-15)$$

① 제로성장모형

기업이 순이익을 모두 배당을 한다면, 유보비율은 0이므로 성장률이 0이 된다. 이 경우 주주들은 매년 일정한 주당배당금(=주당순이익)을 받게 된다. 이와 같은 주식의 가치는 다음의 식과 같이 평가될 수 있다.

$$P_0 = \frac{D_1}{r} = \frac{EPS_1}{r} \quad (3-16)$$

② 성장주식의 가치평가

기업이 높은 수익을 얻을 수 있는 투자기회를 가지고 있는 경우, 순이익 중 일부를 유보하여 투자함으로써 성장기회를 가질 수 있다. 이 경우 주식의 가치는 투자의 순현가, 즉 성장기회의 순현가만큼 증가하게 된다. 따라서 성장기업의 주식평가는 다음의 식과 같이 나타낼 수 있다.

P_0= 성장없는 주식의 현재가치(EPS_1/r) + 성장기회의 순현재가치 (3−17)

2. 채권의 가치평가

채권의 가치는 주식과 마찬가지로, 그 채권을 보유함으로써 획득할 수 있는 미래 현금흐름인 만기까지의 이자금액과 만기에 가서 발생하는 원금상환액의 현재가치로 계산된다. 즉, 채권의 일반적인 평가모형은 다음의 식(3−18)과 같다.

$$P_0 = \frac{I}{(1+y)} + \frac{I}{(1+y)^2} + \cdots + \frac{I}{(1+y)^n} + \frac{F}{(1+y)^n}$$
$$= \sum_{t=1}^{n} \frac{I}{(1+y)^t} + \frac{F}{(1+y)^n} \quad (3-18)$$

P_0 : 채권의 현재가치, I : 액면이자, F : 액면가

y : 채권자의 요구수익률(할인율), n : 만기

예제 3-15

(주)부산의 회사채가 액면가 100,000, 액면이자율 10%, 3년만기로 발행되었다. 채권자의 요구수익률(할인율)이 15%라면 이 사채의 현재가치는 얼마인가?

$$P_0 = \frac{10{,}000}{(1+0.15)^1} + \frac{10{,}000}{(1+0.15)^2} + \frac{110{,}000}{(1+0.15)^3} = 88583.87$$

연습문제

문제 1 다음의 물음에 답하라

(1) 현금 2,000만원을 연리 10%로 매년 복리계산되는 정기예금에 예금하는 경우 5년도 말의 미래가치는 얼마인가?

(2) 연리 15%로 매년 복리계산되는 정기예금에 얼마를 예금하여야 4년도 말에 2,000만원을 마련할 수 있는가?

문제 2 복권에 당첨된 박씨는 당첨금을 아래의 3가지 조건 중 1가지를 선택하여 지급받으려고 한다.

> · 조건 1 : 5년도 말에 3,600만원을 지급받는다.
> · 조건 2 : 매년 말에 380만원씩 10년간 지급받는다.
> · 조건 3 : 1년도 말에 120만원을 지급받고, 그 후 매년 말에 260만원씩 30년간 지급받는다.

연간 할인율이 10%일 경우, 박씨는 어느 조건을 선택하여야 가장 유리하겠는가?

문제 3 이씨는 매년 말 900만원씩 10년 동안 지급되는 연금을 받고있다. 연간 이자율이 15%일 때, 연금의 현재가치는 얼마인가?

문제 4 1년도 말부터 5년 동안 매년 500만원씩 연금을 지급 받아서 연리 12%로 매년 복리계산되는 정기예금에 예금한다면, 연금지급이 끝나는 5년도 말에 그 총액은 얼마가 되겠는가?

문제 5 향후 5년간 매년말 100만원의 이익이 예상되고 그 후 5년간 매년말 200만원의 이익이 예상된다. 향후 10년간 이익의 현가는 얼마인가?
(할인율은 10%이다)

문제 6 부산주식회사는 지금 다음과 같은 사채를 발행하려고 한다.

> · 액면가 : 10,000원
> · 만 기 : 3년
> · 액면이자율 : 12% (매년 말 이자지급)

(1) 요구수익률이 15%인 경우, 사채의 발행가격은?
(2) 요구수익률이 12%인 경우, 사채의 발행가격은?
(3) 요구수익률이 10%인 경우, 사채의 발행가격은?

문제 7 (주)부산은 올해 초 주당 1000원씩 배당을 지급하였다. 그리고 배당금은 앞으로 3년 동안 연 10%씩 증가하며, 그 이후부터는 영구적으로 5%씩 증가한다고 기대된다. 이 주식의 요구수익률은 할인율은 12%이다. 이 주식의 현재가치는 얼마인가?

문제 8 기계를 생산하고 있는 (주)부산은 올해말 10억원의 순이익을 기대하고 있다. 이 회사가 새로운 투자를 하지 않는다면, 순이익은 매년 5%씩 증가될 것으로 예상한다. 이 회사는 지금 이동통신사업을 고려 중이다. 이 사업의 투자비용 20억원을 지금 즉시 지출하여야 하지만, 그 이익은 1년 후부터 발생하기 시작한다. 이 사업을 실시하는 경우 추가적인 6억원의 이익을 얻을 수 있으며, 이것도 역시 매년 5%씩 증가할 것이다. 기업의 할인율은 10%이고, 이 회사의 현재 발행주식수는 50만주이다.

(1) 이동통신사업에 진출하지 않을 경우, 부산(주)의 주당 주식가격은 얼마인가?
(2) 이동통신사업으로 인하여 발생하는 성장기회의 가치는 얼마인가?
(3) 이동통신사업에 진출하는 경우, 부산(주)의 주당 주식가격은 얼마인가?

문제 9 영희는 정년퇴임을 한 후 연금을 지급받으려고 한다. 이자율이 연 4%일 때 어떤 연금지급 방법을 선택하겠는가?

1안: 현재 1억을 받고 매월 말 90만원씩 영구히 지급 받음
2안: 현재 4,000만원을 받고 매년 말 1,300만원씩 영구히 지급 받음
3안: 매월 말 160만원씩 영구히 지급 받음
4안: 매년 말 4,500만원씩 7년간 지급 받음
5안: 3년 뒤 1억 5천만원을 지급받고 4년도 말부터 매년 연 1,500만원씩 영구히 지급 받음
6안: 6개월마다 2,500만원씩 2년간 지급받고 이후 매년 말 1,100만원씩 영구히 지급 받음

문제 10 철수씨는 금융기관으로부터 돈을 빌려서 사업을 했다. 돈을 갚아야 하는 날이 다가오자 금융기관은 철수씨에게 돈을 갚는 다섯 가지 방법 중 하나를 택하라는 제안을 해왔다. 다음 제안 중 어느 제안의 현재가치가 가장 작은지를 판단하라. 단, 이자율은 연 5%이다.

A안: 현재 $80,000를 갚음
B안: 매년도 말 $8,000씩 영구히 갚음
C안: 4년도 말 $135,000를 갚음
D안: 1년도 말에 $8,000를 갚고 그 후 매년도 말에 $9,000씩 영구히 갚음
E안: 매년도 말 $14,500씩 10년간 갚음

문제 11 사천기업의 현재 주당순이익(EPS_0)은 4,500원이고, 주당배당금은 1,500원이다. 그리고 향후 5년 동안 유보비율은 80%이며 배당은 매년 20%씩 성장하리라고 예상된다. 그러나 6년째에는 배당성향을 50%로 늘려 그 결과 6년 후부터는 연 5%의 성장률로 성장할 것으로 예상된다. 할인율을 연 10%라고 할 때 사천기업의 주식가치는?

2 PART

투자결정

CHAPTER

04 자본예산

기업의 궁극적인 목표는 기업가치의 극대화에 있다. 그런데 기업가치를 결정하는 데에 많은 요인들이 작용하지만 그 중 가장 기본적인 요인은 어떤 자산을 기업이 보유할 것인가 하는 점이다. 왜냐하면 기업가치의 원천은 기업이 보유하고 있는 자산에서 발생하는 현금흐름이기 때문이다. 따라서 어떤 자산을 보유할 것인가 하는 문제는 기업경영에 있어서 가장 기본적이고 중요한 문제가 된다. 이러한 문제를 해결하는 과정이 바로 자본예산(capital budgeting)이다.

제1절 자본예산의 개념

1. 자본예산의 의의

기업에 있어서 투자결정은 매우 중요한 의미를 갖는다. 기업의 투자를 미래에 실현될 수익을 얻기 위하여 현재의 자금을 지출하는 것으로 정의할 때, 투자에는 미래의 수익에 대한 위험이 따르게 된다. 따라서 투자결정의 결과는 기업의 수익성과 위험도에 영향을 미치게 된다.

특히 투자결정에 있어 단기에 그 효과가 끝나는 투자보다는 그 효과가 장기에 걸쳐 나타나는 투자가 보다 중요하다. 이와 같이 투자로 인한 전체적인 계획과정의 수립을 자본예산이라고 한다. 자본예산에는 토지, 건물 또는 생산시설에 대한 투자가 포함되며, 신제품개발 및 사업확장은 물론 투자의 영향이 1년 이상에 걸쳐 나타나는 광고비, 시장조사비 및 연구개발 등에 대한 투자도 포함된다.

자본예산은 기업의 생산관리, 마케팅 등 모든 경영기능의 장기계획을 통합하므로, 자본예산의 중요성은 각 부문의 관리자들에게 다같이 강조되고 있다. 자본예산은 기업의 경영성과와도 밀접한 관련을 가지고 있으며, 결과적으로 기업가치에 중대한 영향을 미치게 된다. 다시 말해서 효율적인 자본예산에서는 기업가치가 증대되지만, 자본예산이 비효율적으로 수행될 때에는 기업가치를 잠식하는 결과를 초래할 수 있기 때문이다.

2. 자본예산의 과정

일반적으로 자본예산은 다음과 같은 절차를 거친다.

① 투자대상의 모색 ⇨ ② 현금흐름의 추정 ⇨ ③ 투자안의 경제성 평가 ⇨ ④ 투자안의 수행 ⇨ ⑤ 투자안의 재평가

우선 기업의 장기경영계획이나 경영전략적인 측면에서 투자목적에 따라 선택가능한 투자대안들을 모색해야 한다. 이 과정을 통해 기업이 선택가능한 투자안들이 선정되면, 각각의 투자안이 기업에 얼마만큼 공헌할 것인지를 평가해야 하는데 이 과정이 현금흐름 추정과정이다.

각 투자안이 기업에 가져다 줄 현금흐름이 추정되면, 추정된 현금흐름을 기초로 어느 투자안이 상대적으로 우월한가를 평가해야 하는데, 이 단계가 투자안의 경제성평가이다. 물론 기업의 자원이 무한하여 기업에 유리한 모든 투자안을 선택할 수 있다면 문제는 비교적 간단해지나, 기업은 제한된 자원을 가지고 기업가치를 극대화시킬 수 있는 투자안들을 선택하여야 하므로 투자안의 경제성을 평가하여 투자의 우선순위를 결정해야 한다.

경제성평가에 따라 투자안의 순위가 정해지면, 이 기준에 따라 투자안을 수행하게 된다. 투자안의 진행과정을 검토, 평가, 통제하는 단계가 투자안의 재평가과정이다.

이상의 절차를 그림으로 나타내면 [그림 4-1]과 같다.

그림 4-1 자본예산과정

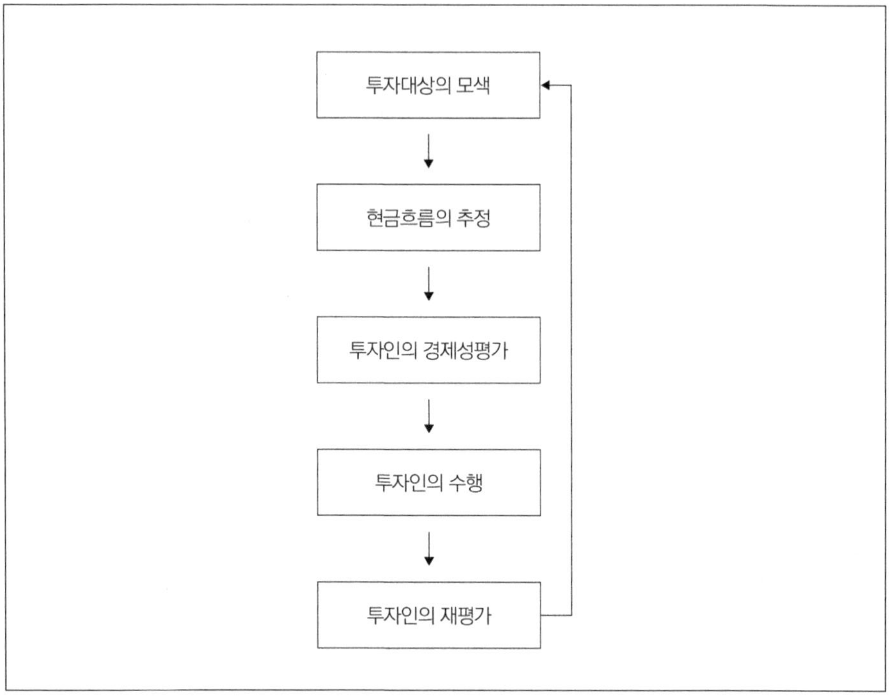

이상과 같은 자본예산과정에서 기업의 재무관리자가 주로 담당하는 분야는 현금흐름의 추정과 투자안의 경제성평가과정이므로 여기에 초점을 맞추어 설명하고자 한다.

제2절 현금흐름의 추정

1. 현금흐름의 의의

현금흐름(cash flow)이란 투자로부터 발생하는 모든 현금의 움직임을 의미한다. 투자로 인하여 들어오는 현금을 현금유입(cash inflow)이라 하고 나가는 현금을 현금유출(cash outflow)이라 한다. 현금흐름을 각 기간별로 현금유입과 현금유출로 구분하여 측정하는 것보다는 각 기간마다 현금유입과 현금유출의 차를 계산하여 측정하는 것이 편리하다. 현금유입과 현금유출의 차를 순현금흐름(net cash flow) 또는 간단히 현금흐름이라 한다.

2. 현금흐름추정의 원칙

현금흐름을 추정할 때 지켜야 할 기본원칙은 다음과 같다.

첫째, 현금흐름은 납세후기준으로 추정하여야 한다. 법인세는 기업이 실제로 지출하는 현금유출이기 때문이다. 그리고 장부상에 미지급세금으로 계상되는 시점에서가 아니라 납세가 이루어지는 시점에서 현금유출로 보아야 한다.

둘째, 모든 현금흐름은 증분기준으로 추정하여야 한다. 이는 새로운 투자안으로부터 발생하게 될 현금유입과 현금유출만을 고려해야 한다는 것이다. 따라서 비용을 추정하는 경우 새로운 투자안과 직접 관련된 비용만을 감안하여야 한다. 증분기준으로 현금흐름을 측정하는 경우 몇 가지 사항을 주의하여야 한다.

① 투자결정으로 인한 모든 증분효과를 고려하여야 한다. 즉 특정 투자안으로부터 기대되는 현금흐름을 추정할 때에는 그 투자안이 기업의 다른 투자안의 현금흐름에 미치는 증분효과까지 고려하여야 한다.

② 추가적인 순운전자본의 소요액을 현금흐름의 추정에 반영하여야 한다.

③ 기업이 다른 용도로 활용할 수 있는 자원을 특정투자에 사용한다면 이 자원에 대한 기회비용을 현금흐름에 고려하여야 한다.

④ 매몰원가는 현금흐름에 포함하여서는 안된다. 매몰원가는 과거의 투자결정에 의하여 이미 지출된 비용으로서 현재의 투자결정에 아무런 영향을 미치지 않기 때문이다.

셋째, 이자비용과 배당금을 현금유출에 포함시켜서는 안된다. 이자비용과 배당금은 명백한 현금유출이다. 그런데 자본조달의 결과로 발생하는 이자비용과 배당금은 자본비용을 계산할 때 고려되는 것이다. 현금흐름을 할인하는 과정에서 할인율로 자본비용을 사용하므로, 이자비용과 자본비용을 현금흐름에서도 고려하게 되면 이중계산이 된다.

넷째, 감가상각비를 현금유출에 포함시켜서는 안된다. 기업이 이익을 계산할 때에는 감가상각이 비용으로 처리되나 현금을 기준으로 볼 때 이 감가상각은 기업의 소유로 남아있게 된다. 감가상각은 현금유출을 가져오지 않는 비현금비용이므로 현금유출에 포함시켜서는 안 된다.

3. 현금흐름의 추정

현금흐름추정의 출발점은 당기순이익이다. 당기순이익에서 비현금지출비용을 더해주면 기본적인 현금흐름이 구해지고 아래에서 설명할 여러 가지 고려사항을 반영해 주면 순현금흐름이 구해진다.

먼저 기본적으로 아래의 약식 손익계산서를 통해서 현금흐름을 구해보자. 이것으로부터 기본적인 현금흐름은 (당기순이익+비현금지출비용)으로 산출된다는 것을 쉽게 알 수 있다.

	매출액 (S)
−	현금지출비용 (O)
−	비현금지출비용 (D)
	법인세 차감전 순이익 (EBIT)
−	법인세 (T)
	법인세 차감후 순이익 (E)
+	비현금지출비용 (D)
	현금흐름 (CF)

이것을 식으로 표시하면,

$$
\begin{aligned}
CF &= E + D \\
&= (S - O - D)(1-t) + D \\
&= S(1-t) - O(1-t) + Dt
\end{aligned}
\qquad (4-1)
$$

t : 법인세율

예제 4-1

부산기업은 신기계구입을 고려하고 있다. 신기계의 경우 성능이 우수하여 생산성 향상으로 매년 200만의 매출이 증가하는 반면, 비용은 2만원 감소할 것으로 예상된다. 신기계는 정액법에 의하여 100만원씩 감가상각된다. 구기계의 감가상가비는 50만원이다. 그리고 이 기업의 법인세율이 40%일 때 이 기업의 현금흐름은?

$$2{,}000{,}000 \times (1-0.4) - (-20{,}000 \times (1-0.4)) + 500{,}000 \times 0.4 = 1{,}412{,}000$$

(1) 고정자산처분시의 현금흐름

자산의 처분가치가 장부가치보다 작으면 손실이 발생하고, 처분가치가 장부가치보다 크면 이익이 발생한다. 이 때 손실이나 이익에 따라 세금이 달라지므로 현금흐름 또한 다르게 나타난다. 자산의 처분가치를 SV와 장부가치를 BV라 할 때 고정자산의 처분에 따른 현금흐름은 다음과 같이 측정된다.

$$CF = SV + (BV - SV) \cdot t \qquad (4-2)$$

예제 4-2

장부가치가 500,000원인 고정자산을 2,000,000원에 처분하였다. 법인세율이 40%일 경우, 고정자산처분시의 현금흐름은?

$$2{,}000{,}000 + (500{,}000 - 2{,}000{,}000) \times 0.4 = 1{,}400{,}000$$

(2) 순운전자본과 현금흐름

일반적으로 순운전자본은 유동자산에서 유동부채를 차감한 것으로 정의된다. 새로운 투자안에 의해서 현금, 외상매출금, 재고자산이 증가하여 순운전자본이 증가할 수 있으며, 이로 인하여 추가적인 자금이 더 필요하게 된다. 순운전자본이 발생시점에서 현금유출로 처리하여야 하지만, 투자가 끝나는 시점에서는 이전에 발생한 순운전자본이 모두 회수된다고 가정하고 현금유입으로 처리한다.

예제 4-3

(주)부산이 새로운 기계설비와 이에 따르는 매출액의 증가로 첫해 초에 1,000만원의 순운전자본이 필요하고, 그 후 계속 3년 동안 10%씩 순운전자본이 증가할 때 현금흐름의 추정은?

연	0	1	2	3	4
현금유출	1,000	100	110	121	
현금유입					1,331
순현금흐름	-1,000	-100	-110	-121	1,331

제3절 투자안의 경제성 평가

투자안의 경제성을 평가하는 데 사용되는 방법들을 자본예산기법이라 하며 회계적 이익률법, 회수기간법, 내부수익율법, 순현가법, 수익성지수법 등이 널리 사용되고 있다. 이 중에서 내부수익율법, 순현가법과 수익성지수법은 화폐의 시간적 가치를 고려하여 투자안을 분석하기 때문에 이들을 현금흐름할인법이라 한다.

1. 회계적 이익률법

(1) 회계적 이익률법의 정의

회계적 이익률법(accounting rate of return method)은 평균이익률법이라고도 하며, 다음과 같이 정의된다.

$$\text{회계적 이익률} = \frac{\text{연평균 순이익}}{\text{연평균 투자액}} = \frac{\text{연평균 순이익}}{\text{총투자액}/2} \qquad (4-3)$$

(2) 투자의사결정기준

단일투자안의 경우에는 투자안의 회계적 이익률이 기업이 미리 정해 놓은 목표이익률보다 크면 투자가치가 있는 것으로 평가한다. 그리고 상호배타적인 다수투자안의 경우에는 회계적 이익률이 목표이익률보다 큰 투자안 중에서 회계적 이익률이 가장 큰 투자안을 선택한다.

(3) 회계적 이익률법의 장단점

회계적 이익률법의 장점은 먼저, 계산이 간편하고 이해하기 쉽다는 것이다. 그리고 회계장부로부터 자료획득이 용이하다는 것이다. 그러나 다음과 같은 단점을 가지고 있기 때문에 경제성평가에 있어 적합한 방법이라고 하기는 어렵다.

첫째, 현금흐름을 무시하고 회계적 이익에 바탕을 두고 있다.

둘째, 화폐의 시간적 가치를 무시하고 있다.

셋째, 비교기준인 목표이익률의 설정이 주관적일 수 있다.

예제 4-4

투자액이 동일하게 10,000원이며 아래와 같이 연간 순이익을 가져오는 투자안 A과 투자안 B가 있다고 하자. 이 두 투자안의 내용연수는 각각 4년이다. 이 기업은 회계적 이익률 50%를 기준으로 하여 신규 투자안의 투자여부를 결정하고 있다. 어느 투자안이 유리한가?

연 도	투자안 A	투자안 B
1	5,500	500
2	5,500	500
3	1,000	500
4	1,000	12,500
총 액	13,000	14,000
연평균	3,250	3,500

위의 예제에서 투자안 A와 B의 회계적 이익률은 다음과 같이 계산할 수 있다.

$$\text{회계적 이익률}_A = \frac{3,250}{10,000 \div 2} = 65\%$$

$$\text{회계적 이익률}_B = \frac{3,500}{10,000 \div 2} = 70\%$$

투자안 A와 투자안 B의 회계적 이익률은 모두 50% 이상이므로 투자안으로서 경제성이 있으나 투자안 B의 회계적 이익률이 더 높으므로 여기서는 투자안 B가 최종적으로 선택된다.

2. 회수기간법

(1) 회수기간법의 정의

회수기간이란 투자에 소요되는 모든 자금을 현금흐름으로부터 회수하는 데 소요되는 기간을 말한다. 그리고 회수기간법(payback period method)은 투자안의 회수기간을 계산하여 이를 기초로 투자안을 평가하는 기법이다.

(2) 투자의사결정기준

단일투자안의 경우에는 산출된 회수기간이 기업이 미리 정해 놓은 목표회수기간보다 짧으면 그 투자안을 선택한다. 그리고 상호배타적인 다수투자안의 경우에는 산출된 회수기간이 목표회수기간보다 짧은 투자안 중에서 회수기간이 가장 짧은 투자안을 선택한다.

(3) 회수기간법의 장단점

회수기간법의 장점은 다음과 같다.

첫째, 계산이 간편하고 이해하기 쉽다는 것이다. 따라서 투자안 평가시 시간과 비용을 절감할 수 있다.

둘째, 투자안의 투자위험에 대한 정보를 제공할 수 있다. 회수기간이 짧은 투자안 일수록 그 만큼 불확실성이 적다고 볼 수 있다.

셋째, 투자안이 지니고 있는 유동성을 평가하는 데 사용될 수 있다. 즉 회수기간이 짧을수록 자금이 빨리 회수되므로 유동성이 향상된다고 볼 수 있다.

그러나, 회수기간법은 다음과 같은 중대한 단점을 가진다.

첫째, 회수기간 이후의 현금흐름을 무시하고 있다.

둘째, 화폐의 시간적 가치를 고려하고 있지 않다.

셋째, 목표회수기간의 설정에 타당한 근거를 두고 있지 않다.

넷째, 평가의 척도가 수익성이 아니라 시간성에 두고 있다.

예제 4-5

투자액이 동일하게 10,000원이며 아래와 같이 연간 순현금흐름을 가져오는 투자안 A과 투자안 B가 있다고 하자. 이 두 투자안의 내용연수는 각각 4년이다. 회수기간법을 고려할 때 어느 투자안을 선택하겠는가?

연 도	투자안 A	투자안 B
1	3,000	5,000
2	4,000	3,000
3	5,000	4,000
4	10,000	1,000

투자안A의 회수기간은 2.6년이고, 투자안B의 회수기간은 2.5이므로 투자안B를 선택하는 것이 유리하다.

투자안A 회수기간 10,000 = 3,000 + 4,000 + 3,000
투자안B 회수기간 10,000 = 5,000 + 3,000 + 2,000

3. 내부수익률법

(1) 내부수익률의 정의

내부수익률(internal rate of return)이란 투자로부터 기대되는 현금유입의 현가와 현금유출의 현가를 같게 하여 주는 할인율이다. 즉 t시점에서의 현금유입을 CI_t, t시점에서의 현금유출을 CO_t라 할 때, 아래의 식을 만족시키는 IRR이 내부수익률이다.

현금유입의 현가 = 현금유출의 현가

$$\sum_{t=0}^{n} \frac{CI_t}{(1+IRR)^t} = \sum_{t=0}^{n} \frac{CO_t}{(1+IRR)^t} \qquad (4-4)$$

(2) 투자의사결정기준

단일투자안의 경우에는 투자안의 IRR이 자본비용보다 크면 그 투자안을 채택하고 그렇지 않으면 기각한다. 그리고 상호배타적인 다수투자안의 경우에는 IRR이 자본비용보다 큰 투자안 중에서 가장 IRR이 큰 투자안을 채택한다. 여기서 자본비용이란 이론적으로 기업가치를 하락시키지 않기 위해서 새로운 투자로부터 획득해야할 최소한의 수익률로 정의된다. 따라서 어떤 투자안의 수익률을 나타내는 IRR이 자본비용보다 크다는 것은 이 투자안이 기업가치를 증가시키는 투자안이 된다는 것을 의미한다.

(3) 내부수익률법의 장단점

내부수익률법은 화폐의 시간적 가치를 고려하고 있으므로 앞의 두 방법보다 우월한 방법이라고 할 수 있다. 그러나 이것은 다음과 같은 중대한 단점을 가지고 있다.

첫째, 시행착오의 과정을 거쳐 내부수익률이 계산되므로 계산이 복잡하다.

둘째, 내부수익률은 투자안의 크기와 투자금액을 반영하지 못한다.

셋째, 투자안에 따라 복수의 내부수익률이 존재할 수 있고, 또한 내부수익률이 전혀 존재하지 않을 수도 있다.

예제 4-6

투자안 A, B, C는 상호배타적이며 다음과 같은 현금흐름을 가지고 있다. 각 투자안의 내부수익률을 계산하여 투자가치를 평가하시오.

연 도	0	1
투자안 A	-10,000	11,500
투자안 B	-10,000	6,151
투자안 C	-10,000	0

투자안 A의 내부수익률 :

$$\frac{11,500}{(1+IRR_A)} = 10,000 \qquad \therefore IRR_A = 0.15 = 15\%$$

투자안 B의 내부수익률 :

$$\frac{6,151}{(1+IRR_B)}+\frac{6,151}{(1+IRR_B)^2}=10,000 \qquad \therefore IRR_B=0.15=15\%$$

투자안 C의 내부수익률 :

$$\frac{13,335}{(1+IRR_C)^2}=10,000 \qquad \therefore IRR_C=0.15=15\%$$

따라서 A, B, C 세 투자안의 내부수익률이 모두 같으므로 어느 투자안이 우월한지 판단할 수 없다.

4. 순현가법

(1) 순현가의 정의

순현가 또는 순현재가치(net present value)란 투자로부터 기대되는 미래의 현금유입을 자본비용으로 할인한 현금유입의 현가에서 미래의 현금유출을 자본비용으로 할인한 현금유출의 현가를 차감한 값으로 정의된다.

t시점에서의 현금유입을 CI_t, t시점에서의 현금유출을 CO_t, 자본비용을 k라 하면 순현가 NPV는 다음과 같다.

$$\begin{aligned} NPV &= \text{현금유입의 현가} - \text{현금유출의 현가} \\ &= \sum_{t=0}^{n}\frac{CI_t}{(1+k)^t}-\sum_{t=0}^{n}\frac{CO_t}{(1+k)^t} \end{aligned} \tag{4-5}$$

(2) 투자의사결정기준

단일투자안의 경우 NPV가 0보다 크면 그 투자안을 채택하고 0보다 작으면 기각한다. 그리고 상호배타적인 다수투자안의 경우에는 NPV가 0보다 큰 투자안 중에서 가장 NPV가 큰 투자안을 채택한다. 이러한 의사결정기준은 NPV를 계산하기 위하여 투자안의 순현금흐름을 할인할 때 할인율로 사용된 자본비용이 현재의 기업가치를 하락시키지 않게 하기 위하여 새로운 투자로부터 벌어들여야 할 최저필수수익률이기 때문에 *NPV*가 0보다 큰 투자안을 채택하면 기업가치가 *NPV*만큼 증가한다는데 근거를 두고 있다.

(3) 순현가법의 장단점

순현가법의 장점은 다음과 같다.

첫째, 화폐의 시간가치를 고려하고 있다.

둘째, 현금흐름을 자본조달경비와 주주가 요구하는 수익률을 의미하는 자본비용으로 할인하고 있다.

셋째, 순현가는 금액으로 표시되므로 기업가치에 대한 투자안의 공헌도를 쉽게 파악할 수 있다.

그러나 순현가법은 자본비용을 정확하게 산출하기 어려운 상황에서는 적용하기가 어렵다는 단점이 있다.

예제 4-7

상호배타적인 투자안 A, B가 아래와 같은 현금흐름을 가지고 있다고 하자. 순현가법을 적용하여 투자안의 투자가치를 평가하시오.(자본비용은 8%임)

연 도	0	1	2	3	4	5
투자안 A	-12,000	7,000	4,000	3,000	1,000	1,000
투자안 B	-12,000	1,000	2,000	3,000	5,000	8,000

투자안 A의 순현가 :

$$NPV_A = -12{,}000 + \frac{7{,}000}{(1+0.08)} + \frac{4{,}000}{(1+0.08)^2} + \frac{3{,}000}{(1+0.08)^3} + \frac{1{,}000}{(1+0.08)^4} + \frac{1{,}000}{(1+0.08)^5} = 1{,}707.9$$

투자안 B의 순현가 :

$$NPV_B = -12{,}000 + \frac{1{,}000}{(1+0.08)} + \frac{2{,}000}{(1+0.08)^2} + \frac{3{,}000}{(1+0.08)^3} + \frac{5{,}000}{(1+0.08)^4} + \frac{8{,}000}{(1+0.08)^5} = 2{,}141.89$$

따라서 *B*투자안의 순현가가 *A*투자안의 순현가보다 크므로 *B*투자안을 선택한다.

5. 수익성지수법

(1) 수익성지수의 정의

수익성지수(profitability index)는 자본비용으로 할인된 현금유입의 현가를 현금유출의 현가로 나눈 값으로 정의된다. t시점에서의 현금유입을 CI_t, t시점에서의 현금유출을 CO_t, 자본비용을 k라 하면 수익성지수 PI는 다음과 같다.

$$PI = \frac{\text{현금유입의 현가}}{\text{현금유출의 현가}} = \frac{\sum_{t=0}^{n} \frac{CI_t}{(1+k)^t}}{\sum_{t=0}^{n} \frac{CO_t}{(1+k)^t}} \qquad (4-6)$$

(2) 투자의사결정기준

단일 투자안의 경우에는 PI가 1보다 크면 그 투자안을 채택하고 그렇지 않으면 기각한다. 그리고 상호배타적인 다수 투자안의 경우에는 PI가 1보다 큰 투자안 중에서 PI가 가장 큰 투자안을 채택한다.

예제 4-8

다음과 같은 현금흐름을 가지는 투자안 A, B가 있다고 하자. 수익성지수법을 적용하여 투자안을 평가하시오.(단, 자본비용은 10%임)

연 도	0	1	2	3
투자안 A	-6,000	2,000	2,500	3,000
투자안 B	-10,000	3,000	4,000	5,500

투자안 A의 수익성지수 :

$$PI_A = \frac{\dfrac{2{,}000}{(1+0.1)} + \dfrac{2{,}500}{(1+0.1)^2} + \dfrac{3{,}000}{(1+0.1)^3}}{6{,}000} = 1.0231$$

투자안 B의 수익성지수 :

$$PI_B = \frac{\dfrac{3{,}000}{(1+0.1)} + \dfrac{4{,}000}{(1+0.)^2} + \dfrac{5{,}500}{(1+0.1)^3}}{10{,}000} = 1.0165$$

따라서 투자안 A의 수익성지수가 투자안 B의 수익성지수보다 크므로 투자안 A를 선택하는 것이 유리하다.

6. 투자안의 경제성 평가방법의 비교

이상에서 설명한 여러 가지 자본예산기법 중 가장 우월한 방법은 현금할인법에 속하는 순현가법이다. 순현가법의 우수성을 정리하면 다음과 같다.

① 할인율(자본비용)이 기간에 따라 변해도 순현가법은 언제나 적용이 가능하다. 그러나 할인율이 기간에 따라 변하면 내부수익률은 적용이 불가능한데, 왜냐하면 어떤 자본비용으로 비교해야 할 것인가 하는 문제에 봉착하기 때문이다.

② 순현가는 다음과 같이 가치합산원칙(value additivity principle)이 성립하나, 내부수익률은 그렇지 못하다.

$$NPV_{A+B} = NPV_A + NPV_B$$
$$(IRR_{A+B} \neq IRR_A + IRR_B) \quad (4-7)$$

기업가치는 여러 투자들의 가치의 합이므로 가치합산원칙은 어떤 투자가 기업가치에 얼마나 공헌하는지를 각 투자의 순현가로 간단히 측정할 수 있다.

③ 순현가법에서 전제하는 재투자수익률에 대한 가정이 보다 합리적이다. 순현가법에서는 투자안의 현금흐름을 자본비용(WACC)으로 할인하여 가치를 평가한다. 즉 순현가법에서는 투자안의 현금흐름이 자본비용과 동일한 투자수익률로 재투자된다고 가정하고 가치를 평가한다. 반면에 내부수익률법에서는 투자안의 현금흐름을 내부수익률(IRR)로 할인하여 평가한다. 따라서 경제성이 있는 투자안의 경우(IRR>WACC인 경우), 내부수익률법은 투자안의 현금흐름이 투자시행 전 계산된 높은 내부수익률로 재투자된다고 무리하게 가정하는 단점을 갖는다.

연습문제

문제 1 공업용 기계를 생산하고 있는 (주)부산은 새로이 컴퓨터 모니터 생산사업을 고려하고 있다. 컴퓨터 모니터 생산 사업에 필요한 생산설비의 구입가격은 12억원이며, 기타 부대시설을 설치하는데는 2억원이 소요된다. 이 생산설비의 내용연수는 3년이며, 3년 후 잔존가치는 2억원으로 추정된다. 컴퓨터 모니터는 연간 5,000대를 생산·판매할 수 있으며, 대당 판매가격은 30만원, 대당 변동영업비용은 15만원, 고정현금지출비용은 2억원으로 예상된다. 그리고 컴퓨터 모니터 생산사업으로 인하여 운전자본이 추가적으로 1억원 더 소요되며, 법인세율은 30%이다.

(1) 투자안의 순현금흐름을 구하시오.

(2) 자본비용이 8%일 경우 순현가법에 의해 투자안을 평가하시오.

문제 2 부산상사는 현재 사용 중인 기계장치의 대체를 고려하고 있다. 현재 사용하고 있는 기계의 장부가치는 1,000만원이고 4년 후에는 완전상각되며, 현재 중고시장에서 500만원에 처분될 수 있다. 기계장치를 대체하는 경우 새 기계의 구입비용은 2,000만원이며, 원재료 등 재고자산 증가로 인한 추가 운전자금이 300만원 소요될 것으로 예상된다. 그리고 새기계로 대체한다면, 향후 4년 동안 매출액은 매년 300만원 늘어나고 영업비용은 매년 100만원 줄어들며, 새 기계의 4년후 잔존가치는 400만원으로 예상된다. 이 회사의 감가상각방법은 정액법이며 법인세율은 30%이다.

(1) 투자안의 순현금흐름을 계산하시오.

(2) 자본비용이 10%일 경우 순현가법에 의해 투자안을 평가하라.

문제 3 상호배타적인 투자안 A, B가 아래의 현금흐름을 가지고 있다.
(단, 자본비용은 10%)

연도	0	1	2	3
투자안 A	-15,000	13,000	10,000	800
투자안 B	-40,000	36,000	18,000	1,200

(1) 순현가법에 의해 투자안을 평가하시오.

(2) 내부수익률법에 의하여 투자안을 평가하시오.

(3) 수익성지수법에 의하여 투자안을 평가하시오.

문제 4 경남기업에서는 배터리 생산과 관련하여 신제품 생산을 검토 중이다. 생산설비 투자소요액은 80억원이고 내용연수는 5년으로 예상된다. 신제품이 생산 시판되면 매년 20개들이 1상자 당 30,000원에 500,000상자를 판매할 것으로 추정된다. 소요되는 비용으로는 감가상각비를 제외하고 고정비가 20억원 발생하고 변동비는 상자 당 13,000원이 발생할 것으로 예상된다. 생산설비는 내용연수 4년에 잔존가치는 없다고 보고 정액법으로 감가상각할 계획이다. 이 투자안의 법인세율은 20%이다.

(1) 기초현금흐름을 추정하시오.
(2) 매년 영업현금흐름을 추정하시오.
(3) 연도별 현금흐름표를 작상하시오.

문제 5 다음과 같은 2개의 상호배타적인 투자안이 있다. 적정 할인율은 연 12%이다.

연도	A투자안	B투자안
0	-180,000	-12,000
1	14,000	8,000
2	25,000	4,000
3	30,000	3,000
4	380,000	1,000

(1) 회수기간법을 적용하면 어떤 투자안이 더 경제성이 있는가?
(2) 순현가법을 적용하면 어떤 투자안이 더 경제성이 있는가?
(3) 수익성지수법을 적용하면 어떤 투자안이 더 경제성이 있는가?
(4) 각 투자안의 IRR을 구하는 방정식을 구축하고 각 투자안의 IRR이 자본비용보다 크겠는가를 논리적으로 설명하라.

CHAPTER

05 포트폴리오 이론

제1절 개별자산 기대수익률과 위험의 측정

1. 개별자산 기대수익률의 측정

개별자산의 기대수익률(expected return)은 미래의 예상수익률을 이에 상응하는 발생 확률로 가중하여 계산할 수 있다. i상황에서의 수익률을 R_i, R_i가 발생할 확률을 P_i라 하면 자산 i의 기대수익률인 $E(R_i)$는 식(5-1)과 같다.

$$E(R_i) = \sum_{i=1}^{n} R_i \cdot P_i \tag{5-1}$$

예제 5-1

아래 표와 같은 확률을 가지는 주식 A와 주식 B가 있다. 이 때 주식 A와 주식 B의 기대수익률을 구하라.

경 기	수익률(%)		확 률
	주식 A	주식 B	
호 황	8	6	0.25
보 통	5	6	0.50
불 황	4	2	0.25

$E(R_A) = 8\times0.25 + 5\times0.50 + 4\times0.25 = 5.5\%$

$E(R_B) = 6\times0.25 + 6\times0.50 + 2\times0.25 = 5\%$

2. 개별자산 위험의 측정

미래에 발생하게 될 상황은 일반적으로 확실성(certainty), 위험(risk), 불확실성(uncertainty)으로 구분할 수 있다.

확실성상태는 미래에 발생할 상황을 정확히 알고 있는 상태로서, 기업경영에서는 거의 볼 수 없는 상황이다. 위험상태는 미래에 발생할 상황을 객관적인 확률분포로 예측할 수 있는 상태를 말한다. 불확실성상태는 미래에 발생할 상황을 전혀 예측할 수 없는 상태를 말한다.

현실적으로 재무의사결정은 위험상태나 불확실성상태에서 이루어진다고 볼 수 있다. 따라서 실제적으로는 위험과 불확실성의 구분은 그 의미가 점차 퇴색하고 있다. 그래서 일반적으로 위험과 불확실성을 다같이 위험이라고 정의한다.

위험은 미래수익률의 변동가능성으로 정의되므로 위험을 측정하기 위해서는 미래수익률의 확률분포를 작성하여 그 확률분포의 분산정도를 계량적으로 파악해야 한다. 따라서 위험은 확률분포의 분산(variance) 또는 표준편차(standard deviation)로 식(5-2)와 같이 측정한다.

$$\text{분산} = Var(R) = \sum_{i=1}^{n}[R_i - E(R)]^2 P_i$$

$$\text{표준편차} = \sigma(R) = \sqrt{Var(R)} = \sqrt{\sum_{i=1}^{n}[R_i - E(R)]^2 P_i} \qquad (5-2)$$

예제 5-2

위의 예제에서 주식 A와 주식B의 위험을 계산하라.

$$\sigma(R_A) = \sqrt{(8-5.5)^2(0.25) + (5-5.5)^2(0.50) + (4-5.5)^2(0.25)} = 1.5\%$$

$$\sigma(R_B) = \sqrt{(6-5)^2(0.25) + (6-5)^2(0.50) + (2-5)^2(0.25)} = 1.73\%$$

제2절 포트폴리오 기대수익률과 위험의 측정

투자자들은 한 종류의 자산에만 투자하는 것이 아니고 여러 자산에 투자함으로써 자산의 조합인 포트폴리오를 소유하게 된다. 따라서 포트폴리오(portfolio)는 하나의 자산에만 투자하지 않고 둘 이상의 자산에 분산투자할 경우의 투자대상을 지칭하는 개념이다. 넓은 의미에서의 포트폴리오는 자산의 조합을 말하나, 좁은 의미로는 증권시장에서 거래되는 주식, 회사채 등 금융자산의 조합을 의미한다. 투자자들이 포트폴리오에 투자하는 이유는 여러 자산에 분산투자함으로써 투자수익을 희생시키지 않으면서 위험을 줄일 수 있기 때문이다.

1. 포트폴리오 기대수익률의 측정

포트폴리오의 기대수익률은 포트폴리오를 구성하고 있는 개별증권의 기대수익률을 각각의 투자비율에 따라 가중평균한 값이다. 증권 i의 투자비율을 w_i, 증권 i의 기대수익률을 $E(R_i)$, 포트폴리오구성 종목수를 n이라 할 때 포트폴리오 p의 기대수익률 $E(R_p)$는 식(5-3)과 같다.

$$E(R_p) = \sum_{i=1}^{n} w_i E(R_i) \qquad \sum_{i=1}^{n} w_i = 1 \tag{5-3}$$

따라서 두개의 증권으로 구성된 포트폴리오의 기대수익률은 식(5-4)와 같이 계산된다.

$$E(R_p) = w_A E(R_A) + w_B E(R_B) \tag{5-4}$$

예제 5-3

앞의 예제에서 주식 A와 주식 B로 포트폴리오를 구성하려고 한다. 주식 A에 투자금액의 60%를 투자하고 나머지 40%를 주식 B에 투자할 때 이렇게 구성된 포트폴리오의 기대수익률은 얼마인가?

$$E(R_p) = w_A E(R_A) + w_B E(R_B)$$

$$= (0.6)(0.055) + (0.4)(0.05) = 5.3\%$$

2. 포트폴리오 위험의 측정

포트폴리오의 위험은 포트폴리오를 구성하고 있는 개별증권의 위험과 투자비율 그리고 개별증권의 수익률간의 상관계수(correlation coefficient) 또는 공분산(covariance)의 크기에 의하여 결정된다.

공분산 σ_{ij}는 증권 i와 증권 j의 수익률이 같은 방향 또는 다른 방향으로 움직이는 정도를 계량적으로 측정한 것으로서 식(5-5)와 같이 구해진다.

$$\begin{aligned} \sigma_{ij} &= E\{[R_i - E(R_i)][R_j - E(R_j)]\} \\ &= \sum_{t=1}^{n}\{[R_{it} - E(R_i)][R_{jt} - E(R_j)]\}P_t \\ &= \sigma_i \sigma_j \rho_{ij} \end{aligned} \tag{5-5}$$

증권 i와 증권 j의 수익률의 변화관계는 상관계수 ρ_{ij}로 측정된다. 상관계수는 식(5-6)에 의해 계산된다.

$$\rho_{ij} = \frac{\sigma_{ij}}{\sigma_i \sigma_j} \tag{5-6}$$

증권 j의 투자비율을 w_j, 증권 i와 증권 j의 수익률의 공분산을 σ_{ij}, 증권 i와 증권 j의 수익률의 상관계수를 ρ_{ij}, 증권 i의 수익률의 표준편차를 σ_i, 증권 j의 수익률의 표준편차를 σ_j라 할 때 포트폴리오의 위험 σ_p는 식(5-7)과 같다.

$$\sigma_p = \sqrt{\sum_{i=1}^{n}\sum_{j=1}^{n} w_i w_j \sigma_{ij}} = \sqrt{\sum_{i=1}^{n}\sum_{j=1}^{n} w_i w_j \sigma_i \sigma_j \rho_{ij}} \qquad (5-7)$$

위의 식을 개별증권의 분산을 나타내는 부분과 다른 증권과의 공분산을 나타내는 부분의 합으로 표시하면 식(5-8)과 같다.

$$\sigma_p = \sqrt{\sum_{i=1}^{n} w_i^2 \sigma_i^2 + \sum_{i=1}^{n}\sum_{j=1}^{n} w_i w_j \sigma_{ij}} \qquad (5-8)$$

단, $i \neq j$

그러므로 두 가지 증권으로 구성된 포트폴리오의 위험은 식(5-9)와 같이 계산된다.

$$\sigma_p = \sqrt{w_A^2 \sigma_A^2 + w_B^2 \sigma_B^2 + 2 w_A w_B \sigma_{AB}} = \sqrt{w_A^2 \sigma_A^2 + w_B^2 \sigma_B^2 + 2 w_A w_B \sigma_A \sigma_B \rho_{AB}} \qquad (5-9)$$

예제 5-4

위의 예에서 주식 A와 주식 B로 포트폴리오를 구성하려고 한다. 두 주식간의 공분산과 상관계수를 구하라. 그리고 주식 A에 투자금액의 60%를 투자하고 나머지 40%를 주식 B에 투자하는 경우 이 포트폴리오의 위험은 얼마인가?

$$\sigma_{AB} = (8-5.5)(6-5)(0.25) + (5-5.5)(6-5)(0.50) + (4-5.5)(2-5)(0.25) = 0.00015$$

$$\rho_{AB} = \frac{0.00015}{0.015 \times 0.0173} = 0.578$$

$$\sigma_p = \sqrt{(0.6)^2(0.015)^2 + (0.4)^2(0.0173)^2 + 2(0.6)(0.4)(0.015)(0.0173)(0.578)}$$

$$= 0.014173 \fallingdotseq 1.42\%$$

3. 포트폴리오의 위험분산효과

투자자들이 여러 증권에 분산투자하여 포트폴리오를 구성함으로써 기대수익률을 감소시키지 않으면서 투자위험을 줄이는 효과를 위험분산효과(diversification effect) 또는 포트폴리오효과라고 한다. 포트폴리오의 구성자산 수가 많으면 많을수록 개별자산의 위험이 포트폴리오위험에 미치는 영향은 감소하고 포트폴리오의 위험은 공분산의 평균에 접근하게 된다.

$$\begin{aligned}\sigma_p^2 &= \sum_{i=1}^{n} w_i^2\sigma_i^2 + \sum_{i=1}^{n}\sum_{j=1}^{n} w_i w_j \sigma_{ij} \\ &= \sum_{i=1}^{n}\left(\frac{1}{n}\right)^2\sigma_i^2 + \sum_{i=1}^{n}\sum_{j=1}^{n}\left(\frac{1}{n}\right)\left(\frac{1}{n}\right)\sigma_{ij} \\ &= \left(\frac{1}{n}\right)^2\sum_{i=1}^{n}\sigma_i^2 + \left(\frac{1}{n^2}\right)\sum_{i=1}^{n}\sum_{j=1}^{n}\sigma_{ij} \qquad \text{단, } i \neq j\end{aligned} \tag{5-10}$$

포트폴리오를 구성하는 n개의 증권에 대한 투자비율이 모두 $\frac{1}{n}$로 동일하게 투자한 포트폴리오의 분산을 계산하면 식(5−10)과 같다

여기서 분산의 평균을 $\bar{\sigma}^2$, 공분산의 평균을 $\bar{\sigma}_{ij}$라고 할 때, n개 종목으로 구성된 포트폴리오의 분산은 n개이고 공분산은 $n(n-1)$개이다.

따라서 $\sum_{i=1}^{n}\sigma_i^2 = \bar{\sigma}^2 \times n$이고, $\sum_{i=1}^{n}\sum_{j=1}^{n}\sigma_{ij} = \bar{\sigma}_{ij}[n(n-1)]$이다. 그러므로 식(5−10)은 식(5−11)과 같이 다시 정리할 수 있다.

$$\begin{aligned}\overline{\sigma_p}^2 &= \left(\frac{1}{n}\right)^2\bar{\sigma}^2 n + \left(\frac{1}{n^2}\right)\bar{\sigma}_{ij} n(n-1) \\ &= \frac{1}{n}\bar{\sigma}^2 + \left(\frac{n-1}{n}\right)\bar{\sigma}_{ij} \\ &= \frac{1}{n}(\bar{\sigma}^2 - \bar{\sigma}_{ij}) + \bar{\sigma}_{ij} \\ &\operatorname*{Lim}_{n\to\infty}\left[\frac{1}{n}(\bar{\sigma}^2 - \bar{\sigma}_{ij}) + \bar{\sigma}_{ij}\right] = \bar{\sigma}_{ij}\end{aligned} \tag{5-11}$$

식(5－11)에서 n이 증가함에 따라 n개의 증권으로 구성된 포트폴리오의 분산은 $\bar{\sigma}_{ij}$에 수렴하게 된다.

여기서 포트폴리오의 위험이 두 가지로 분리될 수 있다는 사실을 알 수 있다. 포트폴리오에 포함되는 증권의 수를 늘려감으로써 줄어드는 위험과 포트폴리오의 구성 증권수를 아무리 늘려도 줄어들지 않는 위험, 즉 전체 증권의 평균 공분산으로 표현되는 부분으로 구성되어 있다는 것을 알 수 있다.

포트폴리오를 구성함으로써 제거되는 위험을 비체계적 위험(unsystematic risk)이라 한다. 이것은 특정기업이나 산업에 국한된 요인, 즉 경영성과, 노동쟁의, 소송사건, 신제품개발, 광고활동 등으로 인하여 발생하는 위험이다. 이러한 요인들은 모든 기업에 있어 발생하는 것이 아니므로 여러 회사의 증권에 분산투자함으로써 제거할 수 있다.

포트폴리오를 구성하여도 제거되지 않고 남아 있는 위험을 체계적 위험(systematic risk)이라고 한다. 이것은 전쟁, 인플레이션, 이자율의 변동, 경기변동 등과 같은 요인으로 인하여 발생하는 위험이다. 이러한 요인들은 거의 모든 증권에 공통적으로 영향을 미치기 때문에 분산투자를 하여도 제거할 수 없다.

그림 5-1 체계적 위험과 비체계적 위험

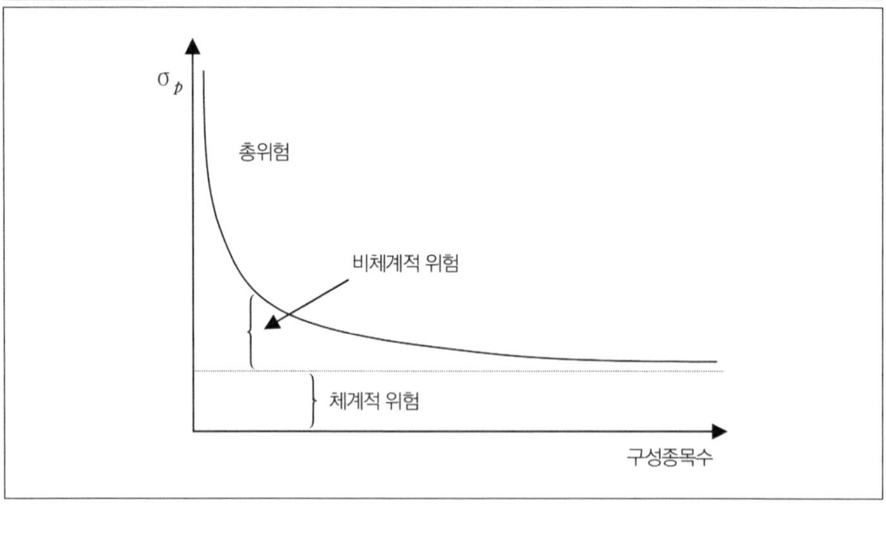

제3절 포트폴리오의 선택

1. 투자자의 효용곡선

투자자들은 기대효용을 극대화하기 위하여 기대수익률과 위험을 고려하여야 하므로 기대효용은 식(5-12)와 같이 표시할 수 있다.

$$E(U) = f\ [E(R), \sigma] \qquad (5-12)$$

그리고 투자자에게 동일한 크기의 효용을 가져다주는 기대수익률과 위험의 조합을 효용의 무차별곡선(indifference curve)이라고 한다.

일반적으로 투자시장에 참여하는 투자자는 합리적이라고 가정한다. 여기서 합리적이라는 말은 투자자가 위험을 부담할 경우에는 반드시 그에 상응하는 보상을 요구한다는 것이다. 따라서 합리적인 투자자는 위험회피형 투자자라고 말할 수 있다.

위험회피형 투자자의 무차별곡선은 [그림 5-2]에서 보여지는 것처럼 우상향하면서 세로축에 오목한 형태로 나타난다. 즉 위험을 싫어하기 때문에 위험을 한 단위 더 부담하면 할수록 그에 대한 보상으로서 기대수익률을 더 높게 제시하게 된다.

위 그림에서 투자자 A와 투자자 B의 무차별곡선을 비교해 볼 때 투자자 A가 더 위험회피적이라는 것을 알 수 있다. 즉 투자자 B에 비해 위험을 한 단위 더 증가시킬 때 더 많은 기대수익률을 요구하기 때문이다.

그림 5-2 위험회피형 투자자의 무차별곡선

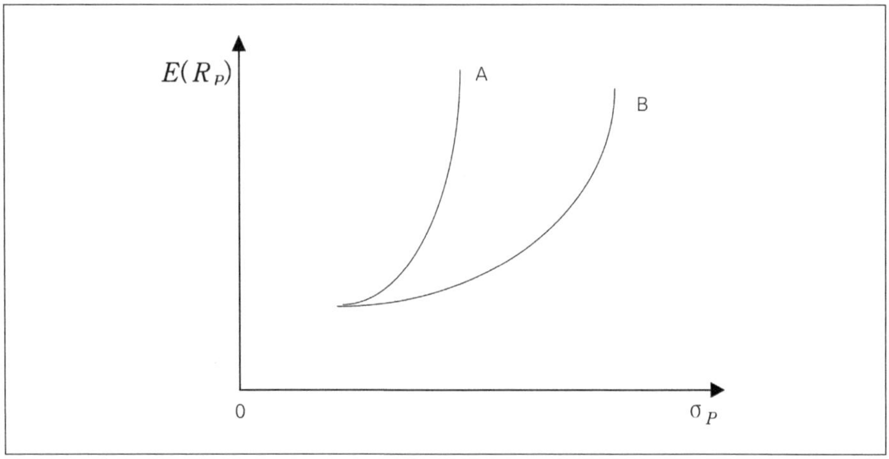

2. 포트폴리오 위험과 상관계수와의 관계

포트폴리오의 위험을 분석할 때, 증권간의 상관계수가 중요시되는 이유는 증권수익률간의 상관계수가 +1.0보다 작은 증권들을 결합함으로써 기대수익률을 희생시키지 않으면서 위험을 감소시킬 수 있기 때문이다. 예를 들면, 기대수익률이 5%이고 표준편차가 4%인 A증권과 기대수익률이 8%이고 표준편차가 10%인 B증권으로 포트폴리오를 구성한다고 가정하면, 두 증권의 상관계수가 $\rho_{AB}=+1$, $\rho_{AB}=0$, $\rho_{AB}=-1$인 경우에 투자비율을 달리함으로써 얻는 포트폴리오의 기대수익률과 표준편차를 산출하면 <표 5-1>과 같다.

표 5-1 투자비율에 대한 포트폴리오의 수익률과 위험

투 자 비 율		$\rho_{AB}=+1$		$\rho_{AB}=0$		$\rho_{AB}=-1$	
w_A	w_B	$E(R_p)$	σ_p	$E(R_p)$	σ_p	$E(R_p)$	σ_p
100%	0%	5.00	4.0	5.00	4.0	5.00	4.0
86	14	5.42	4.8	5.42	3.7	5.42	2.0
75	25	5.75	5.5	5.75	3.9	5.75	0.5
71	29	5.87	5.7	5.87	4.1	5.87	0.0

50	50	6.50	7.0	6.50	5.4	6.50	3.0
25	75	7.25	8.5	7.25	7.6	7.25	6.5
0	100	8.00	10.0	8.00	10.0	8.00	10.0

[표 5-1]을 그림으로 나타내면 [그림 5-3]과 같다.

그림 5-3 투자비율에 대한 포트폴리오 수익률과 위험

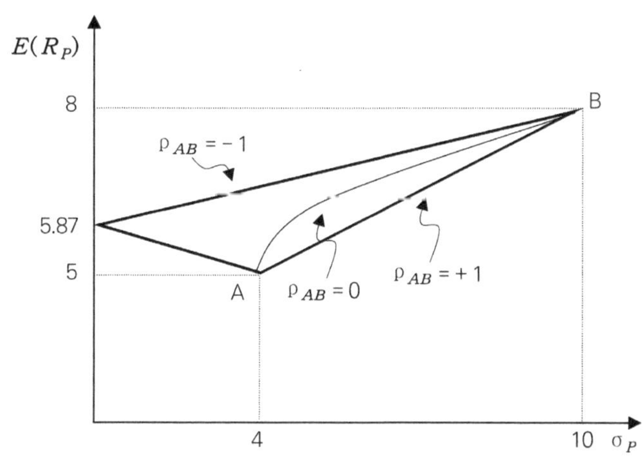

현실적으로 두 증권간의 상관계수가 +1의 관계나 -1의 관계는 존재하지 않는다. 따라서 대부분의 상관관계는 -1에서 +1의 관계를 가진다고 볼 수 있다. 그러므로 두 증권으로 구성된 포트폴리오의 기대수익률과 표준편차의 조합은 완만한 곡선을 이룬다는 것을 알 수 있다.

3. 최적포트폴리오의 선택

포트폴리오의 기대수익률과 위험을 측정하여 위험과 수익률을 그래프로 표시하면 투자 가능한 투자기회집합을 얻을 수 있다.

그림 5-4 효율적 프론티어

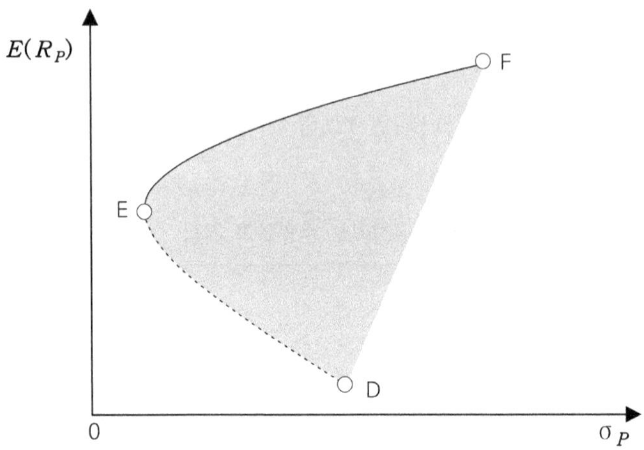

합리적인 투자자라면 지배원리에 따라 다른 모든 포트폴리오를 지배하는 투자기회집합선상에 있는 포트폴리오 중 하나를 선택하게 된다. 지배원리(dominance principle)란 동일한 기대수익률을 갖는 포트폴리오 중에서 가장 낮은 위험을 가지는 포트폴리오를 선택하고, 동일한 위험을 갖는 포트폴리오 중에서 가장 높은 기대수익률을 가지는 포트폴리오를 선택한다는 원리이다. 이러한 지배원리를 만족하는 포트폴리오를 효율적 포트폴리오(efficient portfolio)라 하고, 이 효율적 포트폴리오의 집합을 효율적 프론티어(efficient frontier) 또는 효율적 투자선이라 한다. [그림 5-4]에서 $\widehat{EF}$는 그 이하의 모든 투자조합을 지배하고 있으므로 $\widehat{EF}$가 효율적 프론티어이고 이 선상에 있는 모든 포트폴리오는 효율적 포트폴리오가 된다.

투자자들은 효율적 프론티어 *EF*선상에 놓여 있는 수많은 포트폴리오 중에서 그들의 기대효용을 극대화시키는 최적포트폴리오를 선택하게 된다.

그림 5-5 최적 포트폴리오의 선택

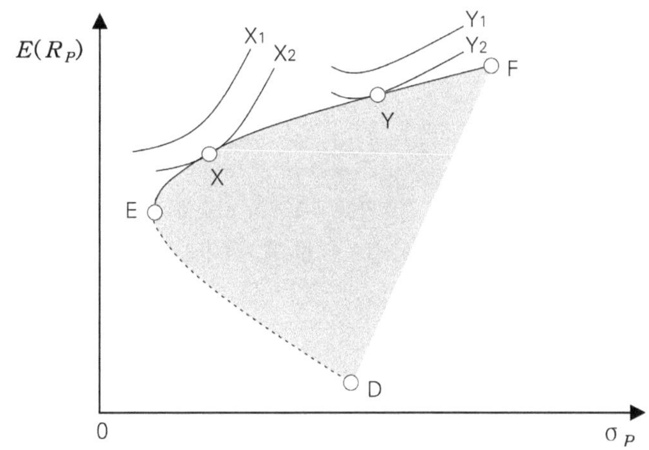

[그림 5-5]에서 볼 때 포트폴리오의 선택은 투자자의 위험회피정도에 따라 달라진다. 보다 위험회피적인 투자자 X(방어적인 투자자)는 자신의 무차별곡선과 효율적 프론티어 $\widehat{EF}$가 만나는 X 포트폴리오를 선택하고, 위험회피 경향이 적은 투자자 Y(공격적인 투자자)는 자신의 효용곡선과 효율적 프론티어 $\widehat{EF}$가 만나는 Y 포트폴리오를 선택하게 된다. 이 때 선택된 포트폴리오를 최적포트폴리오(optimal portfolio)라고 한다. 따라서 최적 포트폴리오의 선택 결과를 보면 방어적인 투자자인 X는 다소 위험이 적고 또한 기대수익률도 적은 포트폴리오를 선택하는 반면 공격적인 투자자인 Y는 위험도 크고 기대수익률인 큰 포트폴리오를 선택하게 된다.

이상에서 살펴본 포트폴리오 선택은 두 가지 단계로 구성되는데, 첫 번째는 위험자산만으로 구성되어 있는 포트폴리오의 집합 중에서 지배원리에 의하여 투자가능한 효율적 프론티어(투자선)를 찾아내는 단계이고, 두 번째는 투자자의 효용을 나타내는 무차별곡선에 의하여 최적포트폴리오를 찾아내는 단계로 구성되어 있다.

연습문제

문제 1 A증권의 수익률의 확률분포가 다음과 같을 때, 이 증권의 기대수익률과 위험을 구하시오.

수익률	20%	15%	10%	5%	-15%
확률	0.1	0.2	0.35	0.25	0.1

문제 2 경기변화에 따른 A증권과 B증권의 수익률이 다음과 같이 예측되었다. A와 B증권 수익률의 상관계수가 -1, 0, +1일 때, 각각의 포트폴리오 기대수익률과 위험을 구하시오.

		경 기		투자비율
		호 황	불 황	
확 률		0.6	0.4	
수익률	증권 A	30%	-20%	40%
	증권 B	-10%	15%	60%

문제 3 다음과 같은 확률분포를 가지는 두 증권이 있다.

상 황	확 률	수 익 률	
		증권 A	증권 B
호 황	0.7	0.20	0.07
불 황	0.3	-0.02	0.10

(1) 증권 A와 B의 기대수익률, 분산, 표준편차를 각각 구하시오.

(2) 두 증권에 각각 50%씩 투자하여 구성한 포트폴리오의 기대수익률, 분산, 표준편차를 구하라.

문제 4 주식 A와 주식 B의 기대수익률과 분산은 각각 다음과 같다.

주 식	기대수익률	분 산
A	0.3	0.05
B	0.1	0.1

(1) 두 주식사이의 상관계수가 0.3일 때, 총투자자금 중 50%를 주식 A에 투자하고 그 나머지 50%를 주식 B에 투자하여 구성한 포트폴리오의 기대수익

률과 분산을 계산하라.

(2) 두 주식사이의 상관계수가 −0.3일 때, 총투자자금 중 50%를 주식 A에 투자하고 그 나머지 50%를 주식 B에 투자하여 구성한 포트폴리오의 기대수익률과 분산을 계산하라.

문제 5 최적 포트폴리오의 선택과정을 설명하시오.

문제 6 다음 자료를 이용하여 아래의 질문에 답하시오.

상황	확률	A주식의 수익률	B주식의 수익률
호황	0.2	15%	20%
보통	0.5	10%	5%
불황	0.3	5%	-10%

(1) A주식과 B주식의 기대수익률과 표준편차를 구하시오.

(2) A주식에 60%, B주식에 40%를 투자하여 구성한 포트폴리오의 기대수익률과 표준편차를 구하시오.

(3) 두 주식간의 공분산과 상관계수를 구하시오.

문제 7 현재 운용중인 자산이 A포트폴리오이고, B주식과 C주식을 편입할 것을 고려하고 있다. A, B, C의 상황별 수익률은 다음과 같다.

상황	확률	A포트폴리오	B주식	C주식
호황	0.4	15%	20%	10%
보통	0.3	10%	15%	8%
불황	0.3	5%	10%	5%

(1) 기존 포트폴리오에 40%를 투자하고 새로 편입하는 B주식에 60%를 투자할 때, 새로운 포트폴리오의 기대수익률과 표준편차를 구하시오.

(2) 기존 포트폴리오에 40%를 투자하고 새로 편입하는 C주식에 60%를 투자할 때, 새로운 포트폴리오의 기대수익률과 표준편차를 구하시오.

(3) (1), (2)의 결과에서 볼 때, B주식과 C주식 중에서 어느 주식을 A포트폴리오에 편입하겠는가?

문제 8 다음 자료를 이용하여 아래의 물음에 답하시오.

상황	확률	A주식 수익률	B주식 수익률	C주식 수익률
호황	20%	30%	30%	20%
보통	30%	15%	10%	10%
약간불황	30%	5%	-20%	-5%
불황	20%	-5%	-25%	-20%

(1) A주식에 30%, B주식에 30%, C주식에 40%를 투자한 포트폴리오의 기대수익률을 구하시오.

(2) (1)번에서 구성한 포트폴리오의 분산과 표준편차를 구하시오.

문제 9 A, B, C 세 증권에 대한 기대수익률, 분산, 공분산에 대한 자료가 다음과 같다. A, B, C 세 증권을 3:3:4의 투지비율로 포트폴리오를 구성하고자 한다.

증권	기대수익률	증권	분산 또는 공분산		
			A	B	C
A	15%	A	5%	3%	3%
B	20%	B	3%	7%	4%
C	25%	C	3%	4%	8%

(1) 포트폴리오의 기대수익률을 구하시오.

(2) 포트폴리오의 위험(표준편차)를 구하시오.

CHAPTER

06 자본시장이론

제1절 자본시장이론의 기본가정

포트폴리오이론은 평균-분산분석에 의거하여 투자자의 기대효용을 극대화시키는 최적 포트폴리오가 어떻게 결정되는가를 보여준 것이다. 포트폴리오이론은 투자기회집합이 단지 위험자산만으로 구성되있다고 가정하였으니, 무위험자산이 존재할 경우 투자기회집합이 어떻게 변하는가를 고려해 볼 수 있다. 무위험자산의 존재는 투자자들이 무위험이자율로 차입 및 대출을 할 수 있다는 것을 의미한다. 이 경우 평균-분산분석을 위험과 수익률간의 시장균형모형으로 확장할 수 있다.

자본시장에 관한 연구는 마코위츠(Markowitz) 이후 샤프(Sharpe), 린트너(Lintner), 모신(Mossin) 등에 의하여 확장되었는데, 그들의 연구는 자본자산가격결정모형(capital asset pricing model : CAPM)으로 발전하였다.

자본시장이론이 불확실성하의 자본시장에서 형성되는 위험의 균형가격을 설명하는 것이라면 CAPM은 개별증권이나 포트폴리오의 기대수익률과 위험간의 관계를 도출하여 그 가격결정원리를 제시하려는 것이다.

자본시장에서는 여러 가지 복잡한 형태의 자산이 거래되고 있으나 자유로운 자산거래를 저해하는 많은 장애적 요인들이 존재한다. 이러한 요인들은 자산의 가격결정에 많은 영향을 주고 있다. 이처럼 복잡한 가격형성과정을 설명할 수 있는 모형을 개발하기 위해서는 여러 가지 요인들을 단순화시켜야 한다. 따라서 자본시장이론에서 기초하고 있는 몇 가지 가정을 정리하면 다음과 같다.

첫째, 모든 투자자들은 기대효용을 극대화하고자 하는 위험회피형이며 위험자산에 투자할 경우 마코위츠의 평균-분산모형에 효율적 프론티어상에 있는 포트폴리오에 투자한다.

둘째, 모든 투자자들은 자본자산의 기대수익률, 분산 등에 대하여 동질적인 예측을 한다.

셋째, 무위험자산이 존재하며 투자자들은 무위험이자율로 투자자금을 얼마든지 빌리거나 빌려 줄 수 있다.

넷째, 모든 투자자들은 동일한 단일투자기간을 가지고 있으며, 모든 자본자산은 무한히 분할 가능하다.

다섯째, 증권시장에는 무수히 많은 투자자들이 참여하고 있으며 특정개인이 시장에 영향을 미치지 못하는 완전경쟁시장이다.

여섯째, 증권시장은 완전자본시장이다. 세금과 거래비용 등 거래의 제약요소가 존재하지 않으며 정보의 수집에 비용이 들지 않고 장애요소가 없어 모든 투자자가 동일한 정보를 소유한다. 이자율의 변동과 인플레이션도 없다.

일곱째, 증권시장은 균형상태이므로 증권의 수요와 공급이 일치하는 수준에서 각 증권의 가격이 형성된다.

이와 같은 가정을 기초로 자본시장이론인 자본시장선과 증권시장선이 도출되는데 자본시장선은 효율적 포트폴리오의 기대수익률과 위험간의 관계를 결정하는 이론적인 틀과 위험척도를 제공하는 반면, 증권시장선은 모든 개별증권 및 포트폴리오의 기대수익률과 위험의 관계를 결정하는 이론적 틀과 위험척도를 제공해 준다.

제2절 자본시장선

1. 무위험자산의 존재

마코위츠의 포트폴리오이론에서는 투자대상을 위험자산으로 국한하였다. 그러나 투자자가 주식과 같은 위험자산 뿐만 아니라 무위험자산에도 투자할 수 있다면 포트폴리오의 구성은 달라질 수 있다. 무위험자산이란 미래의 현금흐름에 불확실성 없이 확실한 투자수익을 얻을 수 있는 자산을 의미한다.

그림 6-1 자본시장선

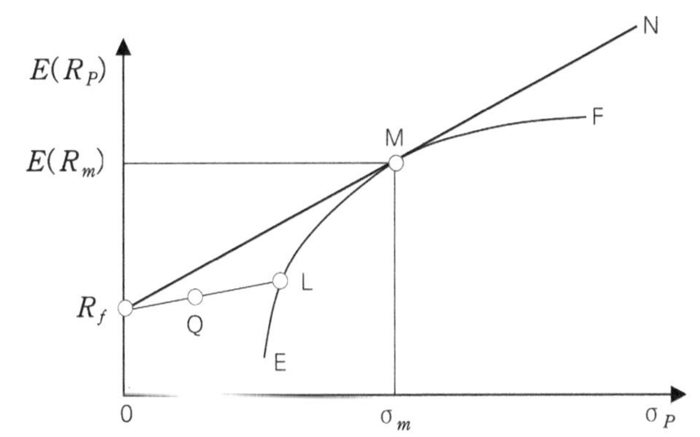

[그림 6-1]을 살펴보면, 먼저 위험자산만으로 구성된 포트폴리오 L에 무위험자산 R_f를 포함시킬 경우 새로운 투자선 $\widehat{R_fQL}$이 형성된다. 이것은 위험자산만으로 구성된 포트폴리오의 효율적 투자선 $\widehat{EL}$을 지배하게 된다. $\widehat{R_fQL}$의 포트폴리오는 $\widehat{EL}$의 포트폴리오에 비하여 동일한 기대수익률에서는 위험이 적으며 동일한 위험수준에서는 기대수익률이 높다. 따라서 이제 $\widehat{R_fQL}$이 새로운 효율적 투자선이다. 마찬가지의 논리로 $\widehat{R_fMN}$이 $\widehat{R_fQL}$보다 더 효율적이며, 이 직선 위에 놓인 포트폴리오가 최적포트폴리오가 된다. 따라서 마코위츠의 효율적 투자선은 더 이상 효율적이지 않다.

[그림 6-1]의 $\widehat{R_fMN}$ 직선을 자본시장선(capital market line : CML)이라고 한다. 무위험이자율을 R_f, 시장포트폴리오의 기대수익률을 $E(R_m)$, 시장포트폴리오의 표준편차를 σ_m이라 할 때 포트폴리오 p의 기대수익률 $E(R_p)$를 수식으로 나타내면 식(6-1)과 같다.

$$E(R_p) = R_f + \frac{E(R_m) - R_f}{\sigma_m} \cdot \sigma_p \tag{6-1}$$

위의 식에서 $\frac{E(R_m) - R_f}{\sigma_m}$을 위험의 시장가격이라고 하며, 위험이 한 단위 증가할 때 요구되는 추가적인 기대수익률의 크기를 의미한다.

2. 시장포트폴리오

[그림 6-1]의 포트폴리오 M은 무위험자산을 투자대상에 포함시킬 때 마코위츠의 효율적 포트폴리오상에서 유일하게 남게 되는 위험자산의 포트폴리오이다. 이것은 모든 위험자산으로 구성된 이상적인 포트폴리오이다. 왜냐하면 투자자들은 포트폴리오 M만을 택하여 투자할 것이므로, 포트폴리오 M에 포함되지 못하는 개별자산은 시장에서 존재할 수 없기 때문이다. 이 포트폴리오 M을 시장포트폴리오(market portfolio)라 한다.

따라서, 시장포트폴리오 M에서 증권 i의 구성비율 w_i는 다음과 같다.

$$w_i = \frac{\text{개별자산 } i\text{의 총가치}}{\text{시장 전체자산의 총가치}} \tag{6-2}$$

시장포트폴리오는 시장에서 거래되는 모든 위험자산을 시장가치비율대로 구성하고 있는 잘 분산된 효율적 포트폴리오이지만 현실에서 이를 찾는 것은 불가능하다. 따라서 주식시장을 대상으로 할 경우, 시장포트폴리오 M의 기대수익률과 위험을 측정하기 위하여 보통 종합주가지수를 사용한다.

3. 대출포트폴리오와 차입포트폴리오

자본시장선은 [그림 6-2]와 같이 $\widehat{R_fM}$부분과 $\widehat{MN}$부분으로 구성이 된다.

그림 6-2 대출포트폴리오와 차입포트폴리오

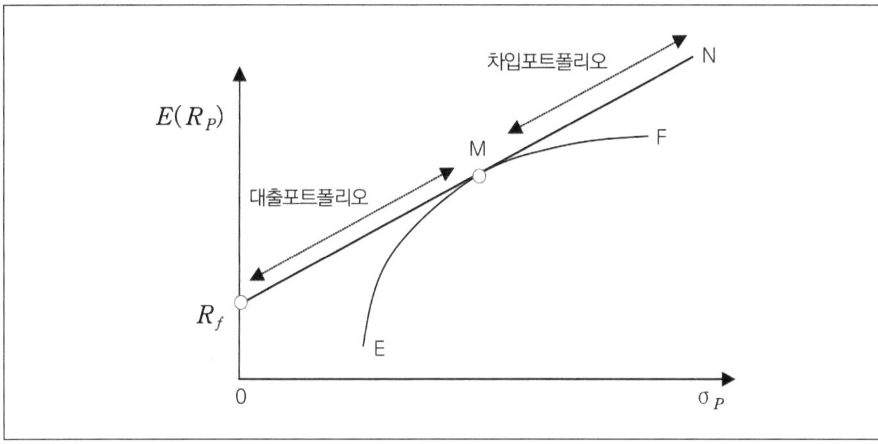

$\widehat{R_f M}$은 투자자가 무위험자산 R_f와 포트폴리오 M에 동시에 투자하는 것을 의미한다. 무위험자산에 투자한다는 것은 국공채나 정기예금 등을 통하여 자금을 빌려주는 것과 같은 의미이다. 이와 같이 투자자금의 일부를 대출할 경우의 포트폴리오를 대출포트폴리오(lending portfolio)라 한다. $\widehat{MN}$은 투자자가 본래의 투자자금과 무위험이자율 R_f로 차입한 자금을 포트폴리오 M에 투자하는 것을 뜻하며, 이때의 포트폴리오를 차입포트폴리오(borrowing portfolio)라 한다.

4. 포트폴리오의 선택

이제 투자자는 효율적 포트폴리오를 구성하기 위해 개별자산들에 대해 특별한 분석을 할 필요가 없다. 투자자는 효율적 포트폴리오를 구성하기 위하여 위험자산포트폴리오로 시장포트폴리오를 선택하고, 이 시장포트폴리오와 무위험자산에 자산배분을 하여 최적포트폴리오를 구성함으로써 자신의 효용을 극대화할 수 있다.

자본시장선상의 포트폴리오 중 어느 포트폴리오에 투자할 것인가는 투자자의 효용함수와 자금의 차입 또는 대출의 크기에 달려 있다고 할 수 있다.

그림 6-3 포트폴리오의 선택

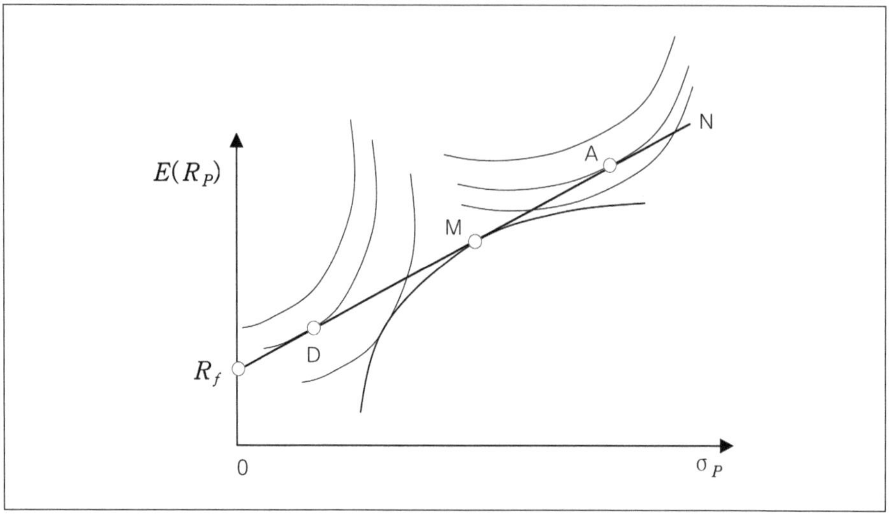

[그림 6-3]을 보면 공격적인 투자자는 R_f의 이자율로 자금을 차입하여 시장포트폴리오 M에 투자하는 차입포트폴리오 A를 가지게 될 것이며, 방어적인 투자자는 투자자금의 일부를 R_f에 투자하고 나머지를 M에 투자하는 대출포트폴리오 D를 가지게 될 것이다.

제3절 증권시장선

증권시장선을 투자의사결정에 이용하기 위해서는 무위험이자율과 시장포트폴리오의 기대수익률, 그리고 개별자산의 베타를 추정하여야 한다. 시장포트폴리오의 기대수익률과 개별자산의 베타를 추정하는데는 샤프(Sharpe)의 시장모형이 주로 이용된다.

1. 시장모형

개별자산의 수익률과 시장포트폴리오의 수익률간의 관계는 샤프의 시장모형(market model)으로 측정할 수 있다. 시장포트폴리오의 t기 수익률을 R_{mt}, 회귀상수를 α_i, 회귀계수를 β_i, 오차항을 ϵ_{it}라 할 때, 샤프는 개별자산 i의 t기 수익률 R_{it}는 다음 같은 모형에 의해 결정된다고 하였다.

$$R_{it} = \alpha_i + \beta_i \cdot R_{mt} + \epsilon_{it} \quad (6-3)$$

이것을 그림으로 표시해 보면 [그림 6-4]와 같다.

그림 6-4 증권특성선

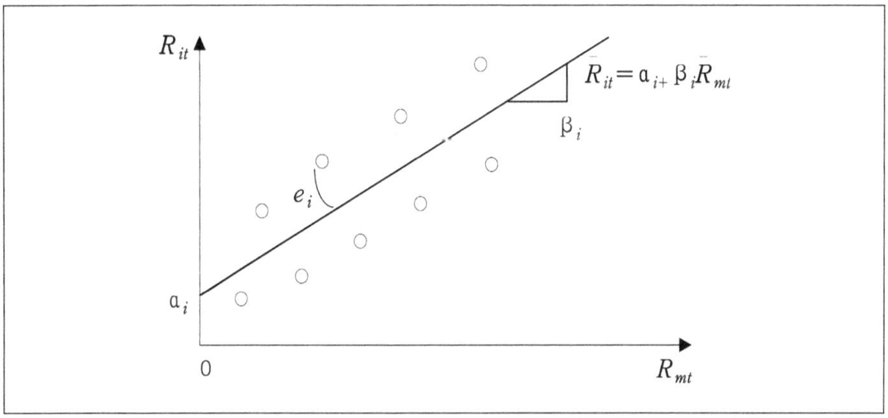

식(6-3)을 이용하여 R_{it}를 종속변수로, R_{mt}를 독립변수로 하여 회귀분석을 하면 식(6-4)와 같은 회귀방정식을 구할 수 있다.

$$R = \alpha_i + \beta_i \cdot R_{mt} \quad (6-4)$$

위의 식으로 표현되는 직선을 증권특성선(security characteristic line)이라 하며 [그림 6-4]에 직선으로 나타나 있다. 증권특성선은 시장포트폴리오의 수익률이 변함에 따라 개별자산의 수익률이 변화하는 정도를 표시한다.

그리고 증권특성선의 기울기 β_i는 시장수익률의 변동에 대한 개별자산 i의 수익률 변동의 비율을 의미하며, 이를 베타계수라고 한다. 베타계수는 개별자산의 수익률이 시장포트폴리오 수익률의 변동에 대하여 얼마나 민감하게 반응하는가를 측정하는 척도로 사용된다.

시장포트폴리오의 β_m은 1이므로 시장포트폴리오의 베타계수 1을 기준으로 하여 β_i가 1보다 작은 자산을 방어적 자산이라 하며, β_i가 1보다 큰 자산을 공격적 자산이라 한다.

2. 증권시장선

모든 투자자들은 시장포트폴리오에만 투자하기 때문에 개별자산의 위험 중 제거되지 않고 시장포트폴리오에 남아 있는 위험은 체계적 위험뿐이므로 개별자산의 위험은 체계적 위험으로 측정된다. 따라서 개별자산의 체계적 위험이 크면 이에 따라 투자자들이 요구하는 기대수익률이 커지게 되고, 체계적 위험이 작으면 요구하는 기대수익률도 작게 된다. 이러한 관계를 설명하는 것이 증권시장선(se-curity market line : SML)이며, 이는 개별자산 뿐만 아니라 포트폴리오에도 적용된다.

증권시장선은 시장균형 하에서 자산의 기대수익률은 무위험이자율에 위험프리미엄을 더한 값으로 결정되며, 위험프리미엄은 체계적 위험의 측정치인 베타에 선형적으로 비례한다는 것을 보여준다. 증권시장선을 그림으로 나타내면 [그림 6-5]와 같다.

그림 6-5 증권특성선

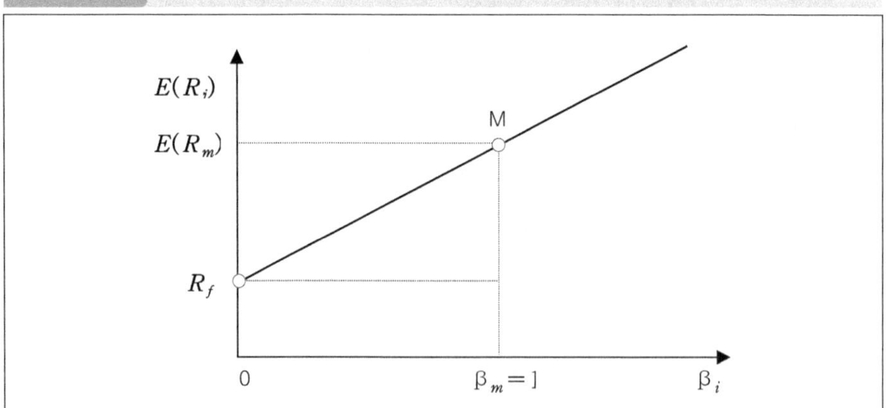

[그림 6-5]를 수식으로 나타낸 것이 식(6-5)이고 이것을 자본자산가격결정모형(CAPM)이러고 한다.

$$E(R_i) = R_f + [E(R_m) - R_f]\beta_i \qquad (6-5)$$

위의 식(6-5)를 변형하면

$$[E(R_i) - R_f] = [E(R_m) - R_f]\beta_i \qquad (6-6)$$

위의 식에서 $[E(R_i) - R_f]$는 개별자산의 기대수익률이 무위험이자율을 초과하는 부분으로서 이를 초과수익률 또는 개별자산의 위험프리미엄이라고 한다. 그리고 $[E(R_m) - R_f]$는 시장포트폴리오의 기대수익률이 무위험이자율을 초과하는 부분으로서 이를 시장포트폴리오의 위험프리미엄이라 하며 이는 증권시장선의 기울기가 된다.

증권시장선이 가지는 의미는 시장이 균형상태일 때 개별자산의 β_i가 결정되면 개별자산의 기대수익률이 증권시장선상에서 결정된다는 것이다. 그러나 시장이 일시적 불균형상태에 있을 때에는 [그림 6-6]과 같이 개별자산인 증권 U와 O가 존재하게 된다. 이 경우에는 CAPM에 의해 기대되는 균형수익률과 실제 시장에서 얻을 것으로 예상되는 기대수익률에 차이가 발생하게 된다.

그림 6-6 증권시장선과 증권의 가치평가

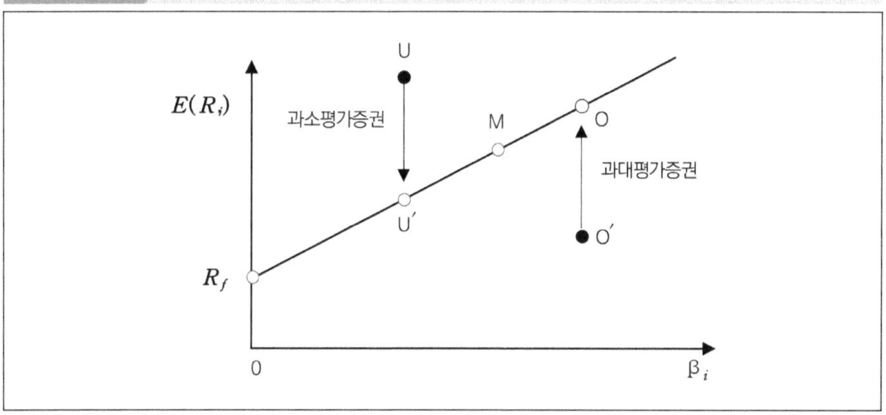

증권 U는 가격이 과소평가되어 위험수준에 비하여 기대수익률이 너무 높으므로, 증권 U에 대한 수요가 증가한다. 그 결과 증권 U의 가격이 상승하여 기대수익률이 증권시장선상의 U'에 이를 때까지 하락하게 되어 증권 U에 대한 수요와 공급은 균형을 이루게 된다. 한편 증권 O는 가격이 과대평가되어 위험수준에 비하여 기대수익률이 너무 낮으므로 증권 O에 대한 수요가 감소한다. 그 결과 증권 O의 가격이 하락하여 기대수익률이 증권시장선상의 O'에 이를 때까지 상승하게 되어 증권 O에 대한 수요와 공급이 균형을 이루게 된다.

제4절 자본시장선과 증권시장선의 관계

1. 위험과 기대수익률간의 관계

시장이 균형상태에 있을 때 자본자산의 가격이 어떻게 결정되느냐를 설명하는 자본자산 가격결정모형(CAPM)은 두 부분으로 전개되었다. 하나는 자본시장선(CML)이고, 다른 하나는 증권시장선(SML)이다.

CML과 SML은 모두 자본자산의 기대수익률과 위험과의 관계를 선형으로 나타내고 있다. 그러나 CML과 SML에서 대상으로 하는 위험의 유형은 각각 다르다. CML은 포트폴리오의 총위험을 대상으로 이것과 기대수익률과의 관계를 나타낸다. CML은 효율적 포트폴리오를 대상으로 하므로 여기서 말하는 총위험은 분산투자 후의 위험이므로 저절로 체계적 위험이 된다.

반면, SML은 처음부터 개별증권 또는 포트폴리오의 체계적 위험만을 대상으로 이것과 기대수익률과의 관계를 나타내고 있다.

2. 자본시장선과 증권시장선

CML은 투자자들이 무위험이자율로 자금을 얼마든지 빌려 쓰거나 빌려 줄 수 있을 때, 무위험자산과 시장포트폴리오로 결합된 효율적 포트폴리오의 기대수익률과 위험과의 관계를 나타내는 직선이다. 즉 효율적 포트폴리오의 기대수익률을 $E(R_p)$라 하고 위험을 σ_p라 할 때 CML을 수식으로 나타내면 다음과 같다.

$$E(R_p) = R_f + \frac{E(R_m) - R_f}{\sigma_m} \cdot \sigma_p \qquad (6-7)$$

위의 식에서 CML의 기울기 $\frac{E(R_m) - R_f}{\sigma_m}$은 위험의 시장가격(market price of risk) 또는 시장위험프리미엄이라고 하며, 이는 위험이 한 단위 증가할 때 요구되는 추가적인 기대수익률의 크기를 의미한다.

한편, SML은 개별증권 또는 포트폴리오의 기대수익률과 체계적 위험의 지수인 베타계수와의 관계를 직선으로 나타내고 있다. SML에 따라 포트폴리오의 기대수익률을 나타내면 다음과 같다.

$$E(R_p) = R_f + [E(R_m) - R_f]\beta_p \qquad (6-8)$$

SML이 가지는 의미는 시장이 균형상태일 때, 각 포트폴리오의 β_p가 결정되면 포트폴리오의 기대수익률이 SML에 놓이게 되도록 가격이 결정된다는 것이다.

3. CML과 SML의 상호관계

CML과 SML의 관계를 살펴보기에 앞서 CML과 SML의 차이점을 요약하면 다음과 같다.

첫째, CML은 포트폴리오의 총위험과 기대수익률의 관계를 나타내기 때문에, $[\sigma, E(R)]$공간에 표시되나, SML은 개별증권 또는 포트폴리오의 체계적 위험과 기대수익률과의 관계를 나타내기 때문에, $[\beta, E(R)]$공간에 표시된다.

둘째, CML은 완전한 분산투자가 이루어진 효율적 포트폴리오의 기대수익률과의 관계를 설명하나, SML은 효율적 포트폴리오뿐만 아니라 비효율적 포트폴리오나 개별증권의 기대수익률과 위험의 관계도 설명하고 있다.

그러나 이와 같은 근본적인 차이점에도 불구하고 SML의 대상을 효율적 포트폴리오로 제한할 경우 CML과 SML은 일치한다. 이를 설명하기 위하여 먼저 SML의 식을 포트폴리오를 대상으로 나타내면 다음과 같다.

$$\begin{aligned} E(R_p) &= R_f + [E(R_m) - R_f] \times \beta_p \\ &= R_f + [E(R_m) - R_f] \times \frac{Cov(R_p, R_m)}{\sigma_m^2} \\ &= R_f + \frac{E(R_m) - R_f}{\sigma_m^2} \times \rho_{p,m}\sigma_p\sigma_m \\ &= R_f + \frac{E(R_m) - R_f}{\sigma_m^2} \times \rho_{p,m}\sigma_p \end{aligned} \tag{6-9}$$

그런데 투자대상 p가 효율적 포트폴리오라면, 즉 p가 시장포트폴리오와 무위험자산으로 구성된 CML상의 포트폴리오라면 포트폴리오p의 수익률변화와 시장포트폴리오의 수익률 변화는 정확히 일정한 비율로 같은 방향으로 나타난다. 따라서 포트폴리오p의 수익률과 시장포트폴리오 수익률 사이의 상관계수 $\rho_{p,m}=+1$이 된다. 즉, 상관계수 +1이라면, 위의 식은 다음과 같다.

$$E(R_p) = R_f + \frac{E(R_m) - R_f}{\sigma_m} \times \sigma_p \tag{6-10}$$

그런데 이 식은 CML과 정확히 일치한다. 즉, SML의 대상을 효율적 포트폴리오에 한정한 경우 SML은 CML과 일치한다. 결국 SML은 CML을 포함하는 모형이다.

제5절 자본시장의 효율성

1. 효율적 자본시장

효율적 자본시장(efficient capital market)이란 넓은 의미로 자본시장을 통한 자금의 흐름이 극대화되고, 또한 적재적소에 배분되는 시장을 가리킨다. 따라서 분배, 운영 및 정보의 효율성을 포함한다. 그러나 자본시장에서 시장의 효율성이라 할 때는 입수가능한 모든 정보가 자산가격에 정확하고 신속하게 반영된다는 정보의 효율성을 가리킨다.

(1) 분배의 효율성

분배의 효율성(allocational efficiency)은 희소자원으로서의 투자자금이 모든 사람들에게 이득이 될 수 있는 방식으로 생산적 투자에 더 많이 분배될 수 있는 상태를 말한다. 미래의 경영성과가 좋을 것으로 예상되는 기업에는 보다 많은 자금을, 반면에 경영성과가 나쁠 것으로 기대되는 기업에는 적은 자금을 배분되게 할 때 자본시장의 분배의 효율성이 달성될 수 있다.

(2) 운영의 효율성

운영의 효율성(operational efficiency)이란 증권거래가 최저비용에서 이루어지는 상태를 말한다. 증권거래에서 수수료, 정보비용 등 거래비용이 커지면 분배의 효율성이나 정보의 효율성을 달성하는데 있어 상당한 제약이 된다. 따라서 거래비용이 가장 저렴할 때, 증권시장의 운영의 효율성이 달성될 수 있고 이것을 내적 효율성(internal efficiency)이라고도 한다.

(3) 정보의 효율성(informational efficiency)

정보의 효율성은 증권시장에서 결정된 가격이 이용 가능한 모든 정보를 충분히 반영하고 있는 상태를 말한다. 정보의 효율성은 증권에 관한 정보가 신속, 공평, 저렴하게 모든 투자자들에게 배분되고 그 정보가 증권가격에 정확하게 반영될 때 달성된다. 증권시장에서 정보의 효율성이 달성되면, 어떤 투자자가 특정한 정보를 이용하여 비정상적 투자성과를 얻어낼 수 없게 된다. 왜냐하면, 모든 투자자들이 공평하고 즉각적으로 정보를 이용할 수 있으므로, 일부의 투자자만 특정한 정보를 유리하게 이용할 수 없기 때문이다.

2. 경쟁과 증권시장의 효율성

투자목적은 주어진 위험수준에서 수익을 극대화시키는 것이므로 투자자들은 시장가격이 내재가치보다 낮은 저평가된 증권을 발견하게 되면 재빨리 그 증권을 매입하여 비정상수익률을 얻으려 할 것이다. 이러한 투자행위로 저평가된 증권에 대한 수요가 증대되어 가격이 상승하게 되고 그 결과 더 이상 비정상수익률을 얻을 수 없는 상태로 돌아가게 된다.

저평가된 증권을 발견할 만한 재능을 가지고 다른 투자자들에 앞서 저평가된 주식을 발견하여 매입하는 투자자는 높은 투자성과를 얻을 수 있을 것이다. 그러나 그 과정에서 치열한 경쟁이 존재한다면 관련된 정보는 신속하게 가격에 반영될 것이고 이러한 상황에서는 재능있는 투자자라 할지라도 지속적으로 높은 성과를 얻기는 어려울 것이다.

현실의 증권시장에서는 저평가 또는 고평가된 증권을 발견하기 위해 잘 훈련된 수많은 분석가, 전문가 그리고 기관 및 개인투자자들이 치열한 경쟁을 벌이고 있다. 수많은 시장참여자들 간에 경쟁적으로 이루어지는 정보입수나 분석 및 평가활동으로 인하여 새로운 정보는 발생할 때마다 짧은 시간 내에 증권가격에 반영된다고 볼 수 있다. 현실의 증권시장은 시장참여자들 사이에 격심한 경쟁이 이루어지는 시장이고 이러한 경쟁적 환경이 증권시장을 효율적으로 만드는 가장 주된 원천이다.

3. 효율적 시장가설

효율적 시장가설(efficient market hypothesis : EMH)은 자본시장의 가격이 증권가격과 관련된 정보를 신속, 정확, 충분하게 반영하고 있다는 가설을 말한다. 자본시장의 효율성은 어느 정도의 문제이지 완전히 효율적이거나 완전히 비효율적인 자본시장은 존재하지 않는다.

파마(Fama)는 구체적인 정보의 범위에 따라 정보의 효율성을 약형 효율적 시장, 준강형 효율적 시장, 강형 효율적 시장 등 분석가능한 세 가지 형태로 정의하였다.

(1) 효율적 시장가설의 유형

① 약형 효율적 시장가설

과거 증권시장의 정보를 이용하여 투자한다고 해도 초과수익을 실현할 수 없다는 것이 약형(weak form) 효율적 시장가설이다.

과거 증권시장의 정보에는 과거의 주가, 과거의 거래량, 과거 공시된 시장

정보 등을 포함한다. 약형 효율적 시장에서는 과거의 시장정보가 이미 증권의 가격에 반영되어 있으므로 과거의 시장정보를 이용하여 투자한다고 해도 초과 수익을 실현할 수 없다는 것이다.

약형 효율적 시장가설을 검증하는 데에는 연의 검증, 시계열 상관분석, 필터기법 등이 사용된다.

연의 검증방법은 주가의 변동과정이 어떤 추세를 가지고 있는가를 확인하는 방법이다. 주가가 상승하는 경우를 (+)의 부호로, 하락하는 경우를 (−)부호로 표시하자. 어느 주가의 변동과정이 ++++−−−+−−−−+와 같이 나타났다고 하자. 그렇다면 주가는 네 번 상승, 세 번 하락, 한 번 상승, 두 번 하락, 한 번 상승하는 형태를 나타낸다. 이러한 각각의 상승, 하락의 연속되는 부호를 연이라 한다. 이 주가변동은 네 개의 +, 세 개의 −, 하나의 +, 두 개의 −, 하나의 +인 다섯 개의 연으로 구성되어 있다. 주가의 변동이 무작위적이라면, 이러한 주가의 변동과정을 나타내는 연의 수는 무작위적인 난수로 구성한 연의 수와 통계적으로 차이가 없을 것이다. 파마(Fama)는 1965년 다우존스산업평균지수에 포함되는 30개의 주식에 대해 1957년부터 1962년까지 1,400개의 일일변동과정을 조사한 결과 주가의 변동이 무작위적인 난수의 움직임과 차이가 없이 랜덤워크 모형에 따른다는 것을 확인하였다.

시계열상관분석이란 주가의 움직임이 서로 독립적인가를 검증하는 방법이다. 시계열상관성이란 n기의 주가가 t기 전의 주가인 $n-t$의 주가와 갖는 상관관계를 의미한다. 이 두 개의 주가 사이에 시계열상관성이 존재한다면 $n-t$기의 주가를 가지고 n기의 주가를 예측할 수 있다는 것을 의미한다. 시계열상관계수가 통계적으로 0과 차이가 없다면 두 기간 사이의 주가가 관련을 갖지 않고 독립적으로 움직인다는 것을 의미하므로 약형 효율적 시장가설이 성립하는 것으로 볼 수 있다. 파마(Fama)는 연의 검증과 함께 시계열상관분석을 통하여 특정한 일로부터 −1일부터 −30일까지 주가의 시계열상관성을 분석한 결과, 상관계수가 0과 크게 다르지 않음을 통계적으로 확인하였다.

필터기법은 기술적 분석을 통해 주가의 매입, 매도시점을 포착하는 것으로 주가변동의 패턴을 검증하는 방법이다. 즉 과거의 주가를 분석하여 주가가 저점에서 x%만큼 상승하면 매입하여 보유하다가 다시 고점에서 x%만큼 하락하면 매도하는 전략이다. 주가에 일정한 패턴이 있다면 이러한 전략을 사용하는 경우 주식을 일정기간 단순 매입-보유하는 전략보다 나은 성과를 실현할 수 있을 것이다. 이때 주가의 매입, 매도시점을 표시하는 x%를 필터라 한다. 알렉산더(Alexander)는 1964년에, 파마(Fama)와 블룸(Blume)은 1966년 각각 필터기법을 사용하여 시장의 효율성을 검증하였다. 알렉산더(Alexander)는 이 필터의 크기를 달리하여 성과를 분석하였다. 그 결과 필터를 작게 하면 할수록 큰 비정상 성과가 나타나나, 필터가 작아짐에 따라 거래회수가 증가하고 이에 따른 거래비용을 고려하면, 비정상성과는 사라지고 매입-보유전략과 비슷한 성과가 나타남으로써 약형 효율적 시장가설이 성립함을 확인하였다.

② 준강형 효율적 시장가설

공식적으로 이용가능한 정보를 이용하여 투자한다고 해도 초과수익을 실현할 수 없는 시장을 준강형(semi-strong form) 효율적 시장이라고 한다.

공식적으로 이용가능한 정보란 정치, 사회, 경제, 문화적인 뉴스, 영업보고서, 시장에 공시되는 정보 등 공개적으로 투자대중들이 이용가능한 정보를 말한다. 따라서 공식적으로 이용가능한 정보는 자본시장의 증권가격에 이미 반영되어 있으므로 평균적으로 투자자들은 초과수익을 실현할 수 없다는 것이다.

준강형 효율적 시장가설의 검증은, 주로 정보가 주가에 신속하고 정확하게 반영되었는가가 주 검증대상이며, 사건연구를 이용하여 검증하는 것이 일반적이다.

사건연구란 어떤 재무적 사건의 전후 일정기간동안 증권가격변화를 살펴봄으로써 사건의 영향을 파악하고자 하는 기법이다. 즉 다음의 절차에 따른다.

사건의 공표가 있기 전 기간의 수익률을 사용하여 증권특성선을 추정한다. 사건의 공표가 있는 날을 전후한 실제의 수익률을 관찰하여 증권특성선으로 추정한 수익률을 차감한다. 이 차감한 수익률은 실제수익률에서 예상수익률을 차감한 것이므로 초과수익이 된다. 이러한 잔차수익률을 일별로 누적하여 누적초과수익률을 구한다. 시장이 재무정보에 대해 즉각적으로 반응한다면 누적초과수익률은 재무정보의 공표일에만 급격히 변동하는 형태를 나타내게 될 것이다.

이러한 연구방법을 사용하여 파마(Fama), 피셔(Fisher), 젠센(Jensen)과 롤

(Roll)은 주식분할의 공표에 관한 주가의 반응, 볼(Ball)과 브라운(Brown)은 기업의 회계이익 공표의 주가반응, 선더(Sunder)는 재고자산평가방법의 주가반응을 조사하였으며 대체로 기업의 정보가 적절히 주가에 반영되는 것으로 나타나 준강형 효율적 시장가설이 성립하는 것을 확인하고 있다.

③ 강형 효율적 시장가설

기업의 내부정보를 이용하여 투자한다고 해도 초과수익을 실현할 수 없는 시장을 강형(strong form) 효율적 시장이라고 한다.

기업의 내부정보란 기업의 경영자, 대주주 등이 보유하고 있는 정보로 일반투자자들이 접근하기 어려운 모든 정보를 포괄한다. 시장이 정보의 측면에서 완전히 효율적이라면 이러한 내부정보까지도 현재의 주가에 반영되어 있기 때문에 이 정보에 근거하여 투자하는 투자자도 시장보다 우월한 성과를 실현할 수 없다는 것이다.

1969년 젠센(Jensen)은 일반 투자자보다 기업의 내부정보에 보다 용이하게 접근할 수 있는 투자신탁의 성과를 분석함으로써 강형 효율적 시장가설을 검증하였다. 1955년부터 1964년까지 115개 투자신탁의 성과를 분석한 결과 투자신탁의 성과가 일반투자자에 미치지 못하는 것을 확인하였다. 따라서 이 연구에 따르면 주가가 이미 내부정보마저 충분히 반영하여 어떤 정보를 사용하여도 초과수익을 얻을 수 없는 것으로 나타난다.

한편 1974년 제페(Jaffe)는 미국 증권거래위원회에서 발표한 내부자거래목록을 기초로 초과수익의 실현여부를 확인하였다. 1960년대 861개의 표본을 대상으로 조사한 결과 이들 표본들이 통계적으로 유의한 초과수익을 실현한 것으로 나타났다. 이러한 사실은 강형 효율적 시장가설이 성립되지 않는다는 것을 의미한다.

(2) 효율적 시장가설 유형의 상호관련성

지금까지 효율적 시장가설의 세 가지 유형에 관하여 설명하였다. 이 세 가지 유형의 효율적 시장가설은 서로 배타적인 것이 아니라, <그림 6-7>과 같이, 이들 상호간에는 단지 관련되는 정보의 범위와 시장효율성의 정도에 있어서만 차이를 갖는다.

그림 6-7 효율적 시장가설 유형의 상호관련성

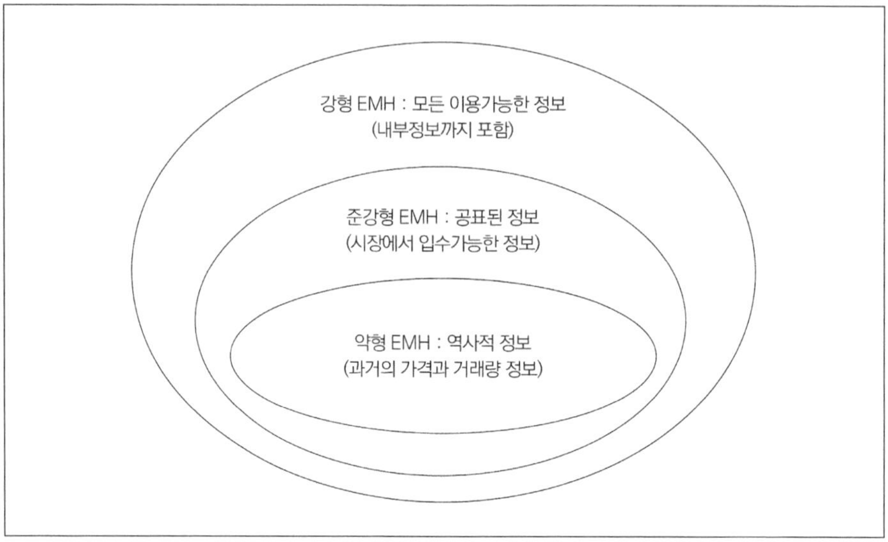

강형 효율적 시장가설에서는 주가가 발표되지 않은 내부정보까지를 포함한 모든 이용가능한 정보를 반영하므로, 가장 폭넓은 시장효율성 개념이다. 따라서 강형 효율적 시장가설에는 약형 효율적 시장가설과 준강형 효율적 시장가설을 모두 포함하게 된다. 그리고 준강형 효율적 시장가설에서 주가는 과거의 주가와 거래량에 관한 역사적 정보와 일반에 공개된 모든 정보를 반영하므로, 약형 효율적 시장가설을 포함하는 개념으로 볼 수 있다.

(3) 효율적 시장가설과 증권분석

증권투자의 실무에서 보다 우수한 투자성과를 얻기 위하여 사용하는 투자분석 방법은 매우 다양하다. 예를 들어, 투자격언이나 속담을 믿고 투자하는 것부터, 고도의 컴퓨터와 계량적 분석을 이용한 효율적 분산투자에 이르기까지 다양한 형태의 투자분석 방법이 존재한다. 그러나 투자분석 방법들은 이용하는 정보의 성격에 따라 기술적 분석, 기본적 분석으로 분류된다. 그리고 효율적 시장가설은 투자자가 어떤 투자분석방법을 사용하는가에 따라 그 의미를 달리한다.

먼저, 기술적 분석(technical analysis)은 주가의 움직임에는 반복적이고 예측

가능한 패턴이 존재한다는 전제하에, 과거의 주가와 거래량 등의 역사적 정보를 분석하여 미래의 주가를 예측하는 데 이용할 수 있는 어떤 패턴이나 신호를 찾는 데 주된 관심을 두고 있다. 즉, 기술적 분석을 행하는 사람들은 과거의 주가 또는 거래량을 도표나 지표로 표현하고 이를 관찰하여 매도 또는 매입의 신호를 찾아내고자 노력한다.

그러나 자본시장에서 약형 효율적 시장가설이 성립한다면 시장가격은 이미 역사적 정보를 충분히 반영한 가격이므로, 그런 역사적 정보를 이용하여 비정상 성과를 얻어낼 수 없다. 따라서 약형 효율적 시장가설이 성립하는 시장에서 기술적 분석은 그리 유용한 투자분석 방법이라고 할 수 없다.

둘째, 기본적 분석(fundamental analysis)은 주가를 결정하는 기본요인이 존재하고 있다고 믿고, 이 기본요인으로부터 주식의 내재가치를 평가하고자 하는 분석방법이다. 일반적으로 주가를 결정하는 기본요인으로서 기업의 이익 및 배당에 관한 전망, 이자율에 대한 전망 및 기업의 위험도 등이 중요한 것으로 알려져 있으며, 이들 기본요인들에 대한 정보는 대부분 공표된 정보원천으로부터 입수될 수 있다. 그리고 기본요인들에 관한 예측치가 얻어지면, 주식의 내재가치는 투자자들이 얻게 될 미래 현금흐름의 현재가치로 평가된다. 투자자들은 내재가치와 시장가격을 비교하여, 내재가치가 시장가격보다 높으면 그 주식을 매입하고, 내재가치가 시장가격보다 낮으면 그 주식을 매도한다.

만일 자본시장이 역사적 정보만을 충분히 반영하고 공개된 정보를 충분히 반영하지 못한다면, 투자자들은 이러한 기본적 분석을 이용하여 비정상성과를 얻어낼 수 있다. 그러나 자본시장이 공개된 정보를 충분히 반영하여 준강형 효율적 시장가설이 성립하는 시장이라면, 투자자들이 기본적 분석을 이용하여 비정상성과를 얻어낼 수 없다. 왜냐하면 기본적 분석에서 고려하는 대부분의 기본요인들은 공표된 정보로서 시장가격에 이미 반영되어 있을 것이기 때문이다.

(4) 효율적 시장가설의 역설

현실의 증권시장이 준강형 효율적 시장의 조건을 충족시킨다면, 현재의 주가는 과거의 주가와 거래량에 대한 정보는 물론 기업의 재무적 요인 및 산업, 경제 변수에 대한 공개된 모든 정보를 반영한다. 이처럼, 증권시장이 효율적이라면 기술적 분석이나 기본적 분석 등 주가 변화에 대한 정보를 분석하여 보다 나은 투자성과를 실현하려는 증권분석이 과연 의미가 있는 것인지 의문시된다.

여기에는 매우 흥미로운 역설이 존재한다. 효율적 시장가설이 성립되기 위해서는, 우선 많은 투자자들이 증권시장은 효율적이라고 믿지 않아야 한다. 투자자들이 남들보다 나은 투자성과를 얻기 위해 개별기업의 주가에 영향을 주는 기본적인 요인들에 대한 정보를 신속하고 정확하게 분석하여 투자하는 노력을 지속적으로 수행해야만, 현재의 주가가 일반에게 공개된 모든 정보를 신속히 반영할 수 있게 된다.

만약, 모든 투자자들이 증권시장이 효율적이라고 믿고 이러한 증권분석을 하지 않는다면, 시장의 효율성은 곧 사라지게 될 것이며, 현재의 주가는 주식의 본질적인 내재가치를 정확하게 반영할 수 없게 될 것이다. 이것을 효율적 시장가설의 역설이라 한다.

이와 같이, 효율적 시장가설은 기술적 분석이나 기본적 분석 방법 그 자체를 부정하는 것이 아니라, 그 분석방법들을 이용하여 많은 사람들이 경쟁적으로 주식을 평가하기 때문에 정보의 영향이 주가에 즉각적으로 반영된다는 주장이다. 그리고, 효율적 시장가설은 어떤 투자자가 탁월한 분석능력과 오랜 경험으로 다른 투자자들보다 훨씬 우월한 투자성과를 달성하는 경우도 가끔 볼 수 있으나, 이러한 성공을 지속적으로 실현할 가능성은 매우 낮다는 것을 의미한다.

4. 증권시장의 비효율성과 이상현상

앞에서 검토한 약형 및 준강형 효율적 시장가설은 우리나라를 비롯한 대부분의 나라에서 지지를 받고 있다. 그러나 최근의 실증연구에서는 효율적 시장가설과 일치하지 않는 증권시장의 이상현상에 대한 연구가 보고되고 있다.

이상현상(anomaly)이란 어떤 특정한 사건을 가진 주식들이 시장모형(또는 CAPM)에서 산출되는 시장기대수익률보다 더 높은 초과수익률을 지속적으로 얻고 있는 현상을 말한다. 예를 들어 소기업의 수익률이 위험을 조정한 후에도 대기업의 수익률보다 크게 나타나는 기업규모효과, PER가 낮은 기업의 수익률이 위험을 조정한 후에도 PER가 높은 기업의 수익률보다 높게 나타나는 주가수익비율(PER)효과, 1월의 수익률이 다른 달의 수익률보다 높게 나타나는 정월효과 등의 이상현상이 존재한다는 것이다. 이와 같은 이상현상의 존재는 모든 관련정보를 충분히 반영한다는 효율적 시장가설을 반박하는 근거가 되고, 또 한편으로는 CAPM과 같은 자본시장모형의 적합성에 대한 의문을 제기하기도 한다. 다시 말해 자본시장의 효율성검증은 CAPM의 검증과 분리될 수 없는 결합검증이므로 이상현상이 존재한다는 것은 증권시장이 비효율적이거나 아니면 CAPM자체에 결점이 있거나 또는 이 두 가지 경우가 동시에 나타나는 것으로 해석할 수 있다.

효율적 시장가설과 일치하지 않는 몇 가지 이상현상들에 대해 살펴보자.

(1) 기업규모효과

기업규모효과(firm size effect)란 규모가 작은 기업의 주식수익률이 규모가 큰 기업의 주식수익률보다 위험을 조정한 후에도 평균적으로 더 높게 나타나는 것을 말한다. 반즈(Banz)는 1936년부터 1975년까지 NYSE에 상장된 기업을 기업규모에 따라 5그룹으로 나누어 살펴본 결과, 기업규모가 가장 작은 소기업의 수익률이 기업규모가 가장 큰 대기업군의 수익률보다 연 19.8%나 더 높다는 것을 밝혔다. 반즈는 기업규모효과가 존재한다는 것이 효율적 시장가설을 부정하기보다는 체계적 위험만이 주식수익률을 결정한다는 CAPM의 부적합성을 나타내는 증거라고 주장하였다.

우리나라에서도 기업규모효과에 대한 실증분석이 있는데, 대부분 기업규모효과가 나타나고 있음을 보여주고 있다.

(2) 1월효과(정월효과)

1월효과 또는 정월효과(January effect)란 1월의 수익률이 1월을 제외한 나머지 월의 수익률보다 높게 나타나는 현상을 말한다.

로제프(Roseff)와 키니(Kinney)는 1904년부터 1974년에 걸쳐 NYSE에 상장된 주식들의 월별수익률을 분석해 본 결과, 1월의 평균수익률이 0.0348%로 다른 달의 평균수익률 0.0068%보다 매우 큰 것으로 나타났다.

우리나라 주식시장의 경우도 1월효과가 대체적으로 존재한다는 분석이 있다.

정월효과와 규모효과가 어떤 이유 때문에 발생하는가를 설명하기 위하여 다음과 같은 몇 가지 가설이 제시되어 있다. 첫째는 절세매도가설이다. 절세매도가설이란, 가격하락폭이 큰 주식을 12월말에 매도하여 자산처분손실을 실현한으로써 세금절약효과를 얻고, 정월 초에 다시 그 주식을 매입하여 본래의 최적포트폴리오를 회복한다는 것이다. 일반적으로 소규모 주식의 가격변동성이 크기 때문에 가격하락폭도 클 것이다. 그 결과 자산처분손실을 실현하기 위하여 12월에 소규모 주식이 흔히 매각되므로, 정월효과와 규모효과가 하나의 동일한 현상으로 나타난다. 그러나 12월말 기준으로 세금을 부과하지 않는 오스트레일리아나 자본이득세가 부과되지 않는 우리나라, 일본, 벨기에, 개인소득세가 도입되기 이전(1871~1917년)의 미국에서도 정월효과가 발견되고 있다. 따라서 이런 세제상의 차이를 고려한다면, 정월효과가 절세매도가설만으로 충분히 설명될 수 없다. 둘째는 정보가설이다. 정월효과와 규모효과를 설명하는 또 하나의 가설은 연초에 경제 및 기업에 관련된 많은 정보 — 특히 경제 및 경영정책과 같은 낙관적이고 의욕적인 정보 — 가 공표되기 때문에, 이를 반영하여 정월에 높은 수익률이 얻어진다는 가설이다. 이 정보가설에 의하면, 대규모 주식의 경우 평소에도 다양한 정보가 풍부하게 주어지고 있는 반면, 소규모 주식의 경우 평소에 충분한 정보가 주어지지 않기 때문에 연초의 정보는 특히 소규모 주식에 대하여 보다 많은 영향을 미친다고 본다.

(3) 주가수익비율효과

주가수익비율효과(PER effect)는 PER가 낮은 주식들의 수익률이 PER가 높은 주식들의 수익률보다 위험을 조정한 후에도 높게 나타나는 현상을 말한다. 1977년 바수(Basu)가 NYSE에 상장된 주식들을 1957년부터 1971년까지의 기간 중에 PER의 크기에 따라 5개의 그룹으로 나누어 주식수익률을 분석해 본 결과 PER가 낮을수록 주식수익률이 높다는 것을 발견하였다. PER가 낮은 주식에 대한 투자전략이 성과를 얻는다면 준강형 효율적 시장가설은 성립하지 않게 된다.

우리나라의 주식시장에서도 이 같은 PER효과가 있는 것으로 나타났다.

(4) 요일효과

요일효과란 요일간에 평균수익률의 차이가 발생하여 금요일의 수익률이 정

(+)로 나타나고, 월요일의 수익률이 부(-)로 나타나는 현상을 말한다.

프렌치(French)는 NYSE에 상장된 500개 기업으로 구성된 S&P500지수에 대하여 1953년부터 1977년간에 걸친 일별수익률을 분석하였다. 그 결과 월요일의 수익률이 부(-)로 나타났고 금요일의 수익률이 정(+)로 나타났다.

요일효과는 실증연구에 따라 다소 차이는 있지만 대체로 월요일의 수익률이 부(-)로 나타나는 결과가 적지 않다.

(5) 월중효과

월중효과(monthly effect)는 거래월을 반으로 구분할 경우 각 월의 초반부분이 각 월의 후반부분보다 평균수익률이 높게 나타나는 현상을 일컫는다.

아리엘(Ariel)은 1963년부터 1981년까지 19년 동안의 수익률자료를 이용하여 월중효과를 분석하였다. 그 결과 각 월의 초반부분 동안에 정(+)의 수익률이 발생하였으며, 각 월의 후반부분에서 부(-)의 수익률이 존재함을 발견하였다.

(6) 소외기업효과

소외기업효과(neglected firm effect)는 증권분석가들이나 기관투자가들의 관심도가 낮은 기업들의 수익률이 관심도가 높은 기업의 수익률보다 위험을 조정한 후에도 더 높게 나타나는 현상을 일컫는다.

아벨(Arbel)과 스트레벨(Strebel)은 1970년부터 1979년까지 10년간에 걸쳐 S&P 500지수의 산정에 포함된 모든 주식들을 대상으로 소외기업효과를 분석한 결과, 소외기업의 위험조정수익률이 비소외기업의 수익률보다 월등히 높게 나타나고 있는 것을 발견하였다.

이러한 소외기업효과의 존재에 대한 두 가지 주장이 존재하는데 하나는 정보부족에 대한 프리미엄 주장이고 다른 하나는 비효율적 가격결정 주장이다. 전자는 소외기업의 주식에 투자한 투자자들은 정보의 부족 또는 정보의 질에 대한 불확실성에 대한 보상 즉 프리미엄을 요구하기 때문에 소외기업에 대한 수익률이 높아야 한다는 것이다. 후자는 시장이 가격결정과정에 있어서 정보의 부족으로 인하여 비효율적이기 때문에 소외기업의 주식이 과소평가 되고 있어 이들 기업의 수익률이 타기업의 수익률보다 높다는 것이다.

연습문제

문제 1 시장포트폴리오의 초과수익률이 7%이고, 3년 만기 정기예금이자율이 연 12%이다. 시장이 균형상태일 때 베타계수가 2인 (주)부산의 주식을 가지고 있다면 수익률이 얼마나 될까?

문제 2 무위험이자율은 5%, 시장포트폴리오의 기대수익률은 15%이다. 시장이 균형상태에 있을 때, 다음의 물음에 답하시오.

(1) 증권시장선을 구하시오.
(2) 베타가 2인 증권의 기대수익률을 구하시오.
(3) 만약 베타가 0.9인 증권에 대해서 10%의 기대수익률을 얻을 수 있다면, 이 증권에 투자해야 하는가?
(4) 만약 시장에서 (주)부산의 수익률이 12%로 기대된다면, 이 주식의 베타는 얼마인가?

문제 3 마코위츠의 효율적 투자선, 자본시장선과 증권시장선을 비교·설명하시오.

문제 4 EMH와 증권분석간의 관계를 설명하시오.

문제 5 이상현상에 대하여 설명하시오.

문제 6 무위험자산 수익률이 3.5%, 시장포트폴리오의 기대수익률이 12%, 시장포트폴리오 수익률의 표준편차가 7%일 때 다음 자료를 이용하여 물음에 답하시오.

주식	예상수익률	표준편차	시장포트폴리오 수익률과의 상관계수
A	15%	8%	0.8
B	15%	10%	0.5

(1) 증권시장선을 구하시오.
(2) A주식과 B주식의 β를 각각 구하시오.
(3) A주식과 B주식의 체계적 위험과 비체계적 위험의 크기(분산기준)를 구하시오.
(4) 어떤 투자자가 A주식과 B주식 중 한 곳에 투자하고자 할 때, 어느 곳에 투자하는 것이 바람직하겠는가?

문제 7 A주식의 현재 가격은 20,000원이고 기대수익률은 15%이다. 개별주식의 위험프리미엄은 8%이고 베타는 1.5이다. 그리고 시장은 균형상태이다.

(1) A주식의 β위험 단위당 보상률은 얼마인가?
(2) A기업이 영속적으로 일정한 배당을 준다고 할 때, 현재 가격을 기준으로 주당배당금은 얼마인가?

(3) A주식의 베타가 현재의 2배가 되면 위험프리미엄은 어떻게 되는가? 그리고 그때 주식의 적정가격은 얼마인가?

문제 8 자본자산 가격결정모형(CAPM)이 성립한다고 가정하자. 당신은 현재 베타가 1.5인 주식을 가지고 있다. 주주의 요구수익률은 연 20%이고 시장수익률은 연 15%이다. 그러나 갑자기 경제적 상황 때문에, 시장의 요구수익률이 25%로 증가한다. 이런 상황 변화는 주주의 요구수익률을 어떻게 변화시키겠는가?

PART 3

자본조달결정

CHAPTER

07 자본비용

제1절 자본비용의 의의

기업은 원활한 경영과 새로운 투자를 위해서는 자금을 필요로 하는데, 어떠한 형태의 자금을 사용하던지 간에 사용할 때는 그 대가를 지불하여야 한다.

타인으로부터 자금을 차입했을 때 적절한 이자를 지급하여야 하고, 자기자본으로 자금을 조달한 경우에도 그 대가를 지급해야 한다. 자기자본을 다른 곳에 투자한다면 일정수익을 얻을 수 있으므로, 자기자본을 자신의 사업에 투자하였다 하더라도 그 기회비용만큼 수익을 올려야 한다. 이처럼 자기자본에도 비용이 수반되는 것이다.

자본비용(cost of capital)은 새로이 자본을 조달할 경우 기업이 자본을 사용하는 대가로 자본제공자들에게 지급하는 비용으로서 한계비용의 개념이다. 따라서 기업은 자본을 사용하여 운영되는 기업의 가치를 유지하기 위하여 자본비용 이상의 수익을 얻어야만 할 것이다. 그러므로 이론적으로 자본비용은 기업의 가치를 유지하기 위하여 그리고 자본제공자들이 요구하는 비용을 충당하기 위하여 새로운 투자로부터 벌어들여야 하는 최소한의 수익률이라고 정의할 수 있다.

기업의 입장에서 자본비용은 지출이 되지만 투자자의 입장에서는 투자한 자본에 대한 수익이 되므로 이를 요구수익률 또는 기대수익률이라고 할 수 있다. 투자자는 자본시장에서 유사한 위험을 가지는 다른 투자에서 얻을 수 있는 기대수익률을 포기하고 해당 기업에 투자하는 것이므로 이를 기회비용이라고도 할 수 있다.

제2절 자본비용의 기능

자본비용은 투자에 필요한 자금의 조달방법을 결정하는 기준이 되며, 기업의 제반 재무의사결정에서 중요한 고려요인이 된다.

이와 같이 자본비용을 재무관리에서 중요하게 생각하는 이유는 대체로 다음과 같이 요약해 볼 수 있다.

첫째, 자본비용은 기업의 투자결정의 지표가 된다. 어떤 신규투자안에 투자할 가치가 있는지는 그 투자안의 수익률이 투자된 자본의 자본비용을 초과하느냐에 달려 있다. 이러한 의미에서 자본비용은 그 투자가 실현하여야 할 최저필수수익률이 된다. 자본비용이란 투자안이 경제성을 갖기 위하여 넘어서야 하는 수익률이므로 이를 장애율(hurdle rate)이라고도 한다. 그리고 자본비용은 미래현금흐름을 할인하여 현재의 실질적인 자본의 가치를 파악하는데 이용되기 때문에 자본환원율(capitalization rate)이라고도 한다.

둘째, 자본예산에 있어 자본비용은 투자결정을 위한 명백한 기준이 된다. 내부수익률법에서는 자본비용의 크기에 따라 새로운 투자안을 거부하거나 채택하기 때문에 거부율로 사용되고, 순현가법에서는 순현가를 산출하기 위한 할인율로 사용된다.

셋째, 자본비용은 투자에 필요한 자금을 조달하는 방법을 결정하는 기준이 된다. 기업이 소요자금을 조달할 때 장기부채로 자금을 조달할 것인가, 아니면 우선주나 보통주를 발행하여 자금을 조달할 것인가 하는 문제는 기업 전체의 자본비용에 미치는 영향에 따라 결정된다. 따라서 기업의 목표가 기업가치의 극대화라면 자본비용이 극소화되도록 자본조달방법을 결정하여야 한다는 것이다. 그리고 경제 전체적으로 자본비용은 산업 또는 기업의 투자수준을 결정하고 자원을 배분하는 역할을 하게 된다.

제3절 원천별 자본비용

기업은 경영활동에 소요되는 자본을 은행차입, 사채발행, 주식발행 등의 여러 원천으로부터 조달하게 된다. 이때 원천별로 자본을 사용하는 대가로 지급하는 비용을 원천별 자본비용 또는 개별자본비용이라고 한다.

원천별 자본비용은 기업이 어떤 자금의 원천으로부터 받는 자금액의 현가와 그 자금액을 받는 대가로 장차 지급할 현금유출의 현가를 같게 하는 할인율이라고 정의할 수 있다. 즉, 이것을 식으로 표시하면 식(7-1)과 같다.

$$CI_0 = \frac{CO_1}{(1+k)^1} + \frac{CO_2}{(1+k)^2} + \cdots + \frac{CO_n}{(1+k)^n} \qquad (7-1)$$

CI_0 : 기업이 받는 자금액의 현재가치, CO_t : t기의 현금유출,
k : 원천별 자본비용

1. 타인자본비용

타인자본비용은 기업이 타인자본을 이용할 때 지급하여야 하는 대가이다. 납세전 타인자본비용을 k, 이자금액을 I, 타인자본의 크기를 B라고 할 때 납세전 타인자본비용 k는 식(7-2)와 같다.

$$k = \frac{I}{B} \qquad (7-2)$$

그런데 타인자본에 대한 이자지급액은 비용으로 처리되어 과세대상이익을 줄여 주므로 세율을 t라 할 때 납세후의 타인자본비용 k_i는 식(7-3)과 같다.

$$\begin{aligned} k_i &= \text{세전 타인자본비용} - \text{법인세 절감효과} \\ &= k(1-t) \end{aligned} \qquad (7-3)$$

예제 7-1

(주)부산은 올해 초 100,000원, 만기 2년의 순수할인채를 82,645원에 발행하였다.
① (주)부산이 채권 발행을 통해 2년간 매년 인식해야 하는 부채의 이자율은 얼마인가?

$$82,645 = \frac{100,000}{(1+k)^2} \quad \therefore k = 10\%$$

② 법인세율이 50%라 할 때 세후부채비용(세후 타인자본비용)은 얼마인가?

$$k_i = 10\% \times (1-0.5) = 5\%$$

2. 우선주의 자본비용

우선주는 보통주보다 우선적으로 우선주에 명기된 약정된 배당을 지급받을 수 있는 권리가 있으므로 영구채권과 유사하다. 이 배당지급은 기업에 이익이 발생하면 보통주에 대한 배당지급보다 우선하는 것이며, 사채와는 달리 법적인 강제력은 없으나 기업의 신용을 위해서도 반드시 지급하는 것이 보통이다.

우선주의 자본비용은 배당·주가 비율(dividend/price ratio)로 측정된다. 우선주의 배당은 납세후 순이익에서 지급되기 때문에 감세효과가 없어서 타인자본비용보다 높은 것이 일반적이다. 우선주의 주당배당액을 D, 우선주의 주당가격을 P라고 하면 우선주의 자본비용 k_p는 다음과 같다.

$$k_p = \frac{D}{P} \tag{7-4}$$

예제 7-2

(주)부산이 발행한 우선주 1주당 시장가격이 30,000원이고 1주당 배당금이 3,000원일 때 이 우선주의 자본비용은 얼마인가?

$$k_p = \frac{3,000}{30,000} = 0.10 = 10\%$$

3. 보통주의 자본비용

보통주는 타인자본이나 우선주의 경우처럼 고정적인 이자나 배당금이 지급되지 않을 뿐만 아니라 보통주의 청구권은 납세후 순이익에서 우선주의 배당금을 지급한 후의 잔여이익에 해당되므로 매우 유동적이다. 따라서 보통주의 자본비용을 객관적으로 측정하기가 어렵다. 보통주의 자본비용은 보통주주의 요구수익률과 같다. 보통주주의 기대수익률은 이자와 우선주배당금을 지급한 후의 잔여이익과 앞으로의 주가상승에 따른 자본이득으로 구성되므로, 보통주주들의 실제수익률과 기대수익률이 큰 편차를 보일 가능성이 채권자나 우선주주에 비해 아주 높아 위험이 크다. 따라서 보통주의 자본비용은 타인자본비용이나 우선주자본비용에 비하여 큰 것이 일반적이다.

보통주의 자본비용을 측정하는 방법으로는 자본자산가격결정모형(CAPM)을 이용하는 방법과 배당평가모형을 이용하는 방법이 있다.

(1) CAPM을 이용하는 방법

CAPM에 의하여 산출되는 주식의 기대수익률은 자본시장이 균형상태일 때 투자자가 그 주식에 대하여 요구하는 요구수익률이 되며, 이는 곧 보통주로 자금을 조달하는 경우의 자본비용이 된다.

개별주식의 체계적 위험 베타를 알고 있다면, 식(7−5)와 같은 증권시장선(SML)에서 보통주의 자본비용을 측정할 수 있다.

$$k_e = E(R_i) = R_f + [E(R_m) - R_f] \cdot \beta_i \qquad (7-5)$$

k_e : 보통주의 자본비용, $E(R_i)$: 보통주의 기대수익률,
R_f : 무위험자산의 수익률, β_i : 보통주의 체계적 위험,
$E(R_m)$: 시장포트폴리오의 수익률

예제 7-3

(주)부산 주식의 베타는 2.0이다. 무위험이자율이 7%이고, 시장포트폴리오의 수익률이 15%라면 (주)부산의 보통주 자본비용은 얼마인가?

$$k_e = E(R_i) = R_f + [E(R_m) - R_f] \cdot \beta_i$$

$$= 0.07 + [0.15 - 0.07] \cdot 2.0$$
$$= 0.23 = 23\%$$

(2) 배당평가모형의 이용

투자자가 주식으로부터 기대되는 현금흐름을 적절한 할인율로 할인한 것이 현재의 주가이므로 기대현금흐름과 주가의 관계를 이용하여 자기자본의 기대수익률, 즉 자기자본비용을 찾아내는 방법이 배당평가모형을 이용한 방법이다.

현재의 주가가 적절히 평가되었다면, 주식을 소유했을 때 주주에게 돌아오는 미래 예상현금흐름인 배당을 적절하게 할인한 현가가 현재의 주식가격이다. 이때에 적용되는 할인율이 바로 자기자본비용이다.

고든(Gordon)의 배당평가모형은 다음과 같은 가정을 전제로 하고 있다.

첫째, 기업은 매년 일정률(g)로 성장하고 배당도 역시 매년 일정률(g)로 증가한다.

둘째, 보통주의 자본비용(k_e)은 기업성장률(g)보다 크다. 즉, $k_e > g$ 이다.

이와 같은 가정하에서 고든(Gordon)은 현재의 주가(P_0)는 미래에 발생할 배당의 현금흐름(D_t)을 일정한 할인율(k_e)로 할인한 현재가치의 합이라고 정의하고 있다. 이를 식으로 표시하면 식(7-6)과 같다.

$$P_0 = \frac{D_1}{(1+k_e)^1} + \frac{D_2}{(1+k_e)^2} + \cdot \cdot \cdot + \frac{D_\infty}{(1+k_e)^\infty} \qquad (7-6)$$

식(7-6)을 만족시키는 k_e는 미래배당의 현금흐름을 할인하는 할인율이면서 동시에 보통주의 자본비용이 된다. 여기서 미래배당이 매년 일정률(g)로 성장한다고 가정하였으므로 다음 식(7-7)이 유도된다.

$$P_0 = \frac{D_0(1+g)}{(1+k_e)} + \frac{D_0(1+g)^2}{(1+k_e)^2} + \cdot \cdot \cdot + \frac{D_0(1+g)^\infty}{(1+k_e)^\infty} \qquad (7-7)$$

식(7－7)을 정리하면, 보통주의 자본비용 k_e는 식(7－8)과 같다.

$$k_e = \frac{D_1}{P_0} + g \qquad (7-8)$$

예제 7-4

(주)부산의 전년도 말 보통주의 배당이 주당 2,000원이었으며, 배당금은 매년 5%씩 증가할 것으로 예상된다. (주)부산의 현재 주가는 30,000원이다. (주)부산의 보통주 자본비용은 얼마인가?

$$k_e = \frac{D_1}{P_0} + g = \frac{2,000(1+0.05)}{30,000} + 0.05$$
$$= 0.12 = 12\%$$

4. 유보이익의 자본비용

유보이익(retained earnings)이란 기업의 이익 중 주주에게 배당하지 않고 계속적인 영업활동을 위하여 기업이 보유하고 있는 금액이다. 따라서 이 금액은 주주의 몫이며, 주주에게 배당으로 지급되었다가 주주가 추가로 출자한 것과도 동일한 의미를 지닌다.

따라서 유보이익에 대해서 주주는 원래의 주식에 대해 투자한 것과 동일한 정도의 수익률을 요구하게 되며 기업은 보통주의 자본비용 즉 자기자본비용과 동일한 수익률을 유보이익에 대해서도 지급하여야 한다.

기업의 입장에서 동일한 주주의 지분이라 해도 신주발행을 통하여 자금을 조달하는 경우보다는 유보이익을 통해 자금을 조달하는 경우가 비용이 덜 소요된다. 신주를 발행하는 경우에는 주권의 추가적인 인쇄에 따르는 비용이나 발행업무를 증권회사에 위임하는 경우 수수료가 필요하나 유보이익의 경우는 이러한 비용이 소요되지 않기 때문이다. 그러나 그 차이가 크지 않다면 유보이익의 자본비용은 보통주 자본비용과 동일한 것으로 간주한다.

제4절 가중평균자본비용

1. 가중평균자본비용의 계산

자본비용은 엄밀한 의미에서 가중평균자본비용(weighted average cost of capital : WACC)을 의미하는 데, 이는 자본원천별로 계산된 원천별 자본비용을 원천별 자본이 총자본중에서 차지하는 비중을 가중평균한 것이다. 기업은 이러한 가중평균자본비용의 최소화를 위해 노력한다. 이른바 최적자본구조가 존재한다면 그것은 기업의 주가를 극대화시킬 수 있는 부채, 우선주, 보통주, 유보이익과 같은 자본원천이 최적구성을 하고 있다는 것을 의미하며, 가중평균자본비용을 최저로 하는 자본구성이 되는 것이다. 그러므로 기업가치를 극대화하려는 기업은 설정된 최적 또는 목표자본구조에 따라 실제 자본구조를 유지시킬 수 있는 새로운 자본을 조달하게 되는 것이다.

가중평균자본비용을 계산하기 위해서는 원천별 자본비용과 함께 부채, 우선주, 보통주, 유보이익 등 자본원천이 총자본에서 차지하는 목표자본구성비율을 알아야 한다.

예를 들어, 기업이 부채, 우선주, 보통주의 세 가지 원천으로부터 자본을 조달하는 경우 가중평균자본비용은 다음의 식(7－9)와 같이 계산된다.

$$k_o = k_i w_i + k_p w_p + k_e w_e = \frac{k_i B + k_p P + k_e S}{B+P+S} \tag{7-9}$$

k_0 : 가중평균자본비용, k_i : 타인자본비용,
k_p : 우선주 자본비용, k_e : 보통주 자본비용,
B : 부채가치, P : 우선주가치,
S : 시보통주가치, $w_i = \frac{B}{B+P+S}$
$w_p = \frac{P}{B+P+S}$ $w_e = \frac{S}{B+P+S}$

예제 7-5

(주)부산의 자본구조가 사채 12,000원, 우선주 10,000원, 보통주 30,000원으로 구성되어 있다. 자본원천별 자본비용은 사채가 20%, 우선주 10%, 보통주 15%이고, 법인세율이 40%일 경우 가중평균자본비용은 얼마인가?

$$k_o = \frac{[0.2(1-0.4)](12,000)+(0.1)(10,000)+(0.15)(30,000)}{12,000+10,000+30,000}$$

$$= 0.1335 = 13.35\%$$

2. 가중평균자본비용의 측정기준

이상과 같이 가중평균자본비용을 계산하는 방법은 간단하지만, 가중평균자본비용을 측정할 때 사용할 가중치를 어떻게 결정할 것인가 하는 문제는 간단하지 않다. 가중치가 되는 원천별 자본의 구성비율을 장부가치를 기준으로 할 것인가 또는 시장가치를 기준으로 할 것인가에 따라 기업의 가중평균자본비용이 달라지게 된다. 보통주의 가치는 증권시장에서 투자자들에 의해 계속적으로 평가되므로 보통주의 시장가치는 장부가치와 차이가 나게 된다. 따라서 장부가치와 시장가치 중 어느 것을 사용하느냐에 따라 가중평균자본비용은 다르게 된다.

가중평균자본비용을 계산할 때의 가중치는 일반적으로 다음과 같은 세 가지 기준으로 계산된다.

(1) 장부가치기준

장부가치를 기준으로 가중평균자본비용을 계산하는 이유는 시장가치는 자본시장의 상황에 따라 수시로 변화하기 때문에 어느 시점의 시장가치를 기준으로 정할 것인지가 어렵기 때문이다. 그러나 장부가치는 자본의 역사적 원가를 나타낼 뿐 자본의 경제적 가치를 반영하지 못하기 때문에 엄격한 의미에서 미래의 의사결정에 유용한 정보를 제공하지 못하며 따라서 장부가치를 기준으로 가중평균자본비용을 계산하는 방법은 이론적인 결함을 가지고 있다.

(2) 시장가치기준

자본의 장부가치와 시장가치가 큰 차이가 있는 경우 장부가치를 중심으로 가중평균자본비용을 산출하는 것은 비합리적이다. 왜냐하면 기업가치를 정확하게 반영하는 것이 시장가치인데 장부가치를 기준으로 가중평균자본비용을 산출할 경우 기업의 가치가 왜곡되게 평가되기 때문이다. 현실적으로 개별자본비용의 시장가치는 자본시장에서 객관적으로 평가되고 있으며, 시장가치를 기준으로 가중평균자본비용을 측정하는 것이 이론적으로 타당성을 지니므로 기업의 가중평균자본비용은 시장가치를 기준으로 측정하여야 한다. 그러나 시장가치는 자본시장의 상황에 따라 수시로 변하므로 어느 시점의 시장가치를 기준으로 할 것인가 하는 측정상의 어려움이 있다.

(3) 최적(목표)자본구조기준

기업은 자본비용을 최소화 할 수 있다고 판단되는 목표자본구조를 추구한다. 현재의 자본구조를 목표자본구조에 적합하도록 변경하고자 하는 경우, 현재의 자본구조에 따른 자본비용과 목표자본구조에 따른 자본비용에는 차이기 생기게 된다. 이 경우에는 목표자본구조에 근거하여 자본비용을 산출하여야 한다.

3. 가중평균자본비용 이용상의 전제조건

가중평균자본비용은 새로운 투자안의 경제성분석에서 할인율로 사용하게 된다. 순현가법에서는 미래의 모든 현금흐름을 적절한 할인율, 즉 가중평균자본비용으로 할인한 현가를 기준으로 하고, 내부수익률법에서는 미래의 현금유입의 현가와 현금유출의 현가를 일치시키는 할인율을 구하여 투자가치를 평가하기 때문에 자본비용은 거부율로서의 의미를 갖게 된다. 그러나 이러한 가중평균자본비용이 투자결정의 할인율로 사용되기 위해서는 다음과 같은 전제조건이 충족되어야 한다.

첫째, 가중평균자본비용의 기초가 되는 원천별 자본비용이 정확하게 측정되어야 한다.

둘째, 새로운 투자를 위하여 조달되는 자금은 기존의 자본구성비율과 동일한 비율로 조달되어야 한다. 새로운 투자를 위한 자금이 기존의 자본구성비율과 다르게 조달되면, 조달 후 기업의 전체적인 자본구조가 달라지며 조달한 원천별 자본비용이 다를 수 있어 이미 계산된 가중평균자본비용을 새로운 투자를 평가하는데 사용할 수 없게 되기 때문이다.

셋째, 새로운 투자안의 위험이 기업의 기존 경영위험과 일치하여야 한다. 새로운 투자안의 위험이 기업의 기존경영위험보다 큰 경우, 새로운 투자안으로부터 벌어들여야 하는 필수수익률은 기존투자의 그것보다 커야 하므로 이미 계산된 가중평균자본비용을 새로운 투자안의 경제성분석에 사용할 수 없게 된다.

이상의 세 가지 조건이 만족되면 새로운 투자를 평가하는데 사용할 가중평균자본비용은 기존의 자본구조에 의해 계산된 기업의 가중평균자본비용과 항상 일치할 것이다.

제5절 자본비용 사례분석

경남기업의 주식베타는 1.5이고, 자기자본의 시장가치는 20억원이다. 또한 이자율은 5%이며, 차입금의 시장가치는 10억원이다. 경남기업은 투자안 A에 대한 투자를 고려중인데, 투자안 A의 영업위험은 기업의 영업위험과 동일하다. 무위험이자율은 4%이고, 시장포트폴리오의 기대수익률은 10%이며 법인세율은 25%이다.다. 이 투자안의 타인자본비용과 자기자본비용 및 WACC를 구하시오.

① 타인자본비용 측정

투자안 A와 기업의 영업위험과 재무위험이 동일하므로 기업의 타인자본비용은 그대로 투자안 A의 타인자본비용이 된다. 따라서 투자안 A의 타인자본비용을 측정하면 다음과 같다.

$$\text{타인자본비용}(k_i) = k(1-t) = 5\%(1-0.25) = 3.75\%$$

② 자기자본비용 측정

투자안 A와 기업의 영업위험과 재무위험이 동일하므로, 기업의 주식베타는 그대로 투자안 A의 주식베타가 된다. 따라서 투자안 A의 자기자본비용은 다음과 같다.

$$k_e = E(R_i) = R_f + [E(R_m) - R_f] \times \beta_i = 4\% + [10\% - 4\%] \times 1.5 = 13\%$$

③ WACC 측정

투자안 A와 기업의 모든 위험(즉, 영업위험과 재무위험)이 동일하므로, 기업의 WACC은 투자안 A의 WACC이 된다.

$$\begin{aligned} WACC &= \frac{B}{B+S} \times k_i + \frac{S}{B+S} \times k_e \\ &= \frac{10\text{억원}}{10\text{억원}+20\text{억원}} \times 3.75\% + \frac{20\text{억원}}{10\text{억원}+20\text{억원}} \times 13\% = 9.92\% \end{aligned}$$

제6절 재무레버리지와 주식베타

1. Hamada 모형

기업이 주식베타를 이용하여 자기자본비용을 구할 때, 신규투자의 영업위험이 기존투자의 영업위험과 다르면 대용회사의 주식베타를 사용하여야 한다. 물론 영업위험이 변하지 않으면 자신의 주식베타를 그냥 사용할 수 있다(재무레버리지도 동일). 그러나 영업위험은 같고 재무위험이 다른 경우 재무레버리지는 Hamada모형을 이용하여 조정한다. Hamada모형(부채 $\beta_B = 0$ 가정)은 다음과 같다.

$$\beta_L = \beta_U \left[1 + \frac{B}{S}(1-t)\right] \qquad (7-10)$$

β_L : 타인자본 사용시 주식베타, β_U : 타인자본 미사용시 주식베타,
B : 타인자본의 시장가치, S : 자기자본의 시장가치, t : 법인세율

위 식의 의미는 다음과 같다. 타인자본을 사용하지 않으면, 즉 부채비율이 0이면 $\beta_L = \beta_U$ 이다. β_U는 재무위험이 없는 경우의 주식베타이므로 결국 영업위험만이 반영된 주식베타이다. 위 식에서 부채사용이 증가하면 재무위험이 늘어

나고 이는 주식베타에 선형적으로 반영됨을 알 수 있다. 위 식을 β_U에 대하여 정리하면 다음 식이 성립한다. 이 식은 기업이 타인자본을 사용할 때의 주식 β_L을 자기자본만을 사용할 때의 β_U로 전환한 것이다.

$$\beta_U = \frac{\beta_L}{\left[1+\frac{B}{S}(1-t)\right]} \qquad (7-11)$$

예제 7-6

경남전자는 200억원을 들여서 배터리업종에 진출하려고 한다. 이 투자안을 평가하기 위하여 배터리업종에 이미 진출하고 있는 창원화학을 비교기업으로 결정하고 조사한 결과, 창원화학의 주식베타는 2.0이며 부채비율(=B/S)은 50%였다. 적용되는 법인세율은 25%, 무위험이자율은 4%, 시장포트폴리오의 기대수익률은 10%이다. 한편 경남전자의 부채비율은 100%이고 신규투자 후에도 부채비율은 100%를 유지한다. 비교기업의 베타를 이용하여 경남전자의 주식베타를 추정하고 자기자본비용을 SML로 추정하시오.

먼저 Hamada모형을 이용하여 타인자본 미사용시 비교기업 창원화학의 β_U를 측정하면 다음과 같다. β_U는 창원화학의 부채사용효과를 제거한 후 영업위험만을 반영한 베타이다.

$$\beta_U = \frac{\beta_L}{\left[1+\frac{B}{S}(1-t)\right]} = \frac{2.0}{[1+0.5(1-0.25)]} = 1.4545$$

여기서 경남전자의 부채비율이 100%이므로 영업위험만을 반영하는 β_U에 100%의 부채사용효과를 추가하여 다음과 같이 화학업종 진출 투자안의 β_L를 추정한다.

$$\beta_L = \beta_U\left[1+\frac{B}{S}(1-t)\right] = 1.4545 \times [1+1(1-0.25)] = 2.545$$

마지막으로, 주주들이 요구하는 기대수익률(자기자본비용) k_e를 계산하면 다음과 같다.

$$k_e = E(R_i) = R_f + [E(R_m) - R_f] \times \beta_L = 4\% + [10\% - 4\%] \times 2.545 = 19.27\%$$

연습문제

문제 1 재무관리에서 자본비용이 가지는 의미와 기능을 설명하라.

문제 2 유보이익의 자본비용은 보통주의 자본비용과 같다. 그 이유는?

문제 3 기존의 가중평균자본비용이 새로운 투자안의 평가에 적용되기 위해 필요한 전제조건은?

문제 4 진주산업은 보통주 200,000주를 발행하였고 한 주당 가격은 $30이다. 무위험이자율은 4%이고 시장위험프리미엄은 10%, 주식베타는 0.8이다. 또한 진주산업은 채권을 200개 발행했는데 채권은 1개당 $5,000로 거래되고 있고 시장이자율(채권수익률)은 15%, 법인세율은 25%이다. 진주산업의 WACC는 얼마인가?

문제 5 고성기업의 발행주식수는 150만주이다. 현재 주식은 주당 30,000원에 거래되고 있다. 그리고 고성기업의 부채의 액면기는 70억원인데 시장에서 최근에 액면가의 95%로 거래되고 있으며 부채의 수익률은 15%이다. 무위험자산 수익률은 4%이고 시장위험프리미엄은 10%이며 고성기업의 주식베타는 0.85이다. 그리고 이 기업에 적용되는 법인세율이 25%이다. 고성기업의 WACC는 얼마인가?

문제 6 (주)함안의 장부가치 기준 재무상태표이다.

재무상태표

(단위: 억원)

자산	20,000	부채	12,000
		자기자본	8,000
총자산	20,000	총자본	20,000

타인자본은 모두 사채(액면가 30,000원, 액면이자율 연 15%)이며, 증권시장에서 1개당 20,000원에 거래되고 있다. 주식의 액면가는 주당 5,000원이며, 현재 증권시장에서 30,000원에 거래되고 있다. 주식시장 기대수익률은 연 20%, 무위험자산 수익률은 연 4%, 법인세율은 25%, 주식베타는 2.5이다.

(1) (주)함안의 주주들이 요구하는 수익률(k_e)은 얼마인가?

(2) (주)함안의 가중평균자본비용을 장부가치와 시장가치를 기준으로 각각 측정하라.

문제 7 김해전자의 주식베타는 3.0이고, 자기자본 시장가치는 40억원이다. 또한 타인자본비용(세금고려 후) 연 4%이며, 타인자본 시장가치는 14억원이다. 김해전자는 A투자안을 고려중인데, A투자안의 영업위험은 이 기업의 영업위험과 동일하다. 무위험이자율은 연 4%이고, 시장포트폴리오의 기대수익률은 연 10%이다.

(1) 자기자본비용을 추정하시오.

(2) A투자안의 적정할인율을 추정하시오.

문제 8 다음 자료를 이용하여 WACC를 계산하시오.

- 부채 -		- 자기자본-	
액면가 100만원 채권	500개	주가	3만원
채권 만기수익률	12%	발행주식수	3만주
법인세율	25%	주식베타	1.5
현재가격(액면가 대비)	105%	시장포트폴리오의 기대수익률	15%
		무위험이자율	4%

CHAPTER

08 자본구조

제1절 자본구조의 기본개념

1. 자본구조의 의의

자본구조(capital structure)란 재무상태표상의 대변에 있는 항목 중 장기자본의 구성상태를 의미한다. 즉 기업이 조달하는 자금 중에서 보통주, 우선주 및 유보이익으로 구성되는 자기자본과 장기부채로 구성되는 타인자본과의 비율을 자본구조라 한다.

자본구조이론이란 다른 모든 조건이 동일한 경우 자본조달의 결과로 나타난 자본구조가 기업가치에 어떻게 영향을 미치는가를 설명하여 주는 이론을 말한다. 이러한 문제는 결국 기업의 가치를 극대화시키는 최적자본구조가 실제로 존재하는가 하는 문제로 귀결된다. 이론적으로 최적자본구조란 가중평균자본비용을 최소로 하는 자본구조를 의미하는 데, 최적자본구조가 존재하는가에 대하여는 많은 논란이 계속되어 왔다.

2. 자본구조와 기업위험

위험(risk)은 미래에 실현되는 수익이 기대되는 수익에 미달할 가능성으로 정의되며, 분산 또는 표준편차에 의해 측정된다. 기업의 위험은 크게 영업위험(business risk)과 재무위험(financial risk)으로 구분된다.

영업위험은 기업의 특성에 의해 야기되는 영업현금흐름, 즉 영업이익의 변동가능성이다. 따라서 영업이익의 변동가능성이 클수록 영업위험은 크고, 작을

수록 영업위험은 작다. 일반적으로 고정적인 영업비용이 존재하게 되면 매출액의 변화율보다 영업이익의 변화율이 커지며, 고정영업비가 클수록 매출액의 변화율에 비해 영업이익의 변화율이 커진다. 따라서 고정영업비가 존재하고 그 규모가 크면 클수록 영업위험은 커진다. 이것을 영업레버리지라 한다.

재무위험은 기업의 자금조달에 있어서 타인자본을 사용함으로써 발생하는 주당순이익의 변동가능성을 말한다. 즉 타인자본사용으로 인한 원금과 이자상환에 따른 주주의 미래이익의 불확실성이라 할 수 있다. 타인자본을 사용하게 되면 고정적인 금융비용이 발생하게 되는데, 고정금융비용이 존재하면 영업이익의 변화율에 비해 주당이익의 변동성이 커진다. 또한 고정금융비용이 클수록 영업이익의 변동성보다 주당이익의 변동성이 커진다. 이것을 재무레버리지라고 한다. 이는 영업이익으로 고정금융비용을 지급하지 못할 가능성이 커지기 때문이다. 따라서 기업이 타인자본을 사용하게되면 재무위험이 발생하고, 타인자본의 사용이 증가하면 재무위험도 커진다.

이와 같이 기업의 재무위험의 원천이 타인자본의 사용에 따른 고정금융비용이라면, 기업의 자본구조는 기업의 재무위험에 영향을 미치게 된다. 이러한 위험은 투자가들의 요구수익률에 반영되어 기업의 자본비용에 영향을 미치게 된다. 또한 앞서 본 바와 같이 기업의 가치는 기대현금흐름과 자본비용에 의해 영향을 받게 되므로, 자본구조가 자본비용에 영향을 미친다면 기업가치와도 어떤 관련을 가질 것이다.

여기서 기업의 영업이익은 타인자본사용여부와는 전혀 무관하므로, 영업위험은 자본비용에 전혀 영향을 미치지 못하는 것으로 생각할 수도 있다. 그러나 주주에게 귀속되는 주당이익의 변동가능성은 타인자본사용에 따른 고정금융비용의 과다에 의해 결정되지만, 주당이익의 변동을 초래하는 영업이익이 고정영업비의 정도에 의해 영향을 받으므로 영업위험은 간접적으로 주주의 주당이익의 변동가능성에 영향을 미치게 된다는 것을 알 수 있다.

제2절 자본구조이론의 의의와 기본가정

자본구조이론이란 다른 모든 조건이 일정한 경우 기업의 부채비율의 변화에 따라 기업의 가치와 가중평균자본비용이 어떻게 변하는가를 설명하여 주는 이론을 말한다. 타인자본의존도가 변함에 따라 기업가치가 어떻게 변할 것인가 하는 문제는 지난 수십년 동안 재무관리학자들의 주된 관심사 중의 하나였으며, 아직도 논란의 대상이 되고 있는 문제이다.

자본구조에 관한 제 이론을 전개함에 있어서, 다음과 같은 몇가지 가정이 필요하다.

① 법인세와 투자자의 개인소득세는 없는 것으로 한다.
② 자본조달은 타인자본과 자기자본의 두 가지 형태에만 의존한다.
③ 기업의 순이익은 모두 주주에게 배당으로 지급된다.
④ 기업은 사채를 발행하여 보통주를 매입하거나, 보통주를 발행하여 사채를 상환함으로써 총자본의 변화없이 자본구조를 변경시킬 수 있다.
⑤ 새로운 투자는 없으며 기업은 영속적으로 존속한다.
⑥ 시장에 참여하는 모든 투자자들은 기업의 미래현금흐름에 대해 동질적인 기대를 가지고 있다. 즉 미래영업이익에 대한 투자자들의 주관적 확률분포가 동일하다.
⑦ 기업의 영업이익은 변화하지 않는다. 즉 기업은 성장하지 않으며 기업의 미래현금흐름은 항상 일정하다.

또한 자본구조이론을 전개할 때 사용될 기호와 변수의 정의는 다음과 같다.

S : 자기자본의 시장가치
B : 타인자본의 시장가치
V : 기업의 시장가치($=B+S$)
I : 이자지급액
E : 영업이익($EBIT$)
N : 순이익($=E-I$)
B/S : 레버리지(부채비율)
k_i : 타인자본비용($=I/B$)
k_e : 자기자본비용($=N/S$)

k_0 : 가중평균자본비용$\left(=k_i \cdot \frac{B}{(B+S)}+k_e \cdot \frac{S}{(B+S)}\right)$

제3절 전통적 자본구조이론

전통적으로 기업의 자본구조를 설명하는 이론으로는 크게 세 가지 접근법이 사용되어지고 있었다. 즉, 타인자본을 많이 사용할수록 기업가치는 증가한다는 순이익접근법, 타인자본의 사용정도와 기업가치는 관계가 없다는 순영업이익접근법 그리고 적절한 수준의 타인자본사용은 기업가치를 증가시키지만 일정수준을 넘는 타인자본의 사용은 오히려 기업가치를 감소시킨다는 전통적 접근법의 세 가지 이론이 MM의 자본구조이론 이전에 주장되고 있었다.

1. 순이익접근법

순이익접근법(net income approach)에서는 기업이 타인자본을 많이 사용하여도 타인자본비용 k_i 및 자기자본비용 k_e가 일정하게 유지된다고 전제하고, 자본구조와 기업가치간의 관계를 설명하고 있다.

기업의 레버리지가 증가하여도 k_i, k_e가 일정하면, k_i가 k_e보다 작기 때문에 k_o는 감소하게 되어 결국 기업의 가치는 계속 증가하게 된다는 것이다. k_i가 k_e보다 작은 것은 채권자들의 위험이 주주들의 위험보다 낮으므로 채권자들이 요구하는 수익률이 주주들의 요구수익률보다 낮기 때문이다. 이를 그림으로 표시하면 [그림 8-1]과 같다.

그림 8-1 순이익접근법

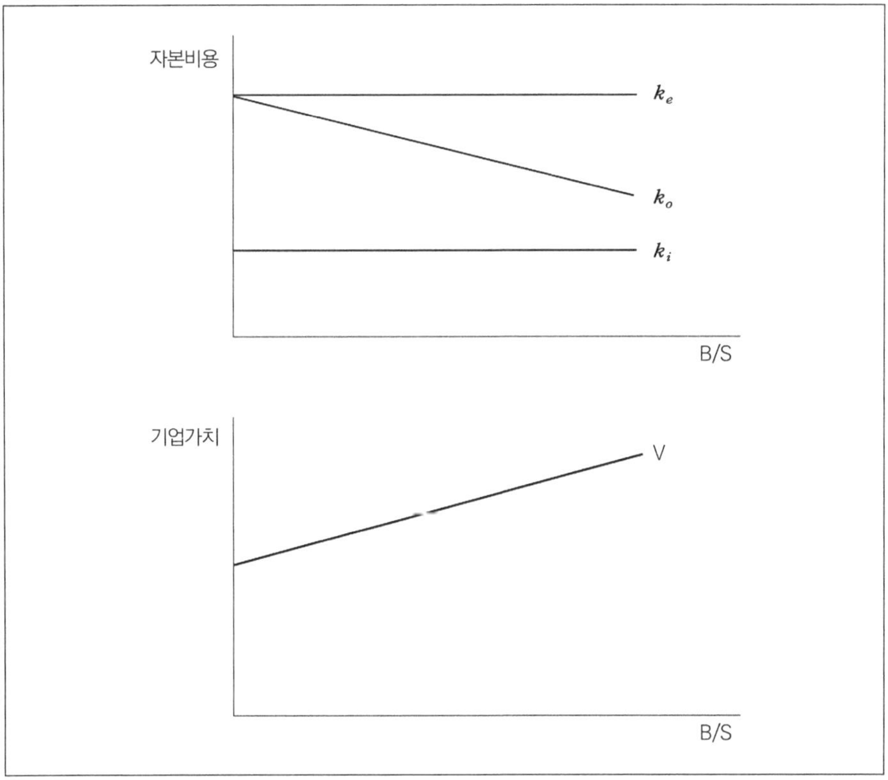

그러나 순이익접근법은 기업이 타인자본을 많이 사용하면 할수록 재무위험이 높아져서 기업의 타인자본비용(k_i)와 자기자본비용(k_e)가 증가하는 경향이 있음을 간과하고 있다는 점에서 현실적으로 비판을 받고 있다.

2. 순영업이익접근법

순영업이익접근법(net operating income approach)의 주장에 의하면 기업의 레버리지가 증가함에 따라 나타나는 효과는 두 가지로 요약된다. 하나는 타인자본비용(k_i)이 자기자본비용(k_e)보다 저렴하다는 이점으로 인하여 나타나는 가중평균자본비용(k_o)의 감소효과이다. 다른 하나는 레버리지의 증가로 인하여 커진 재무위험 때문에 자기자본비용(k_e)이 상승함으로 인하여 나타나는 가중평균자본비용(k_o)의 증가효과이다.

순영업이익접근법에서는 이 두 가지 효과가 동시에 같은 크기로 나타나므로, 레버리지의 증가가 가중평균자본비용(k_o)에는 전혀 영향을 미치지 않으며, 그 결과 기업가치는 레버리지와 관계없이 일정하게 된다는 것이다. 이를 그림으로 표시하면 [그림 8-2]와 같다.

그림 8-2 순영업이익접근법

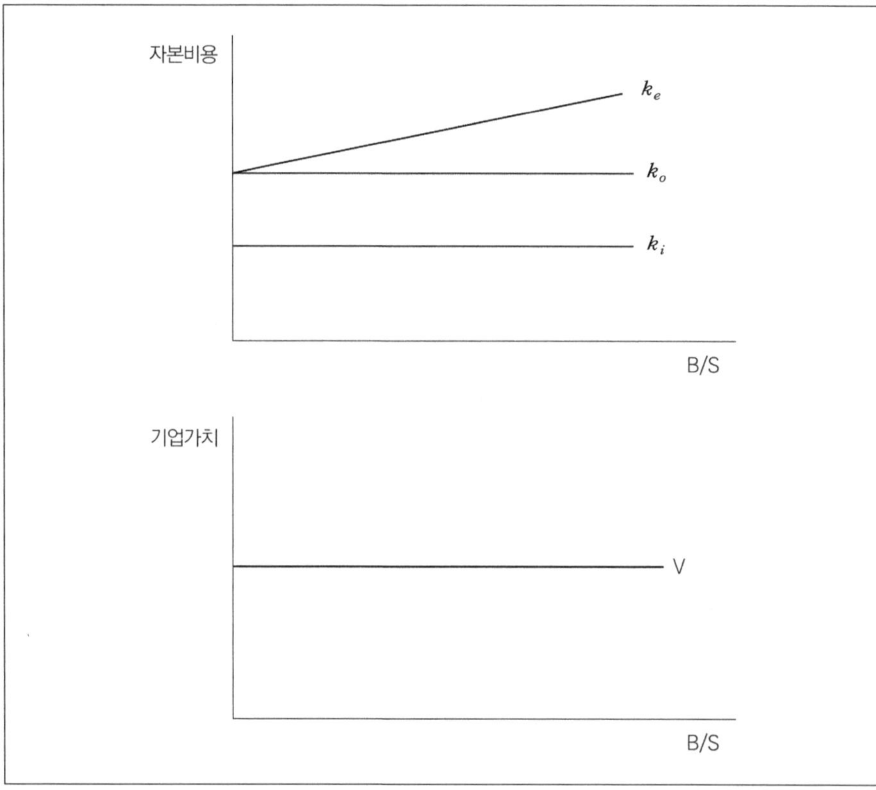

결국 순영업이익접근법에서는 기업가치와 자본구조는 관련을 맺지 않으며 기업의 최적자본구조는 존재하지 않음을 주장하고 있는데, 이는 MM이 그들의 자본구조이론을 정립함에 있어 기초가 된 이론이다.

3. 전통적 접근법

전통적 접근법(traditional approach)의 주장은 기업이 타인자본을 사용하면 저렴한 자본을 사용하는 이점과 재무위험의 증대효과가 동시에 발생하게 된다고 설명하고 있다.

레버리지의 일정수준까지는 타인자본 사용에 따른 비용의 저렴효과가 재무위험의 증대효과를 상쇄하고도 남기 때문에 기업가치가 증가(즉, k_o가 하락)한다.

그러나 타인자본을 과다하게 사용하여 레버리지가 일정수준을 초과하게 되면 타인자본사용에 따른 비용의 저렴효과가 재무위험의 증대효과보다 적게 되어 기업가치는 하락(즉, k_o는 상승)한다. 이 때 기업가치가 하락하기 시작하는 바로 그 전환점의 레버리지수준(X)에서 기업의 최적자본구조가 존재하게 된다. 이를 그림으로 표시하면 [그림 8−3]과 같다.

전통적 접근법은 기업이 타인자본을 많이 사용할수록 재무위험이 높아져 기업의 자기자본비용(k_e)과 타인자본비용(k_i)이 증가하는 경향을 인정하고 있다는 점에서 순이익접근법에 비하여 보다 현실적인 접근법이라 할 수 있다. 그러나 최적 레버리지수준이 어느 수준에서 결정되는지를 구체적으로 증명하지 못한다는 점에서 비판을 받고 있다.

그림 8–3 전통적 접근법

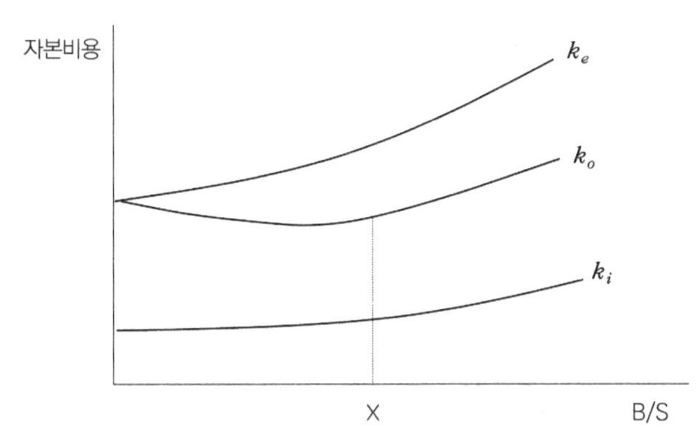

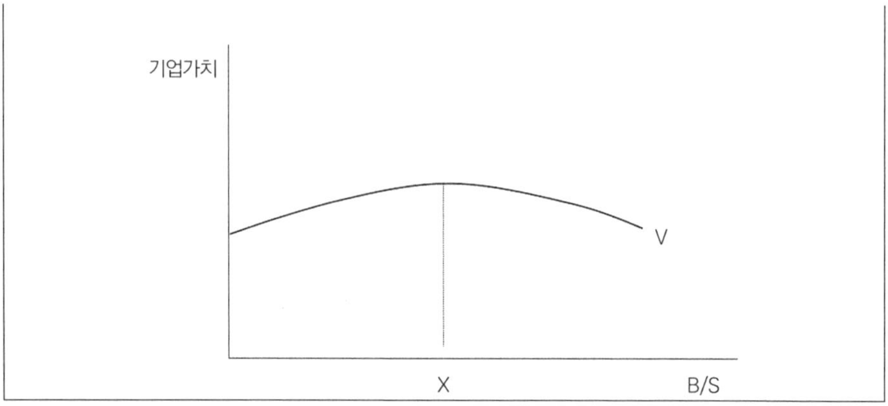

제4절 MM의 자본구조이론

MM(Miller와 Modigliani)은 기업의 영업이익을 자본구조와 무관한 가중평균자본비용으로 환원하여 기업가치는 결정된다고 주장함으로써, 자본구조가 기업가치에 영향을 미친다는 전통적 자본구조이론을 부정하였다. MM에 의하면 가중평균자본비용은 기업의 영업위험에 따라 결정되는 것이며, 기업이 자본을 어떻게 조달하느냐에 따른 재무위험과는 전혀 관련이 없기 때문에 자본구조는 기업가치에 아무런 영향을 미치지 않는다는 것이다. 다시 말해서 MM은 기업의 영업이익이 변하지 않는 한 기업의 가치는 변하지 않는다고 주장하였다.

1. MM이론의 가정

MM은 기존의 자본구조이론에 관한 가정에 다음과 같은 조건을 추가로 가정하고 있다.

① 완전자본시장을 가정한다. 완전자본시장이란 법인세 등의 세금이 없고, 거래비용이 없으며, 모든 정보가 모든 투자자에게 동시에 그리고 정확히 전달되는 시장을 말한다. 또한 자본시장에 참여하는 투자자가 많아 소수의 집단이 증권가격에 영향을 줄 수 없으며, 자본조달에 제약이 없는 시장을 말한다.

② 기업을 경영위험의 크기에 따라 동질적 위험집단으로 분류할 수 있다. 즉 어느 한 집단에 속하는 기업들은 영업이익의 분포모양이 동일하면서 타인자본 사용에 따른 재무위험만이 다르게 존재한다는 것이다.

2. 세 가지 명제

이상의 가정을 기초로 하여 MM은 다음과 같은 세 가지 명제를 제시하였다.

(1) 제 1 명제

기업의 가치와 가중평균자본비용은 자본구조와 관련없이 결정된다. 기업가치는 자본구조와 관계없이 예상영업이익을 가중평균자본비용으로 할인하여 구한다.

자기자본만으로 구성된 기업의 주식가치를 S_U라 하고, 이 기업의 가치를 V_U라고 할 때, V_U는 S_U와 같다($V_U = S_U$).

그리고 자기자본과 타인자본으로 구성된 기업의 주식가치를S_L이라 하고, 이 기업의 부채가치를 B_L이라고 하면 이 기업의 가치는 주식과 부채가치의 합과 같다($V_L = S_L + B_L$).

MM의 제1명제는 자본구조를 제외한 기대영업이익 등 두 기업의 모든 조건이 같다고 할 경우, 두 기업의 가치는 같다는 것이다($V_U = V_L$).

MM은 그들의 제1명제를 뒷받침하기 위하여 투자자의 차익거래(재정거래)를 가정하고 있다. 재정거래란 투자자들이 보다 큰 이익을 얻기 위하여 과대평가된 자산을 매각하고 과소평가된 자산을 매입하는 과정을 말하며, 이 과정을 통하여 시장은 균형을 이루게 된다. MM은 다른 조건이 같고 자본구조만 다른 기업들의 시장가치는 재정거래를 통하여 동일하게 형성된다고 주장하였다.

(2) 제 2 명제

기업의 레버리지가 증가함에 따라 자기자본비용은 상승하며, 이는 타인자본을 사용하는 데서 오는 자본비용의 저렴이점을 완전히 상쇄한다.

MM의 자본구조이론의 바탕이 되는 제2명제는 제1명제를 개별 자본비용의 측면에서 설명한 것이다. 제1명제에서 $k_o = \frac{E}{V}$이다. 여기서 순영업이익 E는 주주와

채권자에게 각각 배당($k_e \cdot S$)과 이자($k_i \cdot B$)로 지급된다. 따라서,

$$k_o = \frac{E}{V} = \frac{k_e \cdot S + k_i \cdot B}{S+B}$$
$$= \left(\frac{S}{S+B}\right) \cdot k_e + \left(\frac{B}{S+B}\right) \cdot k_i \tag{8-1}$$

위의 식(8－1)을 k_e에 대해서 정리하면 식(8－2)와 같다.

$$k_e = k_o + (k_o - k_i)\frac{B}{S} \tag{8-2}$$

여기서 자기자본비용은 자본구조와 관계없이 일정한 k_o와 레버리지가 증가함에 따라 증가하는 재무위험에 대한 위험프리미엄($k_o - k_i$)으로 구성되어 있다.

기업이 채무불이행의 위험이 발생하지 않는 수준인 A까지 타인자본을 사용하는 경우, 채권자들은 채권회수에 대한 위험을 느끼지 않으므로 기업의 k_i는 레버리지의 증가와 관계없이 일정하게 유지된다. 따라서 k_i와 k_o가 일정하므로 k_e는 레버리지 증가에 따라 선형으로 증가하게 되는데, k_e의 증가는 k_i의 저렴한 이점을 정확히 상쇄한다. 이를 표시하면 [그림 8－4]와 같다.

그림 8-4 MM의 제2명제

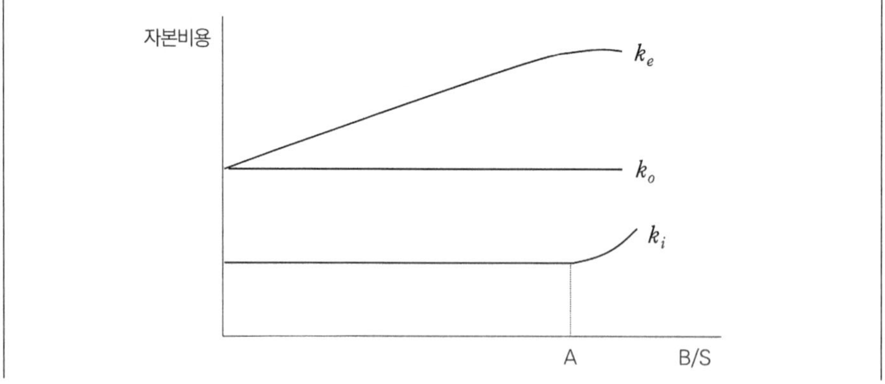

(3) 제 3 명제

새로운 투자안에 대한 거부율, 즉 최저필수수익률은 투자에 소요되는 자금을 어떠한 방법으로 조달하느냐와는 관계없이 결정된다.

MM의 제3명제는 기업의 새로운 투자안의 거부율은 그 투자안으로부터 벌어들여야 하는 최저필수수익률이며, 이는 곧 가중평균자본비용이다. 일반적으로 기업은 목표자본구조를 가지며, 일시적으로 투자안의 자금조달을 위해 자본구조를 바꾼다 할지라도 목표자본구조에 의한 가중평균자본비용에 의해 투자안을 평가하여야 한다. 그러나 제1명제에 의하면 자본구조가 바뀐다 할지라도 가중평균자본비용이 일정하므로 투자안의 수익률이 가중평균자본비용보다 크면 그 투자안을 선택하여야 한다는 것이다.

3. 법인세 고려시의 MM이론

MM은 1963년에 발표한 그들의 수정논문에서 법인세가 존재하면 타인자본을 많이 사용할수록 자기자본비용은 증가하나 타인자본사용에 따른 비용의 감세효과를 감안하면 타인자본비용은 더욱 저렴하게 된다고 주장하였다. 따라서 기업의 가중평균자본비용은 레버리지의 증가에 따라 계속 감소하므로 타인자본을 많이 사용할 수록 기업의 가치는 증가한다고 주장하였다. 즉 MM은 법인세가 존재하면 타인자본을 많이 사용할 수록 자기자본비용은 증가하나 타인자본 사용에 따른 비용의 저렴이점이 자기자본비용의 증가를 상쇄하고도 남기 때문에 가중평균자본비용이 감소하여 기업가치는 증가한다고 주장하였다.

즉 부채 B가 있는 기업 L의 가치는 부채가 없는 기업 U의 가치보다 법인세 감세효과의 현가만큼 크다. 따라서 부채가 있는 기업의 가치 V_L과 부채가 없는 기업의 가치 V_U는 법인세율 t와 다음과 같은 관계를 갖는다. 식(8-3)이 법인세를 고려하였을 때 MM의 제1명제이다.

$$V_L = V_U + t \cdot B \tag{8-3}$$

위의 식(8-3)에서 $t{\cdot}B$는 타인자본의 사용에 대한 법인세 감세효과의 현가이다. 법인세를 고려하면 타인자본을 사용한 기업의 가치는 자기자본만 사용한 기업의 가치보다 법인세 감세효과의 현가만큼 더 크며, 따라서 타인자본을 많이 사용하면 할수록 기업의 가치는 증가한다는 것이 MM의 제 1명제이다. 이러한 주장을 표시하면 [그림 8-5]와 같다.

법인세를 고려하는 경우 가중평균자본비용은 식(8-4)와 같이 수정된다.

$$k_o = \frac{E(1-t)}{V} = \left(\frac{S}{S+B}\right) \cdot k_e + \left(\frac{B}{S+B}\right) \cdot k_i(1-t) \tag{8-4}$$

그림 8-5 법인세를 고려한 MM이론

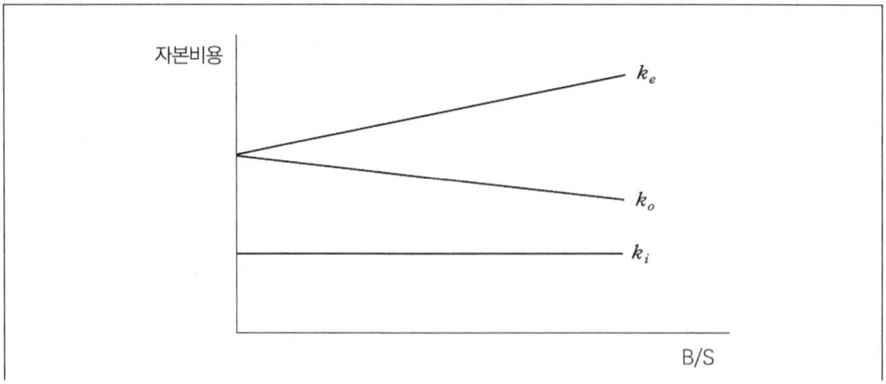

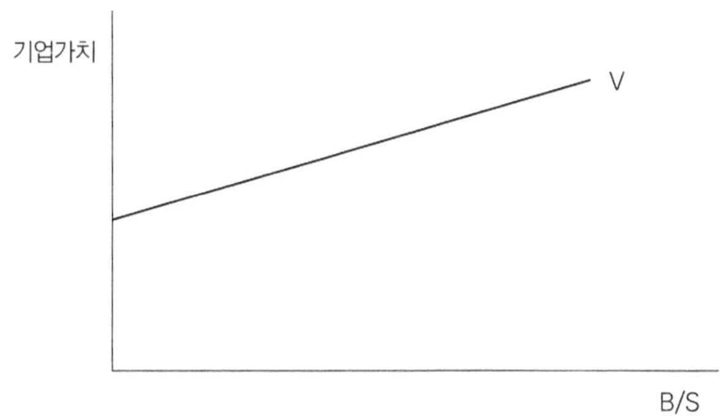

MM의 제 2 명제는 자기자본의 기대수익률이 부채비율의 선형함수임을 나타내고 있다. 이것은 부채비율의 증가에 따라 자기자본의 위험이 증가하기 때문에 나타난다. 법인세가 존재할 때도 그 개념은 동일하다. 법인세가 존재할 때 MM의 제 2명제는 식(8-5)와 같이 수정된다.

$$k_e = k_o + (k_o - k_i)\frac{B}{S}(1-t) \qquad (8-5)$$

법인세가 존재할 때는 법인세가 없을 때보다 자기자본비용의 증가 정도가 작기 때문에 타인자본을 이용할 때의 이점을 완전히 상쇄시키지는 못한다.

4. MM이론의 한계점

이상에서 살펴본 MM이론은 정교하게 전개되어 있어 이론상의 모순을 지적하기는 어려우나 기본적인 가정과 관련하여 다음과 같은 몇 가지 한계점을 가지고 있다.

첫째, 현실적으로 자본시장이 불완전하기 때문에 자본구조와 기업가치가 무관할 정도로 차익거래(재정거래)가 활발히 일어날 수는 없다.

둘째, 개인과 기업은 자금차입능력, 신용 및 위험 등에 차이가 있으므로 개인의 부채와 기업의 부채는 현실적으로 완전히 대체될 수 없다.

셋째, 현실적으로 기업을 동질적 위험집단으로 분류하기가 어렵다. 이론적으로는 기업을 위험등급에 따라 구분할 수 있으나, 현실적으로는 쉬운 일이 아니며 또한 구분이 가능하다 하더라도 보편성을 가지기는 어렵다.

넷째, 파산위험을 고려하지 않고 있다. 현실적으로 기업이 과다한 부채를 사용하면 차입이자율이 상승할 뿐만 아니라 파산의 위험이 높아지게 된다.

제5절 파산비용이론

파산비용이론에서는 기업의 레버리지가 낮은 수준에서는 감세효과의 우세로 인하여 기업의 가중평균자본비용이 감소하나, 레버리지가 일정수준을 초과함에 따라 파산비용이 체증하게 되어 가중평균자본비용이 증가한다고 주장한다.

파산비용(bankruptcy cost)을 발생원천별로 구분하면, 첫째, 기업이 파산하면 소유하고 있는 자산을 정당한 가격보다 훨씬 낮게 처분하게 되는데, 이때 입는 손실이 파산비용이 된다. 둘째, 기업이 재조직되는 경우, 기존의 고객은 그 기업을 신뢰하지 않으며 기업의 생산성은 종전보다 떨어지게 되어 매출액이 감소하는데, 이때 매출액 감소로 인하여 발생하는 기회비용이 파산비용이 된다. 셋째, 기업의 파산과정에서 기업이 제3자에게 지급하는 보수 및 보상금 등의 행정비용이 파산비용이 된다.

법인세와 파산비용을 동시에 고려하여 기대파산비용의 현재가치를 C_B라고 하면 기업의 가치는 다음의 식(8-6)과 같다.

$$V_{tb} = V_U + t \cdot B - C_B \qquad (8-6)$$

레버리지가 낮은 수준에서는 감세효과의 우세로 인하여 기업의 가중평균자본비용은 감소하게 되나, 레버리지가 일정 수준을 초과함에 따라 파산비용이 체증하게 되어 가중평균자본비용은 증가하게 된다. 즉 파산비용이론에 따르면 [그림 8-6]에서 볼 수 있는 바와 같이 가중평균자본비용이 최소가 되는 최적레버리지 X가 존재하며, 바로 그 레버리지수준에서 기업의 최적자본구조가 실현된다.

그림 8-6 법인세 및 파산비용과 자본비용

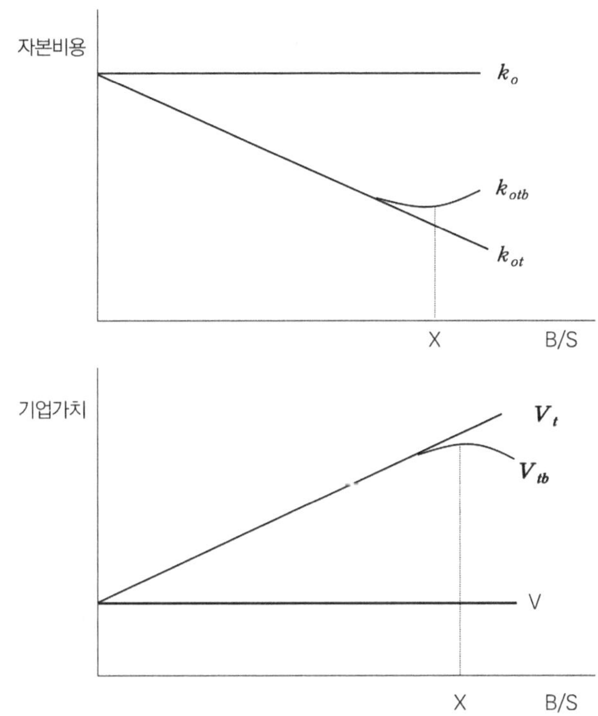

제6절 대리인비용 이론

젠센(Jensen)과 멕클링(Meckling)은 기업과 관련된 이해관계자들의 이해상충 문제를 설명할 수 있는 새로운 이론인 대리인이론(agency theory)을 응용하여 기업의 최적소유권구조를 설명하고 있다.

이들이 정의한 대리인관계란 한 사람 이상의 주체가 정해진 범위내에서 자신들을 대신하여 의사결정을 할 수 있도록 대리인에게 의사결정권을 위임한 계약관계를 말한다.

기업의 자본제공자는 주주로서 경영에 직접 참여하는 내부주주, 경영에 참여하지 않는 외부주주 및 채권자로 구분할 수 있다. 이들 중에서 내부주주는 외부주주와 채권자로부터 재산을 위임받아 기업을 경영하므로 대리인이 되고, 외부주주와 채권자는 자신들의 재산을 내부주주에게 위탁하는 주체가 된다. 이들 주체와 대리인은 각각 자신의 효용을 극대화시키려는 속성을 가지고 있기 때문에 대리문제(agency problem)가 발생하게 된다.

이들 주체와 대리인 사이의 갈등으로부터 발생하는 비용을 대리인비용(agency cost)이라고 하는데, 다음과 같이 세 가지로 분류된다.

첫째, 비용은 감시비용(monitoring cost)이다. 이는 대리인의 행위가 주체의 이익으로부터 이탈하는 것을 감시하는데 소요되는 비용이다.

둘째, 비용은 확증비용(bonding cost)이다. 이는 대리인이 주체에게 해가 되는 행위를 하고 있지 않음을 확증하는 과정에서 발생되는 비용이다.

셋째, 비용은 잔여손실(residual loss)로서 이는 위의 감시와 확증에도 불구하고 제거되지 않는 비용이다.

내부주주와 외부주주 사이의 대리관계에서 발생하는 대리인비용을 외부주식의 대리인비용이라고 하고, 주주와 채권자 사이에 발생하는 대리인비용은 부채의 대리인비용이라고 한다.

외부주식의 대리인비용은 외부주주와 내부주주인 소유경영자 사이에 발생하는 것으로서 타인자본에만 의존하여 자금조달을 할 때는 외부로부터 자기자본을 조달하지 않으므로 외부주식의 대리인비용이 발생하지 않는다. 반면에 타인자본 의존도를 줄이고 자기자본으로 자금을 조달할 때는 대리인비용이 증가된다.

부채의 대리인비용은 자기자본의 대리인비용과는 달리 소유주가 부채를 많이 쓸수록 위험유인과 과소투자현상이 크게 나타나서 대리인비용을 증가시킨다.

위의 내용을 그림으로 표시하면 [그림 8-7]과 같다. [그림 8-7]에서 기업이 부채사용을 증가시키면 부채와 대리인비용이 증가하는 대신 외부주식의 대리인비용이 감소한다. 기업의 총대리인비용은 외부주식의 대리인비용과 부채의 대리인비용의 합계이므로, 결국 총대리인비용이 최소가 되는 $S^*/(B+S)$수준에서 기업의 최적자본구조가 결정된다.

그림 8-7 대리인비용과 최적자본구조

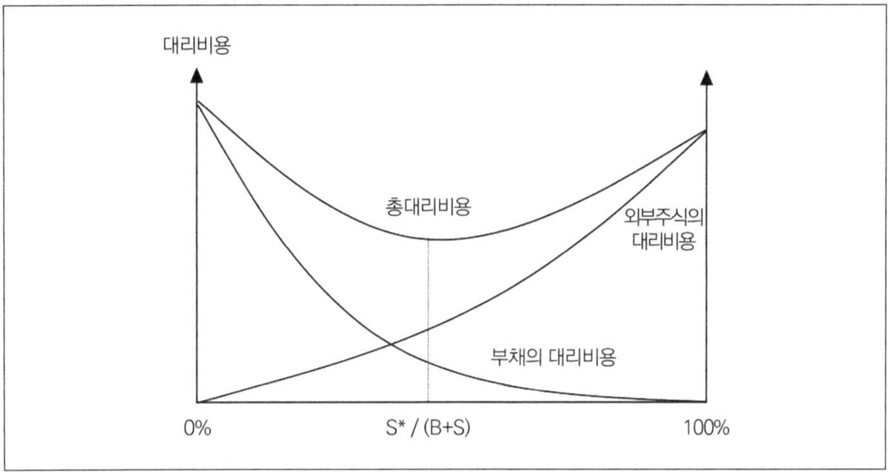

연습문제

문제 1 MM의 명제를 법인세가 존재하지 않는 경우와 존재하는 경우로 나누어 설명하시오.

문제 2 기업가치와 파산비용, 대리인비용의 관계에 대해서 설명하시오.

문제 3 기업 U와 L은 자본구조를 제외한 다른 모든 점에서 동일하다. 기업 U는 부채가 없고, 기업 L은 100억원의 부채(이자율 8%)를 사용하고 있다. MM의 모든 가정이 충족되고, 세금이 존재하지 않으며, 두 회사의 기대영업현금흐름은 40억원이다. 그리고 기업 U의 자기자본비용은 15%이다.

(1) MM이론에 의하면 두 기업의 기업가치는 얼마인가?

(2) 기업 U와 L의 자기자본비용은 각각 얼마인가?

(3) 기업 U와 L의 가중평균자본비용은 각각 얼마인가?

문제 4 현재 부채를 사용하지 않고 자기자본만으로 영업하고 있는 ㈜양산의 영업이익은 매년 6억원이며, 자기자본비용은 20%이다. 이 기업은 8억원의 부채를 10%의 이자율로 차입하여 자사주를 매입하려고 한다. 법인세율은 25%이다.

(1) 부채를 사용하지 않는 경우의 기업가치를 계산하시오.

(2) 부채를 조달한 후의 기업가치를 절세효과를 이용하여 구하시오.

(3) 부채를 조달한 후의 주주요구수익률(자기자본비용)과 가중평균자본비용을 구하라.

(4) (3)번에서 구한 가중평균자본비용을 사용하여 기업가치를 구하시오. 그리고 그 결과를 (2)번의 결과와 비교하시오.

문제 5 철마기업의 부채비율은 현재 200%이고 WACC는 20%, 이자율은 15%, 법인세율은 25%이다.

(1) 자기자본비용은 얼마인가?

(2) 부채를 사용하지 않는다면 자기자본비용은 얼마인가?

(3) 부채비율이 100%, 50%일 때 각각의 자기자본비용과 WACC는 얼마인가?

(4) 부채차입이 늘어남에 따라 WACC는 어디에 접근하게 되는가?

(5) 부채차입이 늘어남에 따라 WACC가 어떻게 변하는지를 지금까지의 결과를 기초로 그림으로 나타내시오.

문제 6 주울산철강은 영업이익(EBIT)이 연간 900억원으로 지속될 것으로 예상하고 있다. 이 기업은 부채를 6%에 조달할 수 있다. 그러나 이 기업은 현재 부채를 사용하고 있지 않다. 그리고 자기자본비용은 13%이고 법인세율은 20%이다.

(1) 이 기업의 가치는 얼마인가?

(2) 만약 자사주 매입을 위해 600억원의 부채를 조달한다면, 이 기업의 가치는 얼마인가?

문제 7 A기업의 영업이익은 20억원, 이 기업이 자기자본으로만 경영할 시 요구수익률은 15%, 이자율은 8%이다. 그리고 현재 차입금은 40억원이고 법인세율은 25%이다.

(1) 절세금액의 현가를 이용하여 기업가치를 구하시오.

(2) 자기자본을 이용하여 기업가치를 구하시오.

(3) WACC를 이용하여 기업가치를 구하시오.

문제 8 완전자본시장에서 (주)일광의 WACC는 현재 20%이다. 또한 현재 부채를 10%의 이자율로 조달가능하다(법인세 무시).

(1) (주)일광이 목표부채비율인 20%를 유지한다면 자기자본비용 k_e는 얼마인가?

(2) 부채비율이 50%로 상승하는 경우 자기자본비용 k_e와 가중평균자본비용 WACC는 얼마인가? 그리고 WACC가 어떻게 변하는지 설명하시오.

CHAPTER

09 배당정책

제1절 배당정책의 의의

배당(dividend)이란 주식회사가 영업활동의 결과 실현한 영업이익 중 이자, 법인세 등을 지급하고 난 나머지 이익에서 회사의 자율적 결정에 따라 주주들에게 배분하는 출자자금에 대한 대가를 의미한다.

배당정책(dividend policy)은 기업의 납세후순이익을 배당금과 기업내의 유보이익으로 적절히 배분하는 의사결정을 말하며, 이러한 의사결정은 해당 기업의 미래 투자기회 및 투자시점의 소요자본 조달가능성과 관련하여 이루어져야 한다. 따라서 배당정책은 투자정책 및 자본조달정책과 관련된 복합적인 재무의사결정이라고 할 수 있다.

배당정책을 결정할 때 염두에 두어야 할 목표는 기업의 목표인 주주 부의 극대화 또는 기업가치의 극대화이다. 일반적으로 배당을 많이 하고 유보이익을 줄이게 되면 기업의 성장률이 낮아짐으로써 기업의 주가상승속도가 낮아지며, 반대로 배당을 줄이고 유보이익을 늘리게 되면 기업의 성장속도가 높아지므로 주가의 상승도 빨라진다. 따라서 배당정책의 목표는 특정기간 동안 실현된 일정한 기업이익 중에서 얼마를 사내에 유보하고 얼마를 주주에게 배당으로 지급하여야 기업의 가치가 극대화될 수 있겠느냐를 결정하는 것이다.

제2절 배당이론

배당정책이 기업가치에 영향을 미치느냐에 관하여는 많은 연구와 논쟁이 있어 왔는데, 배당정책에 관한 논쟁은 크게 다음의 세 가지 주장으로 요약될 수 있다. 첫째, 배당정책은 기업가치에 영향을 미친다는 것이다. 즉, 주주들은 확실한 현재의 수입을 선호하기 때문에 배당성향이 높은 기업의 주가가 배당성향이 낮은 기업의 주가보다 높게 형성된다는 주장이다. 둘째, 배당정책은 기업가치에 영향을 미치지만 미래의 성장가능성에 따라 그 영향이 달라질 수 있다는 것이다. 셋째, 완전자본시장하에서는 기업가치와 배당정책과는 아무런 관련이 없다는 것이다.

1. 그레이엄과 도드의 모형

그레이엄(Graham)과 도드(Dodd)는 실증적인 연구에 기초를 두어, 미래 성장기회가 적고 비교적 안정된 기업에 대하여 적용할 수 있는 배당모형을 식(9-1)과 같이 제시하였다.

$$V_0 = M\left(D + \frac{1}{3}E\right) \tag{9-1}$$

V_0 : 보통주의 주당 시장가치, M : 이익승수,
D : 주당배당액, E : 주당이익

위의 식(9-1)을 보면 동일한 순이익을 실현한 기업이라 하더라도 배당성향이 높을수록 그 주가가 상승한다. 이와 같이 그레이엄과 도드는 배당을 증가시킬수록 기업의 가치를 높일 수 있다고 주장하고 있다. 식(9-1)이 기업가치를 나타내는데 정확한 모형인가에 대한 의문이 있으나, 이 모형의 특색은 성장률이 낮은 기업에서는 기업가치의 상승을 위하여 배당이 사내유보보다 더 중요함을 강조하고 있다는 점이다.

2. 월터의 모형

월터(Walter)는 자기자본비용과 미래 유보이익에 의한 재투자수익률과의 관계에서 적정배당성향이 결정된다는 모형을 제시하고 있다. 월터는 그의 모형을 전개하는 데 다음과 같은 가정을 설정하고 있다.

첫째, 기업의 신규투자를 위한 자금조달은 유보이익에만 의존한다.

둘째, 기업의 수명은 영구하다.

셋째, 기업의 자기자본비용과 재투자수익률은 미래에도 항상 일정하다.

넷째, 기업은 당기에 실현할 이익을 배당과 유보이익으로 즉시 배분하며, 배당액과 유보이익액은 미래에 계속적으로 일정하다.

이상의 가정 하에서 월터는 보통주의 가치는 현재의 배당과 유보이익에 의한 미래의 재투자수익률에 따라 결정된다고 보고 식(9－2)와 같은 모형을 제시하였다.

$$V_0 = \frac{D + \frac{r}{k_e}(E-D)}{k_e} = \frac{1}{k_e}D + \frac{r}{k_e^2}(E-D) \qquad (9-2)$$

V_0 : 보통주의 주당 시장가치, r : 재투자수익률,
k_e : 자기자본비용, D : 주당배당액, E : 주당이익

여기서 배당과 유보이익 중 어느 것이 기업의 가치에 미치는 영향이 큰가 하는 것은 배당과 유보이익의 계수를 비교하여 보면 알 수 있다.

첫째, $\frac{1}{k_e} > \frac{r}{k_e^2}$ 인 경우, 즉 $k_e > r$ 일 때에는 배당이 유보이익보다 기업가치에 미치는 영향이 크므로 가능한 한 배당을 늘리면 기업가치는 커진다. 이러한 기업의 주식을 사양주라고 한다.

둘째, $\frac{1}{k_e} = \frac{r}{k_e^2}$ 인 경우, 즉 $k_e = r$ 일 때에는 기업이 어느 정도를 배당하든 또는 어느 정도를 유보하든지 기업가치는 전혀 영향을 받지 않고, 다만 실현시킨 이익의 크기에 따라 기업가치가 결정된다. 이러한 기업의 주식을 중간주라고 한다.

셋째, $\frac{1}{k_e} < \frac{r}{k_e^2}$ 인 경우, 즉 $k_e < r$ 일 때에는 기업은 가능한 한 배당을 줄이고 유보이익을 늘려 이를 재투자하면 기업가치는 커진다. 이러한 기업의 주식을 성장주라고 한다.

이상에서 살펴본 월터의 모형은 기업의 미래성장가능성을 고려하여 배당정책이 결정되어야 한다고 강조한 점에서 그 가치를 높게 평가할 수 있으나, 모형을 도출하기 위해 설정한 가정에 다음과 같은 문제점이 존재한다.

첫째, 기업 자본조달의 대부분은 사내유보 이외에 타인자본이나 증자를 통하여 이루어지는데 이를 무시하고 모든 소요자금을 유보이익에만 의존한다는 것은 지나치게 비현실적이다. 둘째, 재투자수익률(r)의 크기는 경제상황이 안정될수록 감소하는 경향이 있으며, 투자액이 늘어날수록 체감하는 것이 일반적이다. 또한 기업의 자본비용(k_e)도 투자안의 위험의 크기에 따라 조정되어야 한다.

3. MM의 모형

밀러(Miller)와 모디글리아니(Modigliani)는 "배당정책, 성장 및 주식의 평가"라는 논문에서 기업가치는 기업자산의 수익력에 의하여 좌우되는 것이지 기업의 이익을 배당과 유보이익으로 나누는 것에 불과한 배당정책에 의하여 영향을 받는 것이 아니라는 배당과 기업가치의 무관련성을 주장하였다.

MM은 배당정책과 기업가치의 무관련이론을 전개하기 위하여 다음과 같은 가정을 설정하였다.

첫째, 완전자본시장이 존재한다. 완전자본시장이란 모든 투자자는 영세한 투자자이므로 어느 개인의 증권거래가 그 증권의 시장가격에 영향을 미치지 못하며, 자금을 외부에서 얼마든지 조달할 수 있고, 증권거래에 따르는 매매수수료와 증권의 발행비용이 존재하지 않으며, 증권가격에 영향을 미치는 제반 관련정보는 비용없이 즉시 모든 투자자들에게 전달되는 추정적인 시장을 의미한다.

둘째, 모든 투자자들은 자신들의 투자활동에 대한 결과를 확실히 예측할 수 있으며, 따라서 투자로부터 기대되는 미래현금흐름의 현가를 구할 때 사용하는 할인율은 전기간에 걸쳐 일정하다.

셋째, 일체의 세금이 존재하지 않는다.

넷째, 배당소득과 자본이득은 동질적이다. 즉 모든 투자자는 같은 금액일 경우에는 투자에 대한 보수가 배당의 형태로 주어지든 자본이득의 형태로 주어지든 상관하지 않는다.

다섯째, 투자자의 부에 대한 한계효용은 항상 정(+)의 값을 갖는다. 투자자들은 어떠한 상황에서도 보다 많은 부를 보다 적은 부보다 선호한다.

이상의 가정 하에서 MM은 일정한 배당의 수령에 의한 부의 증가는 동일한 정도의 주가하락에 의하여 정확하게 상쇄되고, 또한 배당의 포기로 인한 유보이익의 증가는 포기한 배당액만큼의 주가상승을 가져오기 때문에 주주의 부는 변하지 않는다고 주장하였다.

MM의 이론은 기초의 주가는 기말의 배당과 기말의 주가의 합계액을 적절한 할인율로 할인한 현가와 같다는 데에서 출발한다. 이를 수식으로 나타내면 식(9-3)과 같다.

$$P_0 = \frac{1}{1+k_e}(D_1 + P_1) \tag{9-3}$$

P_0 : 기초의 주가, P_1 : 기말의 주가,
D_1 : 기말의 주당배당, k_e : 자기자본비용

0시점에서의 기발행주식수를 n이라 하고, 제1기간에 새로운 투자를 하는 경우 이에 소요되는 자본을 P_1의 가격으로 m주식수만큼 신규로 발행하여 조달한다면 식(9-3)을 식(9-4)로 나타낼 수 있다.

$$n \cdot P_0 = \frac{1}{1+k_e}[n \cdot D_1 + (n+m)P_1 - m \cdot P_1] \tag{9-4}$$

식(9-4)에서 보는 것처럼 0시점의 기발행주식의 총가치($n{\cdot}P_0$)는 제1기의 총배당액($n{\cdot}D_1$)과 제1기의 총발행주식가치[$(n+m)P_1$]에서 신규발행주식가치($m{\cdot}P_1$)를 차감한 가치의 합계를 k_e로 할인한 값과 같다.

그리고 제1기중의 총투자소요액에서 유보이익에 의하여 조달할 수 있는 부분을 차감한 나머지는 신주발행에 의하여 조달할 것이므로, 신주발행액은 식(9

−5)와 같다.

$$m \cdot P_1 = I - (X - n \cdot D_1) \tag{9-5}$$

I : 제1기 중의 신규투자액, I : 제1기 중의 순이익

식(9−5)를 식(9−4)에 대입하여 정리하면 다음과 같다.

$$n \cdot P_0 = \frac{1}{1+k_e}[(n+m)P_1 - I + X] \tag{9-6}$$

위의 식(9−6)에 의하면 기업의 가치는 배당과는 전혀 관계가 없고 새로운 투자의 소요액 및 순이익에 의하여 좌우됨을 알 수 있다. 즉, MM은 기업의 현재가치는 현재의 배당결정과 완전히 독립적이라고 결론짓고, 주주가 받는 배당은 주식의 기말가치의 하락에 의하여 정확하게 상쇄된다고 주장하고 있다. 또한 그들은 미래의 순이익을 확실히 예측할 수 있다는 가정 하에서 기업의 가치는 배당정책의 영향을 받지 않으며 오로지 그 기업의 미래 기대이익에 의하여 결정된다는 점을 강조하고 있다.

MM은 수학적 모형으로 배당과 주가의 무관련성을 증명하였을 뿐만 아니라 고객이론(clientele theory)으로도 그들의 주장을 뒷받침하고 있다. 즉 시장에는 서로 다른 배당성향을 가진 주식들이 거래되고 있고 주주들이 요구하는 배당수준도 각기 다르다. 그러므로 높은 배당을 선호하는 투자자는 높은 배당을 지급하는 주식을 매입할 것이며, 반대로 주가상승으로 인한 자본이득을 선호하는 투자자들은 배당은 적으나 유보이익이 많은 주식을 택하여 투자할 것이다. 투자자들이 배당성향이 다른 여러 기업들의 주식에 투자함으로써 그들의 배당성향에 대한 요구를 완전히 충족시킬 수 있을 때 배당성향에 따른 주식의 수요와 공급은 균형상태에 이르게 되며, 이 균형상태에서는 배당정책이 기업가치에 아무런 영향을 미치지 못한다는 것이 MM의 고객이론이다.

예제 9-1

산인기업의 보통주 총발행주식수는 200,000주이며, 기초인 현재 주가는 30,000원이다. 산인기업의 자기자본환원율(자기자본비용)은 연 10%이며, 산인기업은 기말에 6억원 규모의 신규투자를 계획하고 있다. 또한 산인기업이 금기 법인세차감 후 순이익은 4억원으로 예상되며, 기말에도 전기와 같이 순이익의 50%를 배당으로 지급하고자 한다. 산인기업의 기말 예상주가와, 신규투자를 위하여 발행하여야 할 보통주의 주식수를 MM의 배당이론을 이용하여 추정하시오.

먼저 MM의 배당이론을 이용하여 기말 예상주가(P_1)를 구하면 다음과 같다.

$$P_0 = \frac{1}{1+k_e}(D_1 + P_1)$$

$$30{,}000 = \frac{1}{1+0.10}(1{,}000 + P_1) \quad (D_1\text{=(400,000,000원×0.5)÷200,000주=1,000원})$$

$$\therefore \ P_1\text{=32,000원}$$

즉, 산인기업의 기말 예상주가는 32,000원이다. 또한 MM의 배당이론에서 신주발행액 $m \cdot P_1$은 다음과 같이 정의한다.

$$m \cdot P_1 = I - (X - n \cdot D_1)$$

위의 식에 주어진 자료를 대입하여 m을 구하면 다음과 같다.

$$m \times 32{,}000\text{원} = 600{,}000{,}000\text{원} - (400{,}000{,}000\text{원} - 200{,}000\text{주} \times 1{,}000\text{원})$$

$$m = 12{,}500\text{주}$$

즉, 산인기업이 신규투자를 위하여 발행해야 할 보통주 주식수는 12,500주이다.

제3절 배당정책을 결정하는 현실적인 요인들

MM의 배당이론은 완전자본시장을 가정하는 경우에만 성립한다. 세금, 발행비용, 거래비용, 정보비대칭 등의 시장을 불완전하게 하는 요인들을 고려하면 배당지급이 기업가치를 감소시킬 수도 있고 증가시킬 수도 있다.

1. 기업가치를 증가시키는 요인

(1) 배당의 정보효과 가설

일반적으로 경영자가 일반투자자보다 기업의 미래 상황에 대하여 보다 많고 우월한 정보를 갖고 있는데, 이런 현상을 정보비대칭(information asymmetry) 현상이라고 한다. 정보비대칭이 존재하는 상황에서 경영자는 목적에 따라 자신이 가지고 있는 우월한 정보를 시장에 전달할 수 있는데, 이 때 이용할 수 있는 수단 중의 하나가 배당정책이다. 즉, 경영자가 기업의 미래상황이 일반투자자가 외부에서 생각하는 것보다 낙관적이라고 생각하면 경영자는 배당을 증가시킴으로써 자신의 낙관적인 견해를 시장에 전달할 수 있다. 물론, 미래가 외부인이 보는 것보다 비관적이면 경영자는 배당을 감소시켜 자신의 비관적인 견해를 시장에 전달할 수 있다.

결국 배당을 증가시키는 것은 그 기업의 미래상황이 시장에서 생각하는 것보다 좋을 것이란 신호로 받아들여진다. 이런 가설을 배당의 정보효과(dividend signaling hypothesis)이라고 한다.

(2) 잉여현금흐름 가설

배당의 정보효과 가설에서는 경영자의 목표가 주주의 부를 극대화하는데 있다고 가정한다. 그러나 잉여현금흐름 가설(free cash flow hypothesis)에서는 경영자의 목표가 자신의 편익을 극대화하는데 있다고 가정한다. 경영자가 시장에서 행사할 수 있는 힘은 회사의 규모와 직결되어 있으므로 경영자는 자신의 이익을 위해 기업이 가능한 많은 현금을 보유하도록 할 것이다. 기업이 좋은 투자기회와 관계없이 무조건 현금을 많이 보유한다는 것은 기업이 상당한 재원을 낭비하고 있는 것으로 볼 수 있다.

만일 기업이 배당을 증가시키면 경영자가 낭비할 수 있는 재원을 줄일 수 있다. 배당을 증가시킴으로써 경영자가 낭비할 수 있는 재원을 감소시키는 것은 주주의 입장에서는 좋은 소식이고, 따라서 배당 증가 공시일에 주가는 상승할 것이다. 같은 논리로, 만일 기업이 배당을 감소시키면 경영자가 낭비할 수 있는 재원이 늘어나게 되고, 따라서 배당 감소 공시일에 주가는 하락할 것이다.

이 가설은 대리인이론(agency theory)에 기초한 가설로서 배당의 정보효과 가설과는 이론적인 접근 방법이 상이하지만, 배당증가가 주가를 상승시키고 배당감소사 주가를 하락시킨다는 점에서 결론은 동일하다.

(3) 현재소득선호 가설

앞에서 투자자들은 자가배당을 이용하여 자신이 원하는 배당정책을 만들 수 있다고 설명하였다. 그러나 세금 및 거래비용이 존재하는 상황에서 투자자들이 자신의 구미에 맞게 스스로 적은 배당을 많은 배당으로 조정하는 것은 현실적으로 어렵다. 따라서 현재소득이 더 필요한 투자자들은 미래 소득보다 현재 배당소득을 선호할 것이다. 이런 가설을 현재소득선호 가설이라고 한다.

그리고 일부 기관투자자들은 제약조건으로 인해 많은 배당을 지급하는 주식을 선호하기도 한다. 또한 세금으로 인해 자본이득이 배당소득보다 유리하지만, 전혀 세금을 내지 않는 일부 기관투자자들에게는 배당소득이 세금 측면에서도 전혀 불리하지 않다. 따라서 면세 기관투자자들은 현재 배당소득을 선호할 수 있다.

2. 기업가치를 감소시키는 요인

(1) 발행비용

기업이 배당을 증가시키기 위하여 필요한 재원을 사채나 주식을 발행하여 조달한다면, 증권 발행비용이 기업가치를 하락시킬 수 있다. 특히 주식 발행규모가 크지 않으면 발행비용이 조달금액의 상당 부분을 차지해 무시할 수 없게 된다. 미국의 경우, 주식 발행규모가 1,000만 달러 이하인 경우 발행비용이 조달금액의 약 13%에 이르는 것으로 알려져 있다.

(2) 세금

현실적으로 배당소득에 대한 세금이 자본이득에 대한 세금보다 훨씬 많으므로, 동일한 소득인 경우 배당소득으로 받는 것이 주주 입장에서 불리하다. 주주는 배당소득에 대하여 세금을 내야 하므로 세후 기준의 배당금은 세전배당금보다 작아진다. 따라서 배당기업의 현재 적정 주가는 비배당기업의 현재 적정

주가보다 낮아져야 한다. 따라서 동일 조건하에서 배당기업의 가치는 비배당기업의 가치보다 낮아진다.

MM의 이론은 완전자본시장을 가정하는 경우에만 성립한다. 세금, 발행비용, 거래비용, 정보비대칭 등의 시장을 불완전하게 하는 요인들을 고려하면 배당지급이 기업가치를 감소시킬 수도 있고 증가시킬 수도 있다.

제4절 배당정책결정시 고려해야 할 요인

배당정책이 기업가치에 영향을 미치느냐에 관하여는 학자들간에 많은 논란이 계속되고 있음에도 불구하고, 기업경영자들은 현실적으로 배당정책이 기업가치에 중요한 영향을 미친다는 인식하에 배당실시 여부 및 배당수준결정에 신중을 기하고 있다. 기업이 실제 배당정책을 결정할 때 고려하는 요인들을 살펴보면 다음과 같다.

1. 배당의 안정화

현실적으로 기업은 이익이 급격히 변동할지라도 배당금은 이와 관계없이 안정시키려고 한다. 많은 기업들은 목표배당을 설정하여 기업의 수익성과는 독립적으로 이 목표를 달성하려고 한다. 기업이익의 일시적인 증가만으로 배당률을 변경시키지 않고 이익의 증가가 미래에도 지속될 것이라는 판단이 내려졌을 때 비로소 주당배당금을 증가시키는 것이다. 이와 같이 주당배당금을 일정하게 유지하는 배당정책을 배당의 안정화정책이라고 한다.

기업이 배당의 안정화정책을 추구하는 것은 이 정책이 주가의 상승을 가져올 것이라고 기대하기 때문인데, 명확하지는 않으나 논리적으로 다음과 같이 설명할 수 있다.

첫째, 투자가들은 안정된 배당을 하는 기업의 주식을 소유할 경우 이들은 미래에 들어오는 현금흐름을 거의 확실하게 추정할 수 있다. 따라서 배당이 불규칙한 기업의 주식과 비교하면 불확실성, 즉 위험이 작다고 할 수 있다. 따라서 투자가들은 동일한 배당금이라 할지라도 안정적인 배당정책 하의 배당보다 불안정적인 배당정책 하의 배당에 대해 더 높은 할인율을 적용하여 배당현금흐름을 평가하게 된다. 즉 안정적인 배당은 투자가들에게 보다 안정적인 수익실현을 기대할 수 있게 하고, 기업의 대외공신력을 높임으로써 주가를 상승시키게 되는 것이다.

둘째, 배당소득으로 생계를 유지하는 투자자들은 기업이 배당정책을 자주 변화시키는 것을 싫어하며 안정적인 배당을 지급하는 기업의 주식을 선호할 것이다. 물론 불안정한 배당의 경우 투자자는 보유주식을 매각하여 수입을 안정화시킬 수 있으나, 보유주식의 처분은 원금의 감소라는 심리적 압박을 가져오므로 이 보다는 안정적 배당을 선호한다.

셋째, 연금기금, 보험회사, 투자신탁 등 많은 기관투자자들은 수익성보다 미래의 현금흐름을 더욱 중요시한다.

2. 기업의 이익수준 및 법률상의 제한

배당결정에 있어 가장 중요한 요인은 기업의 순이익이 얼마나 발생하였는가 하는 것이다. 순이익이 많이 발생하면 주주들은 많은 배당을 기대하게 되므로 기업은 이러한 점을 감안하여 배당금을 결정하는 것이 보통이다. 그러나 어느 특정기간에만 순이익이 크고, 그 이전에는 기업의 운영이 부실하였다면, 당기순이익의 크기는 배당수준결정에 중요한 역할을 하지 못한다.

또한 기업의 배당정책은 기업의 자율적 결정사항이지만, 기업의 건전한 자본유지와 투자자보호를 위해 최소한의 법률적 규제가 주어지고 있는 것이 현실이다. 일반적으로 채권자들은 이익배당에 있어 주주와 대립하게 된다. 즉 주주는 많은 이익배당을 원하고 채권자들은 기업자산이 기업외부로 유출되는 것을 원하지 않는다. 이러한 갈등관계를 조정하기 위해서 상법은 두 가지 형태의 법적 규제를 하고 있다. 먼저 채권자를 보호하기 위해 자본유지정책을 선택하고 있다. 즉 기업으로 하여금 자본 및 법정준비금을 유지하도록 하고, 투자자보호와 거래질서의 유지를 위해 이익준비금 이외의 별도준비금을 적립하도록 규정함으로써 기업의 배당정책을 제한하고 있다. 한편 주주의 이익을 보호하기 위해 주주총회의 이익처분권을 인정함으로써 배당확보정책을 동시에 시행하고 있다. 결국 기업의 배당정책은 이 두 가지 법적인 규제 내에서 적절히 결정되어야 한다.

3. 기업의 유동성과 미래의 성장가능성

기업의 대차대조표상에 나타나는 배당가능이익이나 유보이익은 기업이 실제로 현금으로 보유하는 것이 아니라 영업활동을 위한 자산의 형태로 투자되어 있는 것이다. 따라서 배당은 대차대조표상의 숫자로 나타나는 배당가능이익에 의해 결정되는 것이 아니라 기업의 유동성에 의해 결정되는 경우가 많다. 그러므로 유동성이 좋지 않고 은행으로부터의 차입이 곤란한 경우에는 현금배당을 지급하지 않거나 현금배당을 축소하고 주식배당 등을 고려하여 기업의 유동성을 확보할 수 있다.

또한 기업의 빠른 속도로 성장하면 할수록 기업의 확장을 위한 자금수요는 더욱 커진다. 투자기회가 많고 미래 성장전망이 밝은 경우 기업은 가능한 한 배당을 줄이고 이익을 유보함으로써 미래의 자금수요에 대비할 수가 있다.

4. 부채의 상환의무와 사채권자의 배당제약

기업의 부채가 많고 부채의 상환기일이 임박하게 되면, 기업은 사채상환을 위해 유동성 있는 자산을 확보해 놓아야 한다. 따라서 이러한 경우에는 배당의 억제가 불가피하다.

또한 기업이 외부자금을 조달하기 위해 사채를 일반투자자들에게 매출하는 경우, 채권자들을 보호하기 위해 배당금의 지급을 제한하는 조항을 사채약정서에 명기하는 것이 일반적이다.

5. 기업의 지배권과 투자수익률

어떤 기업은 정책적으로 내부금융에 의해서만 재투자를 하는 경우가 있다. 이것은 기업의 지배권과 관련하여 발생하게 되는데, 만약 신주를 발행하여 자금을 조달할 경우에는 기존 대주주의 경영권이 약화될 우려가 있으며, 사채를 발행하여 자금을 조달할 경우에는 기존주주들의 위험이 높아지기 때문이다. 이런 경우 기업의 배당성향은 낮아질 수밖에 없을 것이다.

또한 기업의 투자수익률은 배당성향을 결정하는 중요한 기준이 될 수 있다. 주주들은 배당을 받게 되면 이 자금을 다른 곳에 투자하게 되는데, 이 때 얻게 되는 수익률과 기업의 투자수익률을 비교함으로써 배당과 유보 중 어느 쪽이 바람직한지를 판단할 수 있다. 만약 기업의 투자수익률이 높다면 주주들은 배당보다 기업 내의 유보를 원하게 되고, 그렇지 않은 경우에는 배당을 원하게 될 것이다.

6. 자본조달의 용이성과 세금

수익성이 좋고 이익이 안정되어 있는 대기업의 경우에는 외부자금의 조달이 비교적 용이하다. 그러나 중소기업이나 모험산업에 속하는 기업의 경우에는 외부자금의 조달이 상대적으로 용이하지 않으므로 가능한 한 많은 이익을 유보시켜야 한다. 따라시 대기업은 중소기업에 비해 고율의 배당을 실시하는 것이 일반적이다

그리고 세금도 고려요인이 되는데, 일반적으로 개인소득세의 구조는 누진적인 구조를 가지고 있다. 따라서 어떤 기업이 고소득자들인 몇몇 대주주들로 구성된다면 그들은 배당보다 자본이득에 관심을 가지게 되므로 배당이 적어지게 되며, 반면 주식의 소유분포가 매우 넓은 기업의 경우에는 배당이 상대적으로 많을 수 있다.

7. 주주의 성격

기존주주들이 고소득층일 경우에는 배당소득에 대하여 고율의 종합소득세를 물어야 하기 때문에 일반적으로 이익의 유보를 선호하며, 반대로 배당소득으로 생활을 영위하는 저소득층의 경우에는 배당을 선호한다.

8. 기타

이상에서 언급한 요인 이외에도 많은 요인들이 고려대상이 될 수 있다. 이익수준이 매년 안정된 기업에 있어서는 미래수익에 대한 불확실성이 낮아 이익을 많이 유보할 필요가 없기 때문에 비교적 많은 배당을 지급할 수 있게 된다.

한편, 인플레이션이 심할 때에는 주주들에게 실질소득을 보장해 주기 위하여 비교적 많은 배당을 지급하는 것이 통례이며, 기업의 기존 자본구조, 동업종의 평균 배당수준도 배당결정의 주요 고려요인이 된다.

제5절 자사주매입과 현금배당

자사주매입(stock repurchase)은 기업이 발행한 자사의 보통주를 다시 매입하여 금고주(treasury stock)의 형태로 소유하는 것을 말한다. 자사주를 매입하는 방법에는 두 가지가 있는데, 하나는 기업이 직접 매입하는 방법이고 다른 하나는 자기주식 신탁계약 등을 통하여 간접적으로 취득하는 방법이다.

자사주매입은 주가에 어떤 영향을 줄 것인가? 어떤 기업이 자사주매입을 공시하면 현재 주가가 과소평가되었다는 경영자의 판단이 간접적으로 자본시장에 전달된다. 따라서 이런 정보효과로 인해 공시일에 주가는 일반적으로 상승하게 된다. 우리나라의 경우 공시일을 전후하여 약 2−3%의 초과수익률(abnormal re−turn)을 얻는 것으로 보고되고 있다.

자사주매입은 그 효과가 근본적으로 현금배당과 동일하다. 현금배당과 자사주매입의 효과를 비교하면 다음과 같다.

구분	미치는 영향		동일효과 또는 상이효과
	현금배당	자사주매입	
발행주식수	불변	하락	상이
주가	하락	불변	상이
주당순이익	불변	상승	상이
PER	하락	하락	동일
주주에게 지급되는 금액	동일금액	동일금액	동일

제6절 주식배당과 주식분할 및 액면분할

(1) 주식배당의 의의

주식배당(stock dividend)은 현금배당 대신에 주식을 추가로 발행하여 기존 주주에게 무상으로 교부하는 것이다. 주식배당은 기업의 이익잉여금이 주식배당액만큼 자본금으로 편입되기 때문에 발행주식만 늘어날 뿐 기존주주의 지분율은 그대로 유지되어 실질적으로 주주의 부의 증가를 가져오지는 않는다. 즉, 주식배당은 무상증자의 한 형태로서, 실질적인 주금납입이 없이 주식을 추가로 발행하여 이를 기존주주들에게 지분율에 비례하여 배분하는 것이다.

(2) 주식배당의 효과

주식배당의 효과는 다음과 같다.

첫째, 배당으로 인한 현금의 사외유출을 막고 이를 사내에 묶어둠으로써 기업의 자금수요에 대처할 수 있다.

둘째, 자본의 영구화를 위한 수단이다.

셋째, 높게 형성된 주가를 하락시키기 위한 수단이다.

주식배당을 실시하면 이익잉여금과 자본금간의 계정전환만 일어날 뿐 자기자본 가치는 변하지 않는다.

(3) 주식배당의 장단점

주주의 입장에서 보면 주식배당은 당장에는 효과가 없다고 하더라도 다음과 같은 점에서 간접적인 장점이 있다.

첫째, 대부분의 기업은 배당의 안정성을 중시하는데, 주당배당금을 일정하게 유지한다면 차기의 배당은 늘어난 주식수에 비례하여 늘어나게 된다.

둘째, 주식배당은 대체로 성장속도가 빠르고 미래 성장전망이 밝은 기업이 실시하기 때문에, 주식배당 그 자체가 투자자들에게 좋은 정보로 전달된다.

셋째, 주가가 지속적으로 상승하는 기업의 주주들은 현금배당보다는 오히려 주식배당을 선호하는 경향이 있다. 왜냐하면 주식이 높은 가격으로 거래되기 때문에 무상주를 교부받아 이를 매각함으로써 얻은 자본이득이 현금배당 수입보다 크기 때문이다.

반면에 주식배당은 기업입장에서 다음과 같은 단점도 가지고 있다.

첫째, 주식배당에는 주권의 인쇄비용 등 부수되는 비용이 들게 되며 이러한 비용은 보상받을 수 없는 비용이다.

둘째, 주식배당을 통하여 당장은 배당제원의 사외유출을 방지할 수 있다 하더라도 발행주식수가 늘어나게 되어 미래의 배당이 증가함으로써 자금의 사외유출이 늘어난다.

예제 9-2

진양기업의 보통주 발행주식수는 40만주이며 자본금은 20억원(=5,000원×40만주)이다. 이 기업의 당기순이익을 포함한 이익잉여금은 10억원이며 보통주는 시장에서 주당 30,000원에 거래되고 있다. 진양기업의 경영자는 배당률 20%(액면가 기준)로 현금배당을 실시할 것인가, 아니면 주식배당을 실시할 것인가를 고려 중이다. 현금배당을 실시할 경우와 주식배당을 실시할 경우 진양기업의 자본변동과 주가변동을 비교하시오.

① 현금배당을 실시하는 경우

자본변동상황:

구분	배당지급 전	배당지급 후
자본금 이익잉여금	20억원(=40만주×5,000원) 10억원	20억원(=40만주×5,000원) 6억원
합계	30억원	26억원

배당지급총액: 5,000원×0.2×40만주=4억원

주가변동상황:

주당배당금: 4억원÷40만주=1,000원

배당락주가: 30,000원-1,000원=29,000원

② 주식배당을 실시하는 경우

자본변동상황:

구분	배당지급 전	배당지급 후
자본금 이익잉여금	20억원(=40만주×5,000원) 10억원	24억원(=48만주×5,000원) 6억원
합계	30억원	30억원

배주가변동상황:

배당 전 주가가 30,000원이며 20%의 주식배당으로 발행주식수가 20% 증가하므로 배당락주가는 다음과 같이 계산된다.

30,000원÷(1+0.2)=25,000원

이와 같이 현금배당을 할 때에는 실질적인 자기자본이 감소되는데 비하여 주식배당을 할 때에는 계정과목 간에 이체만 이루어질 뿐 자기자본 총액에는 변동이 없다. 또한 주가변동 상황을 보면 배당락 주가가 액면가 이상인 한, 주식배당을 할 때의 배당락 주가는 현금배당을 할 때의 배당락 주가보다 낮게 형성된다.

(4) 주식분할과 액면분할

주식분할(stock split)은 주식배당과 유사하다. 2대 1의 주식분할은 100%의 주식배당과 동일한 효과를 갖는다. 만일 2:1의 주식분할을 실시하면, 기존주식의 1주가 2주로 분할되므로 발행주식수는 기존의 주식수가 500만주라면 1,000만주로 증가하고 기존주가가 10,000이라면 주가는 5,000으로 하락한다.

우리나라에서는 주식분할이 액면분할의 형태로 이루어진다. 액면가가 5,000원인 주식을 500원으로 분할하면 주식수는 500만주에서 5,000만주로 증가하고 주가는 기존의 10,000원에서 1,000원으로 하락한다.

기업이 주식분할 또는 액면분할을 실시하는 이유는 주가가 너무 높아져 원할한 거래가 이루어지지 않을 때 주가를 하락시키기 위함이다. 일반적으로 주식분할 또는 액면분할을 실시하면 분할 직후의 가격이 이론적인 가격보다 높게 형성되는 것이 보통이다. 이는 주식분할 또는 액면분할이 기업의 좋은 미래 전망에 대한 정보를 자본시장에 전달하는 것으로 해석할 수 있기 때문이다.

연습문제

문제 1 MM의 배당정책 무관련이론에 대하여 설명하시오.

문제 2 배당정책 결정시 고려해야 할 요인에 대하여 설명하시오.

문제 3 우신자동차의 재무상태표는 다음과 같다. 발행주식수는 10,000주이다.

(시가기준) 재무상태표 (단위: 억원)

현금	4	자기자본	30
비유동자산	26		
총자산	30	총자본	30

(1) 우신자동차는 주당 20,000원의 현금배당을 실시할 예정이다. 내일을 배당락일이라고 했을 때, 오늘과 내일의 주가를 계산하시오.

(2) 우신자동차는 배당금 지급 대신에 6,000만원의 자사주를 매입하기로 하였다. 자사주 매입 후 발행주식수와 주가를 계산하시오. 이 결과를 (1)번과 비교하시오.

문제 4 진영기업의 자기자본 계정(장부가치 기준)이 다음과 같다. 현재 주가는 16,000원이다.

자본금(액면가 5,000원)	30억원
자본잉여금	14억원
이익잉여금	10억원
자기자본 합계	54억원

(1) 진영기업이 이익잉여금을 재원으로 30%의 주식배당을 발표하였다. 주식배당 후 주가를 추정하고 자기자본 계정이 어떻게 변하는지 보이시오.

(2) 진영기업이 배당대신 10:1의 주식분할을 한다면 주가는 얼마가 되겠는가? 또한 자기자본 계정이 어떻게 변하는지 보이시오.

문제 5 마창기업의 시가기준의 재무상태표가 다음과 같다. 발행주식수는 10,000주이다.

마창기업 재무상태표 (단위: 천원)

현금	36,000	자기자본	360,000
비유동자산	324,000		
합계	360,000	합계	360,000

(1) 마창기업은 주당 2,400원의 현금배당을 지급할 예정이며 내일이 배당락일이다. 세금효과를 무시하고 오늘과 내일의 주가를 계산하시오. 그리고 배

당이 지급된 후의 재무상태표를 작성하시오.

(2) 마창기업은 배당을 지급하는 대신에 7,200,000원 상당의 자사주를 매입한다고 발표하였다. 이 발표가 자기자본 가치에 미치는 영향은 무엇인가? 자사주매입 후의 발행 주식수와 주가는 얼마로 예상되는가?(세금효과와 정보효과를 무시할 것)

문제 6 대신기업은 1월 1일 현재 200,000주의 주식을 발행하고 있으며, 부채를 사용하지 않는 무부채기업이다. 주주요구수익률은 20%이다. 대신기업의 금년도 당기순이익은 4억원으로 예상된다. 그런데 대신기업은 금년도 말에 추가로 4억원이 투입되는 신규투자안을 검토 중이다. 대신기업은 금년도 말에 주당 2,000원의 배당을 실시할 예정이며, 금년도 말 대신기업의 예상 주가는 30,0000원이다(MM모형 이용).

(1) 대신기업의 현재주가와 기업가치는 각각 얼마인가?

(2) 대신기업이 신규투자를 위하여 발행해야 할 주식 수는 얼마인가?

4 PART

재무관리의 특수분야

CHAPTER

10 기업인수합병

제1절 M&A의 의의

M&A(Mergers and Acquisitions)는 기업의 합병, 매수를 의미한다. 기업들이 존속하기 위하여 끊임없이 내부자원들을 이용하여 원가절감, 생산시설 확충, 품질향상, 신제품, 신기술 개발 등을 하며 성장을 모색하다가 내부자원들의 이용 및 결합에 의한 성장이 순조롭지 못하거나, 어려움을 느끼게 되면 자연히 외부 경영자원들을 활용하게 되는데 이러한 외부 경영자원 활용의 한 방법이 M&A라고 할 수 있다. 이러한 M&A의 가장 중요한 목적은 시간절약이다.

기업의 합병은 두 개 이상의 기업이 결합하여 법률적으로 하나의 기업이 되는 것을 의미한다. 기업의 합병은 법률적으로는 신설합병과 흡수합병의 두 가지 방법이 있다. 신설합병이란 2개 이상의 기존 기업이 모두 해산, 소멸하고 전혀 새로운 회사가 설립되는 것을 말한다. 흡수합병은 기존의 기업 가운데 하나는 존속하고 하나의 기업은 흡수되는 경우를 말한다.

기업의 매수는 대상기업의 자산이나 주식을 취득하여 경영권을 획득하는 것을 말한다. 자산 취득에 의한 기업매수의 방법은 영업양수도에 의한다. 영업양도는 신용, 고객, 공장, 점포 등 영업용재산, 종업원 및 경영상 노하우 등 그 사업을 하는데 필요한 자산을 넘겨주는 것을 말한다. 주식취득에 의한 매수 방법에는 첫째 기발행 주식의 취득방법과 둘째 신규 발행 주식의 인수 등 두 가지 방법이 있다.

최근에는 M&A가 넓은 의미로 쓰이고 있다. 즉 법률적, 경제적으로 독립성이 소멸되고 완전한 결합의 형태를 취하는 기업합병과 법률적 독립성은 유지되나 금융적으로 결합된 형태를 취하는 기업매수와 금융적 관련을 맺는 합작관계 또는 전략적 제휴 등까지 포함시켜 M&A의 개념으로 보고 있다.

제2절 M&A의 동기

M&A의 동기는 경영전략적 동기, 영업적 동기, 재무적 동기 등으로 구분해 볼 수 있다.

경영전략적 동기를 살펴보면, 기업의 영속을 위해서는 지속적 성장과 발전이 요구되는데, 기업내부자원의 활용에 의한 성장에는 한계가 있으며, 기업외부자원의 활용을 통해 지속적인 성장을 추구할 필요가 생긴다. 또한 시장의 국제화, 제품 및 기술의 국제화 추세와 함께 개별기업 자체가 국제화되는 과정에서 M&A가 유용하게 활용되기도 한다. 연구개발에 소요되는 자금과 시간을 절약하기 위해서도 M&A가 필요하며, 저평가된 기업의 활성화를 통한 자원의 효율적 배분을 위해서도 M&A는 유용하게 이용될 수 있다.

영업적 동기를 살펴보면, 근래에 기술개발속도가 빨라지면서 산업의 라이프사이클이 짧아짐에 따라 신규투자에 의한 시장참여보다 기업매수에 의한 시장참여가 경제적인 측면이 있다. 또한 기존기업의 인수를 통해 기존 시장참가자와의 마찰을 경감시키기도 하며, 합병은 생산규모의 대형화를 통해 비용절감의 효과를 가져오기도 한다.

재무적 동기를 살펴보면, 기업인수를 통해 사업다각화를 추진함으로써 현금흐름을 보다 원활히 하고 급격한 경제환경 변화에도 적응력이 제고되어 경영위험을 피할 수도 있다. 기업인수합병은 자금조달능력의 증대에도 기여한다.

1. 효율성 이론

효율성 이론은 M&A를 통해 대상기업의 경영성과를 향상시키거나 시너지 효과를 달성함으로써 추가적인 이윤을 남길 수 있다는 것이다. 이러한 시너지 효과가 나타나는 원인을 살펴보면 다음과 같다.

차별적 효율성이론은 가장 일반적으로 받아들여지는 이론으로서 경영효율성이 높은 기업이 낮은 기업을 인수합병하고 대상기업의 효율성을 인수기업만큼 증대시킬 수 있다면 인수합병의 시너지 효과를 누릴 수 있다는 것이다. 이 이론에 따른다면 특정기업을 인수할 수 있는 가능성이 가장 높은 기업은 아마도 동종업종에 속하는 기업이 될 것이다. 경영효율성이 해당업종에서 평균 이하이거나 현재 경영진의 능력으로는 내부자원을 충분히 활용하지 못하고 있는 기업을 동종업체의 기업이 인수해서 경영성과를 향상시키는 것은 크게 어렵지 않기 때문이다. 경영자 시너지 효과는 동종기업의 인수에만 그치지 않고 현재 영위하지 않는 타업종에 신규로 진출하는 경우에도 적용된다.

비효율적인 경영이론은 인수기업과 피인수기업의 상대적인 효율성의 차이로 판단하지 않고, 특정 기업의 경영효율성을 절대평가해서 비효율적으로 경영되는 기업에 대해 M&A가 이루어진다는 것이다. 특정기업의 경영진이 너무 무능해서 누가 인수하더라도 효율성을 향상시킬 수 있는 경우 M&A가 이루어진다는 것이다. 인수기업의 측면에서는 이러한 비효율적 경영을 하는 기업을 인수해 신규업종에 진출할 수 있는 다각적 M&A를 이룰 수 있다.

영업시너지는 수평적, 수직적, 다각적 M&A 등 어떤 경우에도 발견할 수 있다. 영업시너지란 영업적인 측면에서 매출액, 매출원가 등의 개선을 통해 영업이익을 증대시키는 시너지 효과를 일컫는다.

순수 사업다각화는 기업이 성장하면서 임직원의 수가 늘고 그에 따라 인사적체 현상이 빚어지거나, 오랜 교육훈련 결과 전문적인 지식을 갖춘 직원은 많지만 그에 비해 회사의 규모가 작을 경우에는 이들을 해소하기 위해 사업다각화를 실시하게 된다.

특정 기업이 한가지 종류의 사업부문이나 업종을 영위하는 것보다 영위하는 사업 부문 또는 업종을 확대할수록 기업의 경영위험은 줄어들게 된다. 또한 장기적으로 보았을 때 기업을 둘러싼 환경변수들의 변화에 적극적으로 대응하기 위해 단순히 영업적인 측면에서만 고려하는 것이 아니라 기업 전체적인 차원에서 전략적으로 기획하고 판단하여 M&A를 시도한다. 그래서 M&A는 시간을 사는 전략이라고 한다.

2. 정보와 신호효과

정보와 신호효과이론은 특정 기업에 대해 공개매수 발표가 있을 경우 주식 시장에서는 이 발표를 공개매수 대상기업이 저평가되어 있다는 정보로서 받아들이고 대상기업의 주가는 상승하게 된다는 이론이다.

이 이론은 사전적으로 M&A가 일어나는 원인을 설명하는 것이라기보다는 M&A에 따른 주가변동을 설명하는 측면이 있다. 하지만 최근에는 바로 이러한 정보와 신호효과이론을 역으로 이용하여 기업인수를 하면서 인수대금을 상승된 주가를 이용하여 해결하는 전략에 활용되기도 한다.

이것이 간혹 주가조작으로 인정되는 경우도 있어서 준법과 위법의 구분이 때때로 애매해지기도 한다. 공개매수 발표에 따라 대상기업의 주가는 상승하고 공개매수의 성공 여부에 관계없이 주가는 상승된 수준을 유지한다. 이렇게 주가가 새로운 시세수준을 유지하는 이유는 공개매수가 대상기업 주가의 저평가에 대한 증빙으로 재평가를 받음으로써 제 가치를 실현하게 되었다는 것과 기업의 주가가 저평가되어 있으므로 대상기업의 경영진이 이를 시정하려고 경영효율성을 높이는 노력을 하게 되므로 주가가 상승한다는 것이다.

3. 대리인 문제

주식회사의 주주를 주인이라고 하면, 경영의 지배권을 갖는 경영진은 주인에게서 경영을 위임받은 대리인이라고 한다. 주인이 아니라 대리인이 기업을 경영하는 경우에는 주인이 직접 경영하는 경우보다 추가적으로 비용이 많이 든다. 경영진이 회사의 지분을 적게 보유하고 있다면, 경영진은 경영을 잘 하더라도 추가적인 이익을 별로 얻을 수 없으므로 의욕을 잃게 마련이다. 그 대신 회사 비용으로 되도록 값비싼 사무실이나 자동차, 비행기 또는 클럽 회원권 등을 구입해 개인적 용도로 사용하기도 한다. 이처럼 주인이 아닌 대리인이 경영함으로써 생겨나는 추가적인 비용을 대리인 비용이라 부른다.

대리인 비용은 주식분산이 잘 된 기업일수록 커질 가능성이 높다. 이와 같이 주인과 대리인 사이의 이해관계에 따른 갈등문제를 대리인 문제(agency problem)라고 한다.

주식시장의 기능에 따라 자율적으로 대리인 문제에 대한 감시기능이 이루어질 수 있는데 이것이 바로 M&A다. 대리인 비용이 많이 지출될수록 기업의 가치는 떨어지고 비효율적인 경영성과를 보이게 되므로 기업은 M&A의 대상이 되고 M&A를 통해 기업가치를 상승시킬 수 있다.

4. 처분가능한 현금흐름

이 이론은 기업의 처분 가능한 현금흐름이 많고 마땅한 투자대안을 찾기 어려운 경우에 현금흐름을 바탕으로 다른 기업을 인수하려고 한다는 것이다. 한편 다른 기업이 처분 가능한 현금흐름이 양호한 기업을 인수해 그 현금흐름을 사용할 목적으로 기업을 인수할 수도 있다.

5. 시장지배력

시장지배력이론은 유사업종의 다른 기업을 인수해 기업의 규모를 키우고 규모의 경제나 시너지 효과를 통해 시장점유율을 높일 목적으로 M&A가 행해지는 경우이다. 시장점유율을 높이게 되면 결국 시장지배력이 높아진다.

6. 세금절약

매수자 입장에서는 피매수기업의 이월결손금으로 인한 조세혜택을 누릴 수 있으며 매도기업의 대주주 입장에서는 M&A를 통해 보유주식을 매각함으로써 상대적으로 적은 양도소득세를 부담하고 보유주식을 현금화하는 것이기 때문에 상속세, 증여세를 부담하는 것보다는 유리하다고 할 수 있다.

기업은 세금을 절약하기 위해 역합병을 통해 기업의 당기순이익을 줄이는 등의 노력을 하기도 한다.

7. 생산요소의 불균형

일반적으로 경제에서 모든 인적, 물적 자원은 이동이 자유로운 것으로 가정한다. 그러나 현실적으로 이러한 자원의 이동이 자유롭지 않을 때 M&A가 일어날 수 있다. 대표적인 것으로 노동시장을 들 수 있는데, 노동시장은 대체로 경직적이어서 자유로이 이동을 하지 못하는 경우가 대부분이다.

특히 우리나라의 경우에는 그 동안 업종에 따른 진입장벽 등으로 인해 노동시장이 왜곡되어 있는 경우도 있다. 이처럼 신규 사업에 진출하고자 할 때 적절한 노동인력을 구하기 힘들 경우에는 다른 기업을 인수하기도 한다. 노동력 뿐만 아니라 오랜 세월 동안 구축되어온 특정 기업의 노하우나 조직구조를 목적으로 인수하기도 한다.

제3절 M&A의 시너지효과

M&A의 시니지효과(synergy effect)는 두 기업이 합쳐져 하나의 기업이 되는 경우 합병 후의 기업가치가 합병 전 개별기업 가치의 합보다 커지는 상승효과를 말한다. 간단히 설명하면 M&A의 시너지효과는 1+1=2가 아니라 1+1=3이 되는 효과를 말한다. 이를 기업가치와 연결하여 표현하면 다음과 같다.

$$V_{A+B} > V_A + V_B \tag{10-1}$$

여기서 V_{A+B}는 합병기업의 가치이고, V_A와 V_B는 각각 합병 전 A기업과 B기업의 가치이다. 따라서 M&A로 인한 가치증분 즉, 시너지효과는 다음과 같다.

$$\Delta V = V_{A+B} - (V_A + V_B) \tag{10-2}$$

가치란 현금흐름의 현재가치이므로 M&A로 인한 가치증분을 다음과 같이 M&A로 인해 발생하는 추가적인 현금흐름(ΔCF)의 현재가치로 이해할 수 있다.

$$\Delta V = \sum \frac{\Delta CF}{(1+r)^t} \tag{10-3}$$

그런데 현금흐름의 증분은 합병기업의 현금흐름에서 개별기업 현금흐름의 합을 차감한 금액이다.

$$\Delta CF = (CF_{A+B})_t - [(CF_A)_t + (CF_B)_t] \tag{10-4}$$

여기서 할인율 r은 합병으로 인해 발생하는 추가적인 현금흐름의 위험을 반영하는 요구수익률이어야 하므로, 합병기업의 자본비용보다는 피합병기업의 자본비용이 보다 적절하다.

제4절 시너지효과의 원천

합병으로 인해 발생하는 추가적인 현금흐름에 영향을 미칠 수 있는 요인으로 수익 증가, 비용 감소, 세금 감소, 필요자본 감소, 비효율적인 경영진 제거 등을 들 수 있다. 이 요인들을 좀 더 설명하면 다음과 같다.

(1) 수익 증가

수익 증가 또는 매출 신장을 야기하는 요인으로 마케팅 측면에서의 이점, 전략적 및 기술적 측면에서의 이점, 시장독점력 강화 측면에서의 이점 등을 들 수 있다. 마케팅 측면에서의 이점은 판매망을 보완하고, 제품믹스(product mix)의 균형화와 내실화를 기할 수 있고, 광고활동을 보다 효율적으로 운영하는 데서 오는 이점을 말한다.

(2) 비용 감소

기업은 합병을 통해 영업의 효율성을 증가시켜 비용을 감소시킬 수 있다. 비용 감소는 수평적 결합 시 기대되는 규모의 경제 효과, 수직적 결합 시 기대되는 영업활동의 연계성 향상 외에도 비능률적인 경영진의 교체, 자원의 효율적인 활용 등을 통하여 이루어진다. 기업은 수평적 결합을 통하여 중복되는 시설 및 인원을 줄일 수 있으며, 최적 생산규모에 쉽게 접근할 수 있다. 또한 기업은 수직적 결합을 통하여 밀접하게 연관되어 있는 영업활동을 통합함으로써 비용을 줄일 수 있다.

(3) 세금 감소

세금을 많이 부담하고 있는 기업은 적자회사를 인수하여 세제상의 혜택을 누릴 수 있다. 그리고 우량기업이 적자기업을 합병하면 적자기업은 독립적으로 존속할 때보다 파산가능성이 감소한다. 또한 잉여자금이 많으나 투자기회가 고갈된 기업이 현금을 주주에게 돌려줌으로써 발생하는 세금을 절약하기 위하여 다른 기업을 합병할 수도 있다.

(4) 필요자본 감소

기업은 지속적으로 일정 수준의 비유동자산과 운전자본에 투자해야 하는데, 두 기업이 합병하면 투자에 필요한 자본을 감소시킬 수 있다. 예를 들어, 생산능력을 확장하려는 기업이 공장을 새로 짓는 것보다 잉여생산능력을 가지고 있는 다른 기업을 인수하는 것이 필요자본을 줄일 수 있어 경제적일 수 있다.

(5) 비효율적인 경영진 제거

기업은 합병을 통하여 비능률적인 경영진을 제거할 수 있는데, 이는 주주가치 극대화를 추구하지 않는 이기적인 경영진을 교체함으로써 수익성을 증가시키고 비용을 감소시키는데 기여한다.

제5절 M&A의 종류

1. 전략적 의도에 따른 분류

(1) 공 생

공생(symbiosis)은 결합한 두 기업이 효율적인 부분만을 공유하고 나머지 조직에 대해서는 기존의 형태를 유지하는 것이다.

(2) 흡 수

흡수(absorption)는 시장에서 경쟁력 있는 기업이 약한 기업을 일방적으로 인수할 경우에 나타나는 유형으로서 피인수기업의 경영권과 인적, 물적 재산이 인수기업에 포괄적으로 승계된다.

(3) 보 존

보존(preservation)은 M&A가 성립되기 전 개별 기업이 M&A가 이루어진 후에도 두 기업의 조직의 형태를 변함없이 유지시키는 형태를 말한다.

2. 사업의 상호연관성에 따른 분류

(1) 혼합형

혼합형(conglomerate)은 생산이나 판매 면에서 서로 관계가 없는 기업끼리의 결합이다. 이 유형은 주로 사업 다각화나 인재 확보 또는 자금 조달의 강화나 관리 비용의 절감 등을 목적으로 할 때 나타나는 유형이다.

(2) 수직형

수직형(vertical)은 한 기업의 생산과정이나 판매 경로상에서 이전 또는 이후의 단계에 있는 기업을 인수하는 것으로 주로 반제품 등의 재료원 확보나 일관된 생산체제 또는 종합화 등을 목적으로 할 때 나타난다.

(3) 수평형

수평형(horizontal)은 같은 산업에서 생산활동 단계가 비슷한 기업간에 이루어지는 경우를 말한다. 주로 시장 점유율을 높이거나 판매력 강화 또는 생산 및 판매를 일원화하기 위해 한다.

3. 접근방식과 관련된 전략에 따른 분류

(1) 공격적

공격적(offensive) 유형은 규제의 변화나 경쟁 구조의 변화 등에 따른 외부적인 변화 또는 시너지 효과 등을 기대할 때 일어난다.

(2) 방어적

방어적(defensive) 형태는 경쟁관계에 있는 기업이 시장 선점을 노리고 기업인수합병을 추진할 때 이를 막기 위해 자신도 M&A를 시도하는 유형이다.

(3) 방관자적

방관자적 유형은 시장에서 소극적인 위치를 취하며 M&A에 대해 확실한 비전을 가진 기업에 인수되기를 기다리는 기업이 인수되는 경우다.

제6절 M&A기법

1. 기업합병

우리나라의 M&A는 기업인수와 기업합병이 전혀 별개의 사건으로 진행되는 반면에, 미국의 M&A는 기업인수와 기업합병이 동시에 진행된다는 점이 우리와 구별되는 가장 큰 특징이다. 미국의 M&A는 대부분 기업합병을 전제로 대상기업을 인수하는 절차를 따른다. 예를 들면 합병 대상기업 사이에 먼저 합병계약서를 체결한 다음 인수기업이 현금 공개매수나 주식교환 공개매수 혹은 혼합 공개매수를 통해 대상기업의 주식을 전부 취득한 이후 약식합병을 통해 합병한다. 이러한 절차는 기업합병과 기업인수가 구분되지 않고 동시에 진행된다.

(1) 신설합병

신설합병(consolidations)이란 두 개의 기업이 합병하면서 두 기업의 상호 및 법인격 자체가 완전히 소멸되고 새로운 기업으로 설립되는 것이다. 물론 소멸기업인 두 기업의 자산, 부채, 자본이 합쳐져서 신설기업인 기업의 자산, 부채, 자본을 구성하게 된다.

(2) 흡수합병

흡수합병(mergers)은 합병기업의 상호와 법인격이 남고 피합병기업은 사라지게 된다. 피합병기업의 자산, 부채, 자본은 합병기업으로 이전되는 것을 말한다.

2. 기업인수

(1) 주식인수

주식인수란 우리나라에서 가장 일반적으로 일어나고 있는 M&A로서 인수기업이나 그 지배주주가 대상기업의 지배주주로부터 직거래를 통해 취득하거나, 불특정 다수의 주주로부터 공개매수 방법을 통해 대상기업의 주식을 취득해 기업을 지배하는 방법이다. 주식인수는 피인수기업이 인수 후에도 인수기업과 독립적인 법인으로 존재하면서, 단지 모자회사나 관계회사와 같은 지배 및 피지배기업의 관계를 맺게 된다. 이러한 방식은 향후 소수주주권이 강화되면서 문제를 일으킬 가능성이 크다. 주식인수는 매도자와 매수자측의 자유로운 계약에 따라 이루어지는 것으로 개인의 사적 재산 처분으로 본다.

(2) 자산인수

자산인수란 인수기업과 피인수기업의 경영진 간에 영업권 양도양수계약을 체결해 피인수기업의 주식이 아니라 유형자산을 포함한 영업권을 양수 양도함으로써 피인수기업의 주요한 자산 전부 또는 일부에 대해 지배권을 인수하는 방법이다.

① 영업권 전부 양수·양도

영업권 양도자의 처지에서 양도하는 자산이 현재 영위하고 있는 사업부문 전체인 경우를 영업권의 전부 양도라고 한다. 영업권 양수·양도에서는 영업양수인이 양도인의 상호를 계속 사용하거나 양수·양도계약서에서 양도인의 부채를 부담하기고 하는 내용을 포함하는 경우에는 그 내용에 따라 영업양수인이 영업양도인의 의무를 부담하게 된다. 국내 M&A에서 커다란 문제로 대두되는 것이 대상기업의 장부에 나타나지 않는 부채, 즉 부외부채 또는 우발부채이다. 이로 인해 주식인수나 합병을 할 경우에는 권리 의무가 승계되므로 인수의 걸림돌이 되는 경우 대안으로서 유사한 효과를 갖는 영업권양수·양도계약을 통해 인수하는 경우가 많다. 영업권을 전부 양도한 양도인은 양도대금으로 받은 현금으로 기업을 청산해 주주에게 청산배당금을 지급하고 소멸되거나, 현금을 기초로 투자회사로 변모해 새로운 사업에 진출하기도 한다. 영업권 전부 양수·양도의 경우에 영업양수인과 영업양도인의 주주는 주식매수청구권을 보유한다.

② 영업권 일부 양수 · 양도

영업권 일부 양수·양도는 전부 양수·양도와 달리 영업양도인의 주요 사업부문 가운데 일부를 양도하는 것이다. 전부 또는 일부 양수·양도를 구분하는 것은 영업양도자가 양도하기로 한 사업부문 이외에 다른 사업부문을 갖고 있느냐의 여부에 따른다.

3. 내용에 따른 분류

(1) 적대적 방식과 우호적 방식

다른 기업을 인수하려는 기업은 인수 대상기업에 대한 기초 조사나 대상기업의 가치평가 등 사전작업을 모두 마친 후 대상기업의 이사진에게 인수의향과 인수조건 등에 관한 의사를 밝힌다. 그러면 대상기업의 이사진은 이사회를 열어 인수조건 등을 검토한 후 인수의사에 대한 수용 여부를 결정하고, 그 결과를 인수기업에 통고하고 주주들에게 결과를 권고한다. 대상기업의 이사진이 수용해 이루어지는 M&A를 우호적 M&A라 한다.

반면 대상기업의 이사진이 인수제의를 거부하고 방어행위에 돌입하는 경우 인수기업은 사전에 수립된 인수전략에 따라 역시 인수작업에 착수하는데, 이를 비우호적 또는 적대적 M&A라 한다.

(2) 수평적, 수직적, 다각적 방식

경제의 다단계 구조 속에서 어느 한 단계에 속하는 기업이 역시 같은 단계에 속하는 다른 기업을 M&A하는 경우 이를 수평적 M&A라고 한다. 이는 기업결합 형태에서 기업연합(카르텔)과 유사한 것으로 경쟁관계에 있는 기업을 인수함으로써 주로 시장지배력 또는 시장점유율을 확대하기 위해 이루어진다. 수평적 M&A는 두 회사가 인수나 합병을 계약하고 주주총회의 승인을 받더라도 공정거래위원회에서 승인하지 않으면 성사되지 않는다.

같은 업종에 속하지만 다른 단계에 속하는 기업을 M&A하는 것을 수직적 M&A라고 한다. 수직적 M&A는 직접적인 시장점유율 확대 효과는 없지만 원재료의 안정적인 수급을 통한 간접적인 시장지배력의 확대 내지 경영전략상의 안정성을 목적으로 많이 이루어진다.

다각적 M&A는 같은 산업에 속하지 않는 전혀 다른 업종의 회사를 M&A하는 경우를 말한다. 다각적 M&A는 최근에 번지고 있는 사업다각화로 말할 수 있다.

(3) 전략적 방식과 금융적 방식

기업은 다양한 목적과 동기로 기업인수와 기업합병을 실시하게 된다. 다양한 동기 가운데 기업의 영속적인 발전과 성장을 위해 기업의 영업적인 측면의 경쟁력 확보를 통해 기업가치를 증대시키고자 하는 M&A를 전략적 M&A라 한다.

반면 기업의 가치를 극대화시키는 방안으로서 영업적인 측면뿐 아니라 재무적인 측면에서도 재무 시너지 효과를 이용한 기업가치의 극대화를 위한, 재무적인 측면에서의 목적으로 행하는 M&A를 금융적 M&A라 한다.

(4) 인수대금 지급방식

첫째, 현금교환방식이 있는데, 주식을 양도하는 대가로 대상기업의 주주에게 현금을 지급하는 것으로, 우리나라에서 일반적으로 이루어지는 방법이다. 둘째, 주식교환방식은 외국의 흡수합병에서 많이 이루어지는데 대상기업 주주에게 합병기업의 주식으로 교환해 지급하는 방식이다. 셋째는 약간 특이한 경우에 발생하는 것으로 대상기업의 주주에게 현금이나 주식이 아니라 합병기업의 회사채(주로 후순위사채)를 지급하는 방식이다. 이것은 매도자로서는 주식보다 안전한 채권으로 받게 되고, 인수기업은 인수자금을 조달할 수 있으므로 특수한 경우에 사용된다. 이처럼 매도자가 채무증서교환 방식으로 인수기업에게 일시적인 인수자금을 융통해주는 방식을 매도자금융이라 한다. 마지막으로 혼합교환방식은 이상의 여러 지급방법을 혼합해 지급하는 방식이다.

(5) 영역에 따른 구분

오늘날 기업간의 거래는 글로벌화 되어 국경이 사라지고 있으며, 글로벌 경쟁체제가 이루어짐에 따라 M&A가 이루어지는 영역도 세계화되어가고 있다. 이론적으로 M&A를 하게 될 경우에는 영역에 대한 구분이 특별한 의미가 없지만 실무적으로 M&A를 다룰 때는 반드시 구분해 수행해야 한다. 인수기업과 대상기업이 모두 국내 기업이 되는 경우를 인인(In－In)형이라 하고, 국내기업이 인수기업이 되어 해외기업을 인수하는 것을 아웃인(In－Out)형, 외국기업이 국내기업을 인수하는 것을 아웃인(Out－In)형, 외국기업간에 일어나는 경우를 아웃아웃(Out－Out)형이라고 구분한다.

(6) 역합병

흡수합병의 경우 본래 인수기업이 존속기업으로 남고 대상기업이 소멸기업으로 합병되는 경우가 대부분이다. 그런데 간혹 특이하게 실질적인 인수기업이 소멸하고 피인수기업을 존속기업으로 하는 합병이 있는데 이를 두고 역합병(reverse merger)이라 한다.

(7) 약식합병

기본적으로 합병을 하고자 할 경우 합병기업과 피합병기업은 각각 별도로 이사회의 결의와 주주총회의 특별결의 절차를 거쳐 승인을 받아야 한다. 그러나 합병기업이 피합병기업의 주식 대부분을 보유하고 있을 경우 피합병기업은 주주총회가 필요없이 이사회 결의만으로 합병할 수 있으며 이를 약식합병(short form merger : SFM)이라 한다.

4. 기업재구축

1980년대의 M&A시장은 자본시장의 불균형을 이용해 자본차익을 얻으려는 금융적 동기에서 많이 이루어졌다.

그러나 1990년대 특히 1996년 이후의 M&A시장은 WTO의 출범과 함께 전세계의 개방화 물결 속에서 무한경쟁의 소용돌이를 헤쳐나가기 위한 기업의 경쟁력 향상이라는 목적을 향해 이루어진다는 점을 특징으로 들 수 있다. 우리나라에서는 기업의 인수나 합병이 주로 이루어지고 있으며, 군살을 빼고 기업경쟁력 강화를 위한 기업분할이나 자본재구축 등 본격적인 기업재구축은 거의 일어나지 않고 있다.

기업재구축(restructuring)이란 기업의 경쟁력 확보를 위해 기업구조를 변경시키는 일련의 모든 행위를 총칭해 부르는 말이다. 즉 기업재구축은 자본효율성을 높이고 기업경쟁력을 확보하기 위해 추진되는 것이다.

(1) 기업확대

① 공개매수

인수기업이 특정기업의 주식을 대량으로 매입하고자 할 때 매수대상 주식의 거래량이 부족해 거래소 시장에서 충분한 물량을 확보하기가 곤란하거나 거래소시장을 통할 경우 목표한 물량을 확보하는데 장기간의 시간이 소요된다. 뿐만 아니라 대량주식 보유신고 및 대량주식 변동신고 등으로 인해 특정인의 특정주식 매집 사실이 장내에 알려지게 되면 주가의 급등을 야기하게 된다. 그 결과 매수비용을 상승시키고 매도물량도 환수하는 사태가 벌어질 가능성이 있기 때문에 주식매수가 쉽지 않다. 이와 같이 어려운 점을 해소하면서 단기간에 목표물량을 확보하기 위해 선택하는 것이 공개매수다.

공개매수(tender offers, takeover bids : TOB)란 인수기업이 대상기업의 불특정다수의 주주를 상대로 보유한 유가증권을 거래소시장, 즉 장내시장이 아닌 장외시장에서 특정기간 동안 특정가격으로 인수기업에 매도하라고 권유하는 것을 말한다. 따라서 공개매수는 단기간을 요하는 M&A속성상 적합한 인수방안이다.

② 합작투자

합작투자(joint ventures)는 둘 이상의 회사가 공동으로 자본을 출자하고 신규로 기업을 설립함으로써 경영 위험과 역할을 분담해 공동의 목표를 향해 나아가는 경영전략이다. 그런데 합작투자에 관한 실증분석에 따르면 전세계적으로 공동경영의 합작투자가 유지되는 기한은 보통 4－5년 정도라고 한다. 따라서 합작투자를 하게 될 경우에는 미래의 결별에 대비해 합작계약을 유리하게 체결할 수 있도록 계약서를 엄격히 작성해야 한다.

(2) 기업분할

최근 기업을 둘러싸고 있는 환경이 급속히 변화하면서 대규모 기업이 관료적인 조직체제로는 경쟁력을 확보하고 성장해 나가는데 한계에 이르게 되었다. 그리하여 대규모 기업은 복잡하고 다양해지는 시장의 욕구변화에 좀더 신속하고 적절히 대응하기 위해 대규모의 기업을 분할하는 전략을 채택함으로써 기업의 주변환경에 능동적이고 기동성 있게 대처하려고 하고 있다. 기업분할은 하나의 기업이 둘 이상으로 분리되거나 일부 주요한 사업부문을 다른 기업에 매각해 기업의 규모를 축소하고, 이를 통해 영위업종에 집중해 특화함으로써 기업경쟁력을 강화시키려는 기업의 경쟁전략이다. 기업분할은 탈합병 또는 분사화(demergers)라고도 한다.

① 분리설립

분리설립(spin－offs)이란 하나의 기업이 둘 이상의 여러 사업부문으로 나뉘어 영위되고 있는 경우 특정 사업부문을 분할해 별도의 회사로 신설, 분리하여 둘 이상의 기업이 되는 것을 말한다. 이때 신설회사의 자본금, 즉 주식은 보유한 주식 수에 비례해 모기업의 주주에게 지급된다. 그리고 분리전의 기존 기업이 상장기업인 경우에는 분리설립 결과 설립된 회사의 주식도 보통 상장되어 거래된다.

우리나라의 경우에는 분리설립이 이루어진다 하더라도, 단지 모회사와 자회사로 되어 모·자회사의 관계를 맺는 경우가 대부분이다. 예를 들면 모회사의 사업부문을 따로 분리해 신설회사를 만들고, 그 신설회사의 주식은 모두 모회사로 귀속된다. 물론 이때에도 현금유입은 없고 주주의 처지에서도 모회사의 주식을 그대로 보유하므로 분리 시점에서는 원칙적으로 주식의 가치변동이 없다. 그러나 이러한 방식의 분리설립이 미국식의 분리설립과 다른 점은 신설회사는 모회사의 지배종속관계를 유지함으로써 분리에 따른 효율성을 높이는데 한계가 있다는 점이다.

② 매각처분

매각처분(divestitures)은 기업의 경영전략상 불필요하다고 판단되는 사업부문이나 자산 또는 생산라인뿐만 아니라 자회사를 제3자에게 매각하는 것이다. 이것은 분리설립이나 분리독립과는 달리 자산 등을 다른 기업에 매각하는 것이므로 매각대금의 현금유입이 있다. 사업부문을 이전하는 경우에는 보통 유형자산만 넘겨주는 것이 아니라 그에 딸린 유통망 등 무형자산을 포함한 영업권을 양도하게 되므로 사업부문 매각은 영업권 양도에 속한다. 영업권의 양도는 주주에게 매우 중요한 권리인 주식매수청구권을 부여하게 된다.

(3) 기업지배권

기업지배권은 해당기업의 재무, 인사, 마케팅, 생산 등 경영의 전부문에 걸쳐 중요한 의사결정을 할 수 있는 권한이다.

① 프리미엄부 환매

그린메일러가 특정 기업을 대상으로 그린메일을 할 때 대상기업의 경영진이 그린메일에 응해 프리미엄을 얹어 재매입하는 것을 프리미엄부 환매(premium buy-backs)라고 한다. 그린메일러는 주가가 저평가되어 있는 기업에 대해 선택적으로 그린메일을 하게 된다. 그래서 외국에서는 그린메일 대상이 된 회사의 경영진은 대상이 된 것만으로도 매우 수치스럽게 생각한다. 왜냐하면 그린메일을 당한다는 사실은 경영진의 무능으로 인해 기업의 실제가치만큼 주가를 상승시키지 못하고 있는 것으로 판단하기 때문이다.

국내에서는 자기주식 매입은 반드시 거래소시장을 통해 매입해야 한다. 그런데 그린메일러에 대한 자기주식 매입은 장외거래가 되므로 해당회사에서 직접 매수하기는 어렵다. 그 대신 지배주주 또는 특별관계자가 매입해 주어야 한다.

② 불가침협정

그린메일이 들어왔을 때 경영진은 이에 대응해 다각적인 대책을 모색해보고 별다른 대책이 없는 경우에는 자기주식을 프리미엄부 환매하게 된다. 그런데 그린메일러는 일단 약자로 비치는 경영진에 대해서는 다음에도 계속 동일한 방법으로 그린메일을 시도할 우려가 있다. 또한 그린메일을 수용했다는 소식이 주식시장에 알려질 경우에는 다른 그린메일러가 향후에도 시도할 가능성이 높아진다. 따라서 그린메일러의 주식을 매입해주는 조건으로, 향후 몇 년간은 자사의 주식을 매입하지 않으며 비밀엄수를 약정하는 것이 일반적인데 이를 불가침협정(standstill agreement)이라 한다.

적대적 기업인수 대상 가능성에 많이 노출되어 있는 기업의 경영진은 적대적 인수시도를 사전에 예방하기 위해 평소 당해 회사와 우호적인 제3자에게 양호한 조건의 유가증권을 발행하고 장기간 보유하게 함으로써 안정주주를 확보한다. 이때 양호한 조건의 유가증권을 발행하면서 제3자와 당해 회사 간에 향후 관계가 악화되는 등 만일의 경우를 대비해, 향후 기업을 상대로 적대적 인수를 시도하지 않을 것을 약정하거나 적대적 인수자에게 협력하지 않을 것을 약정하는 경우가 흔히 있는데, 이런 경우에도 불가침협정이라 한다.

③ 인수방지 성관개정

인수방지 정관개정(antitakeover amendments)은 경영진이 적대적인 M&A의 가능성을 사전에 대비할 목적으로 적대적 인수시도가 어렵도록 회사의 정관 조항을 변경하는 모든 행위를 총칭해 일컫는다. 이것은 상어격퇴법(shark re-pellents)라고도 하며 미국에서는 확대되고 있는 방어전략이다.

정관은 주주총회에서 특별결의를 통해 개정할 수 있다. 그런데 이러한 인수방지 정관개정은 그 내용에 따라 경영진의 입지를 강화시켜주는 결과를 가져오므로 주주와 경영진 사이에 미묘한 문제를 내포하고 있다. 인수방지 정관개정은 그 내용에 따라 적대적 M&A시도를 어렵게 하기 때문에 주가에는 대체로 부정적인 영향을 미치는 것으로 조사되고 있다. 인수방지 정관개정 주주총회에서 은행이나 보험회사 등의 기관투자가는 현 경영진에 우호적인데 반해, 투자신탁이나 기타 연기금회사는 매우 부정적인 자세를 취하는 것이 일반적이다. 인수방지 정관개정의 구체적인 방법으로는 초대다수의결조항, 공정가격 조항 등 여러 가지가 있다.

④ 위임장경쟁

의결권이 있는 주식을 보유한 주주는 주주총회에 참석해 상정안건에 대한 투표에 참가할 수 있는 의결권을 갖는데, 우리나라 상법에서는 1주 1의결권주의다. 그런데 대부분의 소주주주는 주식을 투자해 배당이나 자본차익을 남기는데 주된 관심이 있을 뿐 주주총회에는 거의 참석하지 않는다. 그러므로 현재의 경영진이나 내부주주에 대해 불만을 품은 외부주주가 자신이 보유한 주식 지분율로는 주주총회에 참석해 특정 안건을 자신에게 유리하게 처리하기가 어렵다고 판단될 경우에는 불특정 다수의 다른 주주를 상대로 자신에게 의결권을 위임할 것을 권유한다. 이를 위임장 권유(proxy solicitation)라고 하는데 누구라도 위임장 권유를 할 수 있으며, 위임장을 권유하는 주주는 반드시 증권거래법에 규정된 절차에 따라야 한다. 그 결과 불만을 품은 주주는 소수주주로부터 위임받은 의결권을 갖고 주주총회에 참석해 자신에게 유리한 방향으로 의결권을 행사하게 된다.

(4) 자본재편성

적대적인 M&A의 대상이 되는 기업은 기본적으로 현재 기업이 소유한 내부자원으로 달성할 수 있는 기업 내재가치를 채 실현하지 못하고 주가가 저평가되는 경우가 대부분이다. 자본재편성(recapitalization)은 가중평균 자본비용을 최소화해 기업가치를 최대화하기 위한 자본구조의 재편성을 의미한다. 자본재편성은 기업가치를 최대화함으로써 사전에 적대적 M&A를 방어할 수 있으므로 주로 M&A 방어전략 가운데 재무적 방법의 기초를 이루고 있다.

① 교환제의

교환제의(exchange offers)는 기업 자본구조의 최적화를 위해 기업의 경영진이 자발적으로 기존의 자본구조를 변화시킴으로써 재무구조의 건전화를 도모하기 위해 기업이 이미 발행한 다양한 유가증권을 다른 종류의 유가증권으로 교환할 것을 제의하는 것이다. 예를 들어 회사채가 과다하게 발행되어 타인자본의 비용(지급이자)이 증가할 때 경영진이 사채권자에게 회사채를 주식으로 교환할 것을 제의한다든지, 주식이 과다하게 발행되어 배당압박이 심한 경우에는 반대로 좋은 조건의 회사채로 교환할 것을 제의하는 것이다.

② 자기주식매입

자기주식매입(share repuschases)은 발행회사가 자기주식을 매입해 실질적으로 자기자본을 축소시킴으로써 부채와 자본 간의 자본구조를 변화시키는 것이다. 내부잉여금을 과다유보하는 기업은 적대적 M&A의 대상이 될 수 있으므로 이를 해소하기 위해 재무정책의 측면에서 자기주식 매입이 이루어진다.

③ 사기업화

비상장기업이 거래소에 상장되는 것을 상장기업화라고 한다면 이에 반대되는 개념으로 상장기업이 비상장기업으로 상장폐지하는 것을 사기업화라고 한다. 그런데 사기업화는 상장유지 요건 미달로 인해 상장폐지 당하는 게 아니라 특정 목적을 위해 스스로 상장을 폐지하는 것이다.

5. 차입매수

차입매수(leveraged buy-out : LBO)란 일반적으로 일련의 투자가가 다른 기업을 인수할 때 대상기업의 전체 주식이나 전체 자산 매입에 소요되는 자금의 대부분을 외부로부터 타인자본(부채)으로 차입해 인수하는 것이다. 차입매수는 주로 LBO전문회사나 투자은행의 주도로 행해지는데, 차입매수에는 대상회사의 최고경영진이 참여하는 우호적인 차입매수가 많다.

외부투자가가 아니라 해당기업의 경영진이 주도적으로 자금을 출자해 대상기업을 차입매수하는 경우 이를 경영자 차입매수(MBO)라 한다. 직원이 공동으로 자금을 출자해 인수하는 경우를 종업원 차입매수(EBO)라 한다.

6. 지분스와프

M&A방법의 하나로서 기업이 서로의 보유주식을 맞교환하는 것을 말한다. 지분스와프는 현금이 없이도 기업인수합병이 가능하기 때문에 외국에서는 이미 보편화된 방법이다.

미국과 유럽에서는 합병을 계기로 주가가 큰 폭으로 오를 경우 예상외의 수익을 얻을 수 있고 합병을 주도하는 기업은 막대한 현금을 동원할 필요가 없어 지분스와프가 대세로 자리잡고 있다.

제7절 M&A방어전략

1. 예방적 방어행위

현재는 적대적 M&A의 징후가 나타나지 않았지만 장래 발생 가능한 공개매수 등 적대적 M&A에 대비해 회사가 사전에 그 가능성을 차단하거나 감소시킬 목적으로 예방적으로 취하는 방어행위를 예방적 방어행위라고 한다.

(1) 경영성과의 개선

방어행위의 기본은 주식의 제값 찾기에서 시작한다. 이것은 기업이 인수대상으로서 매력이 없을 경우에는 아무리 회사의 내용이 좋더라도 인수가능성이 낮아지기 때문이다. 우리나라에서는 부동산의 실제가격과 장부가격상의 차이가 지나치게 달리 표시되고 있기 때문에 적대적 기업인수의 좋은 대상이 된다. 또 유동자산이 과잉인 기업은 이를 개선함으로써 인수에 대한 매력을 줄여야 한다.

(2) 주식 감시

주식 감시(shark watcher)란 기업이 평소 주식시장에서 자사주식이 거래되는 양태를 감시함으로써 사전에 적대적인 공개매수 가능성을 확인하는 것이다. 즉 자사주식을 보유한 주주의 지분변동사항이나 비정상적인 매매행위 발생 등을 감시하고 확인함으로써 실제로 공개매수가 들어올 경우에 대비해 사전에 정보를 확보해 두는 것이다.

(3) 기업설명회

기업의 주가가 내재가치에 비해 저평가되는 원인은 여러 가지가 있을 수 있다. 기업의 사업내용이나 성장전망에 대해 외부 투자가가 잘 모르거나 잘못된 견해를 갖고 있어 그 대상기업의 주가가 장기적으로 저평가됨으로써 이른바 소외주가 되는 경우도 흔하다. 대상기업이 기업의 내용이나 전망 등에 대해 적극적으로 외부투자가에게 알림으로써 관심을 유발할 필요가 있다. 이런 목적으로 IR(investor's relationship)이 행해진다. 외부투자가가 투자 대상기업을 잘 이해하고 대상기업의 전망에 대해 확신을 갖고 주식을 장기보유하도록 유도함으로써,

대상기업이 장기적인 안정주주 확보를 목적으로 실시하는 자기 회사에 대한 투자홍보를 말한다. 관계투자는 대상기업에 대한 외부투자가의 주식투자를 유발함으로써 직접적으로 주가를 상승시킨다.

(4) 회계관리기법의 변경

일반적으로 인정된 회계원칙에 따라 기업은 보수주의의 회계원칙을 채택하는 것이 일반적이다. 예를 들어 수익은 현금주의에 입각해 현금이 실제 유입되는 경우 수익으로 계상하되, 비용은 현금이 유출되지 않더라도 비용으로 인식하는 발생주의에 따른다. 결국 보수주의의 회계는 일반적으로 재무제표의 내용을 어느 정도 악화시키더라도 보수적인 관점에서 회계를 처리하는 것이 바람직하다. 이러한 회계처리 방법을 바꾸어 기업의 가치를 재무제표상에 제대로 표시해 주가를 상승시키는 것이다.

(5) 계약적 장애의 창설

기업이 금융기관으로부터 부채를 조달할 경우 금융기관은 대상기업에 대해 재무적 제한조항을 삽입하는 경우가 많다. 그런데 기업의 경영진이 대출조건으로 자신의 기업이 비우호적인 제3의 적대적 인수자에게 인수되거나 특정 조건에 놓일 경우 즉시 원리금을 상환하기로 한다든지 금융기관에 유리한 조건을 부여하는 조항을 삽입하는데, 이를 계약적 장애의 창설이라 한다. 계약적 장애 가운데 대표적으로 포이즌 풋(poison puts)을 들 수 있다. 일반적으로 특정 기업에 대해 차입매수가 일어나면 피인수기업의 부채비율은 매우 높아지고 그에 따라 파산 가능성도 커지게 된다. 따라서 기업이 사채를 발행하면서 만일 자신의 기업이 적대적으로 인수되거나 경영진에 비우호적인 제3자가 특정지분율(예를 들어 20~30%)을 초과 보유할 경우에는 발행사채를 액면가액이나 프리미엄을 약간 얹은 가격으로 재매입할 것을 약정하는 조항을 삽입해 금융기관으로 하여금 인수하도록 하는 증권을 포이즌 풋이라 한다.

(6) 독소증권 발행

독소증권 발행(poison pill plan)을 이용한 방어기법은 미국에서는 일반적으로 사용되는 기법이다. 독소증권이란 특정 기업을 상대로 적대적 인수 시도가 있을 경우 대상기업의 독소증권을 보유한 주주에게 특별한 권리를 부여해 이를 행사하게 함으로써 인수자로 하여금 적대적 인수를 포기하도록 유도하는 권리 또는 증권을 총칭하는 말이다. 독소증권은 예방적 차원에서 인수시도가 있기 전에 임 보통주주에게 배당형식으로 발행해 지급하는 것이 보통이다. 따라서 독소증권 발행은 주주총회 승인 없이 이사회의 결의만으로도 가능하다. 예를 들어 현 경영진에게 비우호적인 제3자가 공개매수를 시도하거나 특정 지분율을 초과하는 경우, 인수 대상기업의 주주가 인수 대상기업을 상대로 자신이 보유한 주식을 매우 높은 가격으로 매입해 달라고 청구할 수 있는 권리를 부여하는 증권을 독소증권이라 한다. 독소증권은 일반적으로 권리를 행사할 수 있는 기간을 정해두는데, 예를 들어 적대적 인수자가 공개매수를 발표한 날로부터 10일 이후로는 언제든지 독소증권을 보유한 주주가 권리를 행사할 수 있다는 조항을 삽입한다.

(7) 금낙하산 전략

대개 기업이 인수되면 대상기업의 경영진은 임기를 마치지도 못하고 물러나게 된다. 이처럼 경영진으로서는 인수될 경우의 실업문제에 대비하고자 하는데, 적대적 M&A로 인해 임기 전에 물러날 경우 거액의 퇴직금(금낙하산 : golden parachute)을 지급하기로 한다는 조항을 회사 정관에 삽입해 방어하는 방법이 금낙하산 전략이다. 그리고 M&A로 인해 중간관리자나 일반 직원이 퇴직하게 되는 경우 거액의 퇴직금을 지불하는 조항을 삽입하기도 하는데, 이를 각각 납낙하산(lead parachute)과 양철낙하산(tin parachute)이라 부른다. 인수자는 대상기업을 적대적으로 인수하고 임직원을 퇴직시킬 경우 거액의 자금이 일시에 유출되기 때문에 인수를 꺼리게 된다. 원래 금낙하산 전략은 경영진이 적대적 M&A에 신경 쓰지 않고 경영에만 매진할 수 있게 하자는 취지에서 마련한 것이었다. 그러나 금낙하산 전략은 적대적 M&A가 발생할 수 있는 가능성을 줄이기만 하고 실제로 M&A가 일어났을 경우에는 경영진에게만 혜택이 돌아갈 소지가 크다. 금낙하산 전략은 경영진에게는 유리한 조항이지만 주주에게는 불리한 조항이 될 수 있다.

(8) 인수방지 정관개정

인수방지 정관개정(antitakeover charter amendments)은 보통 다른 말로 상어격퇴법(shark repellants)라고도 불린다. 이는 정관을 개정하는 것이므로 당연히 주주총회의 승인을 받아야 한다.

① 초다수결의

회사의 중요 사항을 결정할 때는 주주총회에서 특별결의를 요구하는데 우리나라에서의 특별결의는 주총 출석주주의 3분의 2와 발행주식총수의 3분의 1 이상의 찬성을 필요로 한다. 그런데 초다수결의란 적대적 M&A로 인한 이사진의 교체 등 지배권 변동에 관한 사항의 경우 특별결의보다 더 높은 정족수(예를 들면 출석주주의 90%)의 찬성을 얻도록 하는 내용을 정관에 규정하는 것이다. 경영자지배가 일반적인 외국에서는 이사진의 변동이 곧 지배권의 변동을 의미하므로 이러한 조항을 두기도 한다. 그러나 통상 지배권 변동에 관한 것이라도 초다수결의를 필요로 하는 사항인지 아닌지에 대한 초다수 결의의 적용에 대한 결정은 이사진에게 위임하는 경우가 많다.

② 공정가격조항

이것은 이사회 위임조항을 부여한 초다수결의 조항과 함께 M&A가 발생할 때 인수자가 매입하는 모든 대상기업의 주식에 대해 공정가격이 지불될 경우에는 초다수결의 조항을 자동적으로 면제해준다는 조항을 말한다.

③ 이사임기 교차제

이사진의 임기만료가 서로 교차되게 함으로써 적대적 인수자가 많은 주식을 매입하더라도 일시에 기업지배권을 획득하지 못하게 하는 방법이다. 그런데 M&A는 성격상 단기간에 대상기업을 인수한 후 즉시 대상기업의 이사진을 교체해 사업부문의 매각 등 기업재구축이나 경영정상화를 꾀해 인수대금으로 빌린 차입금을 상환해야 한다.

(9) 불가침협정

불가침협정은 그린메일러의 요구로 프리미엄부 환매를 할 경우 그린메일러가 특정한 기간(예를 들어 환매일로부터 5년) 동안 대상기업의 주식매입을 금지하는 협정이다. 대상기업의 경영진과 우호적인 관계를 맺고 있는 투자가에게 좋은 조건(염가매입 등)으로 약 5% 정도의 주식을 발행해 인수하게 하고, 아울러 우호적 투자가는 추가적으로 대상기업의 주식을 특정 기간 동안 매입하지 않으며, 적대적 인수시도가 있을 경우 현재의 대상기업 경영진에게 의결권을 위임한다는 내용의 협정을 체결하기도 한다.

2. 구제적 방어행위

구제적 방어행위란 실제로 적대적 M&A를 위한 공개매수 등이 개시된 후 적대적 M&A를 저지하기 위해 대상기업이 취하는 방어행위를 말한다.

(1) 여론에 대한 호소

일반국민이 M&A시장에 직접적으로 참여하는 경우는 거의 없다. 하지만 우리나라에서는 일반 국민이 자신도 모르게 M&A시장에 직접적으로 참여하는 일이 간혹 일어난다. 즉 적대적M&A방어와 관련되어 적대적 M&A의 성패를 결정지을 수 있는 여론을 통해 일반 국민도 M&A 시장에 참여한다. 기업은 최종소비자인 일반 국민의 여론에 관심을 두지 않을 수 없다. 왜냐하면 여론에 따라 기업의 성장이 결정될 수 있기 때문이다. 따라서 인수기업이 만일 여론의 반대를 무릅쓰고 기업을 인수한다 하더라도 결과는 별로 좋지 못할 것이다.

(2) 공개매수의 반대의견 표시

증권거래법에서 인수기업은 공개매수를 하게 될 경우 대상기업의 이사진에게 공개매수 사실과 내용 등을 알려야 한다. 그리고 대상기업의 이사진은 적절한 절차에 따라 공개매수에 대한 반대의견을 표시할 수 있다. 이사진이 반대의견을 발표하는 대신 대상기업의 노동조합이나 직원이 적극적으로 반대의사를 표시하는 방법으로 여론을 조성한다면 방어에 도움이 될 수 있을 것이다.

(3) 자기공개매수

대상기업이 적대적 인수기업의 공개매수를 방어할 목적으로 자신을 대상으로, 즉 자사의 주주를 상대로 공개매수하는 것을 자기공개매수(self tender offer)라고 한다. 대상기업은 자기공개매수를 통해 취득하는 주식도 자기주식이 되므로 의결권을 확보할 수는 없지만, 적대적 인수기업의 공개매수가격보다 높게 제시해 적대적 공개매수를 실패하게 하는 방안이다. 국내에서는 증권거래법상 기업의 자기주식 취득은 장내시장을 통해서만 가능하므로 자기공개매수를 할 수 없다.

(4) 역공개매수

적대적 인수기업이 공개매수를 해 올 때 여기에 맞서 대상기업이 오히려 적대적 인수기업을 대상으로 공개매수를 실시함으로써 방어하는 전략을 역공개매수(counter tender offer) 또는 팩맨전략(Pac Man Strategy)이라 불린다.

최초의 적대적 인수자와 대상기업이 서로 공개매수를 하게 되면 양사의 공개매수 결과에 따라 상호간 주식 소유의 문제 또는 모·자회사의 관계에 따른 자회사의 모회사 주식 취득 문제를 야기할 가능성이 있다. 따라서 양사의 상호 공개매수는 어느 기업이 먼저 공개매수에 성공해 상대기업의 주식을 취득하느냐에 따라 성패가 결정될 것으로 예상된다.

(5) 상호 주식보유

적대적 인수기업이 자신의 기업에 대해 공개매수를 할 때 공개매수가 종료되기 이전 또는 공개매수 결과 인수기업이 대상기업의 주식 40% 미만을 취득하는 경우, 대상기업이 신속히 적대적 인수기업의 주식을 10% 이상 취득해 방어하는 방법이다. 상호간에 10% 이상의 주식을 보유할 경우에는 상호 주식 의결권이 제한되므로 적대적 인수기업은 대상기업에 대해 의결권을 행사할 수 없게 된다. 상호 주식보유를 통한 방어는 적대적 인수기업이 대상기업의 이사회를 장악하기 이전에 이뤄져야 한다. 또한 모·자회사의 관계를 만들기 위해 조만간 다른 방법으로 추가적인 인수방법을 시도할 것이므로 대상기업도 추가적인 방어책을 도모해야 한다. 왜냐하면 상호 주식보유에서 모·자회사의 관계가 성립되면 자회사가 된 대상기업은 적대적 인수기업의 주식에 대한 추가취득이 금지되고, 이미 보유한 적대적 인수기업의 주식을 조만간 처분해야 하기 때문이다.

(6) 차입 자본재구축

차입 자본재구축(leveraged recapitalization)은 일반적으로 차입현금유출(leveraged cash out : LCO)라고도 한다. 이것은 대상기업의 경영진이 적대적 M&A 시도가 있을 때 외부 주주에게 한꺼번에 거액의 현금배당을 지급하고, 대상기업의 내부자인 경영진(내부주주)이나 종업원에게 현금배당 대신 신주를 발행해 지급함으로써 내부주주의 지분율을 증가시키는 방법이다. 차입 자본재구축은 외부주주에게 지급되는 거액의 현금배당을 내부자금으로 지급하는 것이 아니라, 상업은행으로부터 선순위채권이나 후순위 전환사채를 발행해 거액의 부채를 차입해 지급하므로 대상기업의 부채비율을 크게 증가시킨다. 그렇게 되면 주로 차입금을 이용해 인수(차입매수)하려는 인수자에게는 큰 부담이 된다. 한편 경영진 등 내부주주의 지분율은 상대적으로 증가되기 때문에 인수가 어려워진다.

(7) 백기사 전략

백기사(white knight)전략이란 적대적 인수기업의 공개매수가 진행되는 동안 대상기업의 경영진이 방어를 위해 동원 가능한 방법을 사용했음에도 불구하고 효과가 없을 때 공개매수 가격을 올릴 목적으로 대상기업과 평소 우호적인 관계를 유지하고 있는 제3자에게 대상기업을 인수해 줄 것을 요청해 적대적 M&A를 방어하는 방법이다. 이때의 제3자를 백기사라 한다. 백기사 전략은 사실상 방어전략이라기보다는 경영진이 주주에 대한 수탁의무를 다하기 위해 주주의 이익을 극대화할 목적으로 제3장에게 매각하는 방안이다. 둘 이상의 회사가 대상기업을 상대로 공개매수를 하고 이 과정에서 인수희망자 간에 경쟁하는 것을 공개매수 경쟁이라 한다. 이런 경우 주가가 큰 폭으로 상승하게 된다.

(8) 화이트 스콰이어 전략

화이트 스콰이어(white squire)는 백기사처럼 대상기업을 인수하는 단계까지는 가지 않고, 다만 대상기업의 경영진에게 우호적인 관계를 맺어 적대적인 인수시도가 들어올 때 경영진의 편을 들어주는 투자가를 지칭한다. 따라서 적대적 인수시도가 있을 때 대상기업이 화이트 스콰이어에게 양호한 조건으로 주식을 대량 발행해 우호적인 지분을 늘리고 적대적 인수기업의 지분을 상대적으로 희석화시킴으로써 방어하는 행위다. 화이트 스콰이어에게 주식을 발행할 때에는 동시에 불가침협정을 맺는 경우가 대부분이다. 개정된 증권거래법에 따르면 기업을 둘러싼 경영권 분쟁이 발생할 경우 이사진은 대상기업의 주식수(전환사채, 신주인수권부 사채 등 잠재주권을 포함)를 변동시키는 행위를 하지 못한다고 되어 있다. 하지만 공개매수 기간을 제외한 경영권 분쟁의 명확한 기준이 없기 때문에 앞으로도 계속 문제가 될 것으로 보인다.

(9) 경영진 차입매수 또는 종업원 차입매수

차입매수의 한 형태인 경영진 차입매수나 종업원 차입매수도 방어전략으로서 사용될 수 있다. 경영진은 해당 기업을 경영하면서 주요한 내부정보 및 경영 전반에 관한 모든 정보를 알고 있으므로 기업의 가치에 대해 잘 알 수 있다. 그런데 만일 적대적 인수자가 대상기업의 가치보다 낮은 가격으로 공개매수를 해올 때 이를 물리칠 수 있는 특별한 방어책이 없을 경우에는 경영진이 금융기관 등으로부터 자금을 차입해 경쟁 공개매수를 통해 적대적 M&A를 방어하는 것이다. 종업원 차입매수는 주체만 다를 뿐 경영진 차입매수와 동일하다.

(10) 초토화법

기업은 영업에 핵심적인 유형·무형의 중요한 자산을 갖고 있게 마련인데, 기업의 주요 자산을 왕관의 보석(crown jewel)이라 한다. 다른 기업이 대상기업의 왕관의 보석에 대해 우호적인 방법으로 자산 양수 등을 원하는데 대상기업의 경영진이 이를 거부할 경우, 그 기업은 대상기업의 왕관의 보석이 기업경쟁력을 강화하는데 필수적이라고 판단되면 왕관의 보석을 확보할 목적으로 대상기업을 상대로 적대적 M&A를 시도하게 된다. 방어책이 거의 없을 경우 대상기업의 경영진은 대상기업의 왕관의 보석을 제3자에게 처분한다. 이렇게 되면 적대적 인수기업이 대상기업을 인수하더라도 당초의 목적을 달성할 수 없으므로 공개매수를 취소하게 된다. 왕관의 보석을 매각 처분하면 대상기업은 기업내용이 사실상 초토화되게 마련이다.

(11) 잠재주권의 발행

잠재주권은 장차 주식(보통주 또는 우선주)으로 전환할 수 있는 권리를 부여한 유가증권이다. 잠재주권은 전환사채권, 신주인수권부 사채권, 신주인수권, 주식 옵션, 기타 기업의 상황에 따라 다양한 유가증권의 형태로 발행될 수 있는데, 주식회사의 자금조달 측면에서 매우 중요한 역할을 수행한다.

잠재주권 발행은 지분의 희석효과로 인해 주당 현금흐름이나 주당 순이익이 감소함으로써 주가의 하락을 가져오기 때문에 소수주주에게 큰 피해를 초래할 가능성이 높다.

(12) 자기주식의 취득

상법상 모든 주식회사는 상장기업뿐만 아니라 비상장기업도 자기자본충실의 원칙에 따라 특별한 경우(합병이나 주식매수청구권 등 법률적 효과에 따라 취득하는 경우)를 제외하고는 원칙적으로 자기주식의 매입이 금지된다. 그러나 증권거래법에 따라 상장기업은 예외적으로 우선주를 포함해 발행주식총수의 10%까지 자기주식의 취득이 허용되며, 자기주식의 취득과 처분은 이사회의 결의만으로도 가능하다.

따라서 적대적 공개매수가 들어올 때 공개매수 기간 중이더라도 대상기업은 자기주식을 취득할 수 있다. 또한 취득한 자기주식은 의결권이 비록 없다 하더라도, 실질적인 의결권 있는 주식수의 변동을 초래하므로 적대적 인수기업에게는 다소 불리할 것으로 보인다.

(13) 자사주 펀드 및 특정금전신탁의 가입

자사주 펀드 및 특정금전신탁의 가입은 기업이 내부자금을 신탁회사나 상업은행에 예치하고, 신탁회사나 상업은행이 그 자금으로 고객을 대신해 고객기업의 자사주식을 매입하는 방식으로서 대상기업 지배주주의 지분을 확보하는 방어행위다. 자사주 펀드나 특정금전신탁에서 매입한 주식은 발행회사가 매입한 자기주식과는 달리, 다른 주식과 마찬가지로 의결권이나 배당 등의 권리를 모두 갖는다. 의결권의 행사는 신탁회사나 상업은행에서 하지만 사실상 펀드나 신탁에 가입한 발행회사의 지배주주에게 우호적으로 행사하는 것이 보통이다. 또한 자사주 펀드나 특정금전신탁을 통해 주식을 보유하는 것은 대상기업의 지배주주와 공동으로 의결권을 행사할 가능성이 높으므로 특별관계자로 간주된다.

(14) 이사진 전원사임

이사진 전원사임(people pill)을 통한 방어란 대상기업 경영진의 의사와는 무관하게 대상기업이 인수기업에 적대적으로 인수될 경우, 즉시 대상기업의 이사진 전원이 동시에 사임함으로써 대상기업의 경영에 일대 혼란을 야기시키는 방법이다.

(15) 방어적 합병

방어적 합병(defensive merger)이란 적대적 M&A 시도가 들어올 때 대상기업이 적대적 인수기업과 경쟁관계에 있는 다른 기업을 인수 합병함으로써 대상기업과 인수기업 간의 독과점 문제를 야기해 법률적으로 인수를 방어하는 방법이다.

제8절 M&A의 성공과 실패

1. M&A 성패의 기준

M&A의 성공 여부는 기업의 합병이 이루어지기까지의 단계에서 결정되기보다는 결합 이후 새로운 기업이 단일화를 얼마나 효과적으로 이루어서 목표한 전략을 달성하고 가치를 높이느냐에 달려 있다. 즉 M&A의 궁극적인 성공은 협상의 타결이 아니라 협상 이후의 통합 과정에서 결정되는 것이다.

따라서 통합화 과정을 염두에 둔 전략이 요구되는데, 첫째 통합의 집적도 수준이 중요하다. 합병된 두 기업이 단순히 물리적, 서류상으로만 통합한 것이 아니라 두 기업의 자원, 지식 그리고 업무 방식이 긴밀하고 일관성 있게 통합되어 합병 후 양의 시너지 효과를 충분히 발휘할 수 있도록 해야 한다. 둘째로는 재정립이 중요하다. 통합이라는 변화를 통해 단순히 두 기업의 자원, 지식, 업무

방식이 결합하는 것이 아니라 기존 자원의 질이 향상되고 변화를 통해 지식이 체계화되고 또 업무 방식이 보다 효율적이고 체계적으로 바뀌어야 한다.

2. M&A의 실패 요인

전략적 측면에서의 실패 원인으로는 인수 대금을 지나치게 높게 책정하였거나 합병 결정 때 전략 수립의 논리가 부족하거나 거시적인 안목의 부족으로 사업성이 없는 기업을 합병한 경우를 들 수 있다. 통합화 과정 측면에서는 이질적인 두 기업 문화의 조정에 실패하여 한 쪽 기업이 일방적으로 규모가 작은 기업을 압도하거나 한 쪽 직원들이 대거 이탈하는 경우가 있고 통합으로 생긴 두 기업의 조직과 업무 방식이 일을 더 복잡하게 만들어 생산성이 나빠지는 경우가 있다.

제9절 M&A의 평가

A기업이 B기업을 흡수합병하는 예를 이용하여 M&A를 평가하는 방법에 대해 설명해 보기로 하자. A기업의 가치는 1,000억원이고 B기업의 가치는 200억원이다. 두 기업 모두 자기자본만을 사용한다고 가정하자. A기업의 발행주식수는 5,000,000주이고 주가는 20,000원이다. B기업의 발행주식수는 2,000,000주이고 주가는 10,000원이다. 합병기업의 가치(즉, 합병 후 A기업의 가치)는 1,400억원으로 추정된다.

A기업이 B기업을 300억원에 인수하려고 한다. A기업은 인수방법으로 현금매수와 주식교환매수를 고려하고 있다. 현금매수와 주식교환매수 각각의 경우에 있어서 합병의 경제적 효과를 살펴보기로 하자.

1. 현금매수

합병기업의 가치가 1,400억원으로 추산되었으므로 시너지효과가 1,400억원 −(1,000억원+200억)=200억원으로 추정된다. 순인수비용(net cost) 또는 프리미엄(premium)은 피인수기업을 인수하기 위해 추가적으로 지급하는 금액으로서 아래와 같이 인수금액에서 피인수기업의 가치를 차감하여 구한다. 이 합병사례의 프리미엄은 100억원이다.

$$\text{프리미엄} = \text{인수금액} - \text{피인수기업의 가치}$$
$$= 300\text{억원} - 200\text{억원} = 100\text{억원}$$

합병의 순현가(NPV)는 아래와 같이 시너지효과로 인한 가치증분에서 프리미엄(또는 인수프리미엄)을 차감하여 구한다. 이 합병사례의 순현가는 100억원이다.

$$\text{합병의 순현가} = \text{시너지효과}(=\text{가치증분}) - \text{프리미엄}$$
$$= 200\text{억원} - 100\text{억원} = 100\text{억원}$$

합병 전(즉, 합병을 공시하는 시점에서) A기업의 주가는 100억원의 순현가로 인해 20,000원에서 (합병가치+순현가)/합병기업의 발행주식수=(1,000억원+100억원)/5,000,000주=22,000원으로 상승하게 된다.

2. 주식교환매수

주식교환매수 시 실제 인수비용이 정확히 300억원이 되기 위한 주식교환비율은 얼마인가? 합병 후 B기업 주주의 부가 300억원이 되어야 하므로, B기업 주주들이 유지해야 하는 합병기업의 지분율은 300억원/1,400억원=21.43%이다. 따라서 다음 식에 의해 새로 발행되어야 할 주식수 α는 1,363,752주이다.

$$\frac{\alpha}{\alpha + 5{,}000{,}000} = \frac{300\text{억원}}{1{,}400\text{억원}} = 21.43\%$$

즉, 합병 시 A기업이 1,363,752주를 발행하면 합병기업의 총 발행주식수는 6,363,752주가 되고 주가는 1,400억원/6,363,752주=22,000원이 된다. 결국 A기업의 주식 0.681876주를 B기업의 주식 1주와 교환하는 0.681876:1의 주식교환매수는 현금매수와 동일한 경제적 효과를 갖는다.

제10절 주가기준의 주식교환비율

합병 후의 주가수익비율 또는 주가이익비율(PER_{12})을 예상할 수 있는 경우, 합병 전후의 주가를 비교하여 주식교환비율의 상한과 하한을 추정할 수 있다. 주식교환비율의 상한과 하한을 설명하는 데 필요한 기호를 정리하면 다음과 같다.

P_{12}: 합병 후의 주가　　　PER_{12}: 합병 후 주가수익비율
EPS_{12}: 합병 후 주당순이익　　　EPS_1: 합병기업의 합병 전 주당순이익
EPS_2: 피합병기업의 합병 전 주당순이익
E_1: 합병기업의 합병 전 순이익　　　E_2: 피합병기업의 합병 전 순이익
SE: 시너지효과　　　N_1: 합병기업의 주식 수
N_2: 피합병기업의 주식 수　　　ER: 주식교환비율
P_1: 합병기업의 합병 전 주가　　　P_2: 피합병기업의 합병 전 주가

1. 주식교환비율의 상한(ER_U)

합병기업의 주주들은 $P_{12} \geq P_1$일 경우에만 합병에 응할 것이다. 즉, 합병이 이루어지기 위해서는 다음의 조건이 충족되어야 한다.

$$P_{12} = PER_{12} \times EPS_{12} \geq P_1 \qquad (10-5)$$

합병 후 $EPS(EPS_{12})$는 $\frac{E_1 + E_2 + SE}{N_1 + N_2 \cdot ER}$이므로 위의 식은 다음과 같이 나타낼 수 있다.

$$P_{12} = PER_{12} \times \frac{E_1 + E_2 + SE}{N_1 + N_2 \cdot ER} \geq P_1 \qquad (10-6)$$

위 식으로부터 주식교환비율의 상한(ER_U)을 계산할 수 있다.

2. 주식교환비율의 하한(ER_L)

피합병기업의 주주들은 $P_{12} \cdot ER \geq P_2$일 경우에만 합병에 응할 것이다. 즉, 합병이 이루어지기 위해서는 다음의 조건이 충족되어야 한다.

$$P_{12} \cdot ER = PER_{12} \times \frac{E_1 + E_2 + SE}{N_1 + N_2 \cdot ER} \cdot ER \geq P_2 \tag{10-7}$$

위 식으로부터 주식교환비율의 하한(ER_L)을 계산할 수 있다.

제11절 EPS기준의 주식교환비율

합병 후의 주당순이익(EPS_{12})을 예상할 수 있는 경우, 합병 전후의 EPS를 비교하여 주식교환비율의 상한과 하한을 추정할 수 있다.

1. 주식교환비율의 상한(ER_U)

합병기업의 주주들은 $EPS_{12} \geq EPS_1$일 경우에만 합병에 응할 것이다. 즉, 합병이 이루어지기 위해서는 다음의 조건이 충족되어야 한다.

$$EPS_{12} = \frac{E_1 + E_2 + SE}{N_1 + N_2 \cdot ER} \geq EPS_1 \tag{10-8}$$

위 식으로부터 주식교환비율의 상한(ER_U)을 계산할 수 있다.

2. 주식교환비율의 하한(ER_L)

피합병기업의 주주들은 $EPS_{12} \cdot ER \geq EPS_2$일 경우에만 합병에 응할 것이다. 즉, 합병이 이루어지기 위해서는 다음의 조건이 충족되어야 한다.

$$EPS_{12} \cdot ER = \frac{E_1 + E_2 + SE}{N_1 + N_2 \cdot ER} \cdot ER \geq EPS_2 \quad (10-9)$$

위 식으로부터 주식교환비율의 하한(ER_L)을 계산할 수 있다.

제12절 주식교환비율 사례분석

경남기업은 창원기업을 합병하기 위하여 가치평가 작업에 착수하였다. 합병과 관련된 자료는 다음과 같다.

구분	경남기업	창원기업
발행주식수	200,000주	100,000주
주당가격	10,000원	5,000원
순이익	2억원	5,000만원
EPS	1,000원	500원

경남기업이 창원기업을 합병할 경우 시너지효과로 인해 4천만원의 이익증가가 예상되며, 합병 후 주가수익비율(PER)이 15가 될 것으로 예상된다.

(1) 합병 후 주가를 기준으로 합병 여부를 평가한다고 할 때, 두 기업의 주주들이 모두 동의하게 될 주식교환비율의 범위를 구하시오.

(2) 합병 후 주당순이익을 기준으로 합병여부를 평가한다고 할 때, 두 기업의 주주들이 모두 동의하게 될 주식교환비율의 범위를 구하시오.

– 해설 –

(1) 합병 후 주가를 기준으로 합병여부를 평가할 때의 주식교환비율

· 주식교환비율의 상한: 경남기업

$$P_{12} = PER_{12} \times \frac{E_1 + E_2 + SE}{N_1 + N_2 \cdot ER} \geq P_1$$

(단, P_1은 경남기업의 합병 전 주가임)

즉, $P_{12} = 15 \times \dfrac{2억원 + 5{,}000만원 + 4{,}000만원}{200{,}000 + 100{,}000 \cdot ER} \geq 10{,}000원$

따라서, $ER \leq 2.3$이므로 경남기업의 입장에서 주식교환비율의 상한은 2.3이다(2.3:1).

· 주식교환비율의 하한: 창원기업

$$P_{12} \cdot ER = PER_{12} \times \frac{E_1 + E_2 + SE}{N_1 + N_2 \cdot ER} \cdot ER \geq P_2$$

(단, P_2는 창원기업의 합병 전 주가임)

즉, $P_{12} \cdot ER = 15 \times \dfrac{2억원 + 5{,}000만원 + 4{,}000만원}{200{,}000 + 100{,}000 \cdot ER} \cdot ER \geq 5{,}000원$

따라서, $ER \geq 0.260$이므로 창원기업의 입장에서 주식교환비율의 하한은 0.260이다(0.260:1).

· 주식교환비율의 범위

주가기준 시 주식교환비율의 범위는 다음과 같다.

$0.260 \leq ER \leq 2.3$

(2) 합병 후 주당순이익을 기준으로 합병여부를 평가할 때의 주식교환비율의 범위

· 주식교환비율의 상한: 경남기업

$$EPS_{12} = \frac{E_1 + E_2 + SE}{N_1 + N_2 \cdot ER} \geq EPS_1$$

(단, EPS_1은 경남기업의 합병 전 EPS임)

즉, $EPS_{12} = \dfrac{2억원 + 5{,}000만원 + 4{,}000만원}{200{,}000 + 100{,}000 \cdot ER} \geq 1{,}000원$

따라서, $ER \leq 0.9$이므로 경남기업의 입장에서 주식교환비율의 상한은 0.9이다(0.9:1).

· 주식교환비율의 하한: 창원기업

$$EPS_{12} \cdot ER = \frac{E_1 + E_2 + SE}{N_1 + N_2 \cdot ER} \cdot ER \geq EPS_2$$

(단, EPS_2는 창원기업의 합병 전 EPS임)

$$EPS_{12} \cdot ER = \frac{2억원 + 5,000만원 + 4,000만원}{200,000 + 100,000 \cdot ER} \cdot ER \geq 500원$$

따라서, $ER \geq 0.417$이므로 창원기업의 입장에서 주식교환비율의 하한은 0.417이다(0.417:1).

· 주식교환비율의 범위

EPS기준 시 주식교환비율의 범위는 다음과 같다.

$0.417 \leq ER \leq 0.9$

연습문제

문제 1 M&A를 하는 동기에 대하여 설명하시오.

문제 2 M&A기법에 대하여 설명하시오.

문제 3 M&A에 대한 방어전략에 대하여 설명하시오.

문제 4 A기업이 B기업을 합병하려고 한다. 재무자료는 다음과 같다 (A, B기업은 자기자본만 사용한다).

구분	A기업	B기업
발행주식수 자기자본 시장가치 주식가격	10,000,000주 2,000억원 20,000원	2,000,000주 600억원 30,000원
합병 후 자기자본 시장가치 인수 요구주가	3,000억원 33,000원(10%할증)	

(1) 합병으로 인한 시너지효과 및 프리미엄을 구하시오.
(2) 합병의 순현가를 구하시오.

문제 5 부산기업이 경남기업을 합병하고자 한다. 부산기업과 경남기업의 재무상태가 다음과 같다. 합병의 시너지효과를 무시한 상태에서 합병 후 기업의 주당순이익이 각 기업의 합병 전 주당순이익과 동일하게 되는 주식교환비율을 구하시오.

구분	부산기업	경남기업
순이익	40억원	16억원
발행주식수	160만주	100만주
EPS	2,500원	1,600원
주가	20,000원	9,600원
PER	8배	6배

문제 6 A기업이 인수기업이고 B기업이 인수대상기업이다. 두 기업 모두 자기자본만 사용하는 기업이다. A기업의 발행주식수는 2,000주이고 주가는 100,000원이다. B기업의 발행주식수는 1,000주이고, 주가는 60,000원이다. A기업은 합병의 시너지효과를 10,000,000원으로 추정한다.

(1) B기업을 주당 66,000원에 현금으로 인수한다면,
① 합병의 프리미엄은 얼마인가?
② 합병의 순현가는 얼마인가?

③ 합병 공시 후 A기업이 주가는 얼마인가?

(2) 현금으로 인수하는 대신 B기업 주식 2주와 자기주식 1주를 교환하기로 하였다.

① 합병 후 주가는 얼마인가?

② A기업의 입장에서 합병의 순현가는 얼마인가?

문제 7 A기업의 가치는 2,000억원, B기업의 가치는 600억원이다. 두 기업 모두 자기자본만을 사용한다고 가정하자. A기업의 발행주식수는 8,000,000주이고 주가는 25,000원이다. B기업의 발행주식수는 4,000,000주이고 주가는 15,000원이다. 합병기업의 가치는 3,000억원으로 추정되고 A기업이 프리미엄으로 200억원을 지급한다고 가정하자.

(1) 합병 공시 후 A기업의 주가는 얼마인가?

(2) 주식교환비율은 얼마이어야 하는가?

문제 8 A기업이 B기업을 흡수합병하려고 한다. 재무자료는 다음과 같다.

구분	A기업	B기업
발행주식수	200,000주	100,000주
당기순이익	2억원	4천만원
주식가격	10,000원	6,000원
합병 후 PER	23	

(1) 주가를 기준으로 할 때, A기업의 입장에서 주식교환비율의 상한은 얼마인가?

(2) 주가를 기준으로 할 때, B기업의 입장에서 주식교환비율의 하한은 얼마인가?

CHAPTER

11 국제재무관리

제1절 국제재무관리의 개념

지구촌이 하나의 시장으로 인식되면서 모든 개념과 거래가 급속히 변화되고 있다. 특히 교통과 정보통신의 발달로 인해 세계가 좁아지면서 기업의 국제화·세계화 현상이 크게 두드러지고 있다.

이러한 거래의 국제화·세계화에 따라 기업들은 국제경영활동과 관련하여 발생하는 여러 가지 문제를 해결하기 위하여 많은 연구를 하고 있다. 그 중에서도 특히 기업의 국제경영활동에 있어서 핵심적인 역할을 하는 자금의 조달과 운용이 중요한 관심사가 되고 있다. 이와 같이 기업의 국제경영활동을 위해 필요한 자금을 조달하고, 조달된 자금이 효율적으로 투자·집행되도록 관리하는 국제재무관리 업무의 중요성은 날로 커지고 있다.

이러한 국제재무관리를 정의해 보면, 전세계 금융시장을 하나의 시장으로 보고 필요한 자금의 조달과 운용에 직접 또는 간접적으로 관련된 의사결정을 효율적으로 지원하는 관리기능이라고 할 수 있다. 국제재무관리는 원래 다국적 기업의 출현과 더불어 급속히 발전되어 왔으나 최근에는 각국의 금융시장 통합에 따라 자본관리전략으로서 그 중요성이 부각되고 있다.

제2절 외환시장과 국제금융시장

1. 외환시장

외환시장이란 내국환이 아닌 외환이 거래되는 시장을 의미한다. 다시 말해서 다수의 외환수요자와 공급자들 사이에서 이종통화간의 매매거래를 매개시켜 주는 시장구조를 말한다. 이러한 외환시장은 특정장소에서 외환거래가 이루어지는 구체적인 시장뿐만 아니라 통신매개체를 통해 공간적으로 거래를 매개시켜 주는 모든 시장기구를 포괄하는 개념이다.

여기서 외환이란 외국통화, 송금환, 우편환, 전신환, 환어음 등을 모두 포함하는 개념이다. 결국 외환시장이란 상품, 용역 및 금융자산의 국제거래로 인해 발생하는 외환거래를 최종적으로 자국통화로 결제하는 이종통화간의 매매시장을 의미한다고 볼 수 있다.

외환시장은 외환이 거래되는 장소에 따라 장외시장과 장내시장으로 구분된다. 외환시장에서의 거래는 대부분이 장외시장에서 이루어진다. 은행 및 딜러들은 전화, 텔렉스, 컴퓨터 단말기 등을 이용하여 외환거래를 하는데 이러한 특정 거래소 밖의 시장을 장외시장이라 한다. 이와 달리 증권거래소와 같이 특정한 장소에서 외환거래가 이루어지는 것을 장내거래라 한다.

그리고 외환시장은 거래형태에 따라 현물환거래가 이루어지는 현물환시장과 선물환거래가 이루어지는 선물환시장으로 구분된다. 현물환시장은 외환매매의 계약과 동시에 외환의 결제 및 인수도가 이루어지는 시장을 의미한다. 즉, 외환의 매매결제일이 계약일로부터 둘째 영업일 이내에 현물환거래가 이루어지는 시장을 의미한다. 선물환시장은 둘째 영업일 이후에 외환의 결제 및 인수도가 이루어지는 시장이다.

외환시장에서 이루어지는 외환거래는 고객, 외국환은행, 외환중개인, 중앙은행 등이 참여하고 있다. 외환시장은 이들 시장참가자들에 따라 대고객시장, 은행간시장으로 구분된다.

이러한 외환시장은 다음과 같은 특성을 가진다.

첫째, 외환시장은 지리적 시차로 인해 거래시간이 중복되어 연결됨으로써 세계 전체적으로는 하루종일 거래를 하는 24시간 시장이다.

둘째, 하나의 통합시장으로서 범세계적 시장이다. 1980년대 이후 금융자유화의 세계적인 추세와 고도의 정보통신기술이 급속하게 발전되면서 저렴한 거래비용으로 인한 신속한 결제가 가능해짐에 따라 하나의 시장으로 되어가고 있다.

셋째, 외환시장은 참여하는 거래자들의 거래결과가 제로섬의 성격을 가진다. 외환시장에 참여하는 한 거래자가 외환거래이익을 실현하였다면 다른 거래자에게는 이에 상응하는 외환거래손실이 발생한다는 것이다.

2. 국제금융시장

각 경제주체가 국내거주자를 상대로 소요자금 또는 보유자금을 조달·운용하는 것을 국내금융이라 할 때, 이와 같은 자금융통이 비거주자를 상대로 국제적으로 이루어지는 경우를 국제금융이라 한다. 국제금융시장이란 일반적으로 국경을 넘어선 자금의 대차, 즉 국제간의 자본이동이 이루어지는 시장을 말한다.

국제금융시장은 역내시장과 역외시장으로 구분할 수 있다. 역내시장 또는 외국시장이란 주요 국가의 국내금융시장에 비거주자가 참여하여 이루어지는 금융시장을 말한다. 외국시장에서 활약하는 주요 금융기관은 대부분 금융시장이 위치한 나라의 금융기관이며, 거래되는 자금도 모두 그 나라의 통화로 표시된다. 이와 같은 외국시장은 다시 직접금융시장인 외국채시장과 간접금융시장인 외국중개시장으로 구분된다.

역외시장 또는 유로시장이란 특정국 통화표시의 금융증권이 그 통화발행국의 영토 밖에서 거래되는 국제금융시장을 말한다. 이러한 유로시장의 거래자는 시장이 소재한 나라의 입장에서 볼 때 비거주자가 대부분이며, 금융기관도 시장이 위치한 나라의 금융기관뿐만 아니라 표시통화국을 비롯한 주요 국가의 금융기관의 지점이나 자회사들로 구성되어 있다. 유로시장은 다시 직접금융시장인 유로채시장과 간접금융시장인 유로커런시시장으로 구분된다.

오늘날의 발달된 국제금융시장에서는 외국에서 자금을 조달하여 비거주자에게 외화로 대출하는 거래인 역외금융의 중요성이 높아지면서 자국통화와의 교환이 필요없는 국제금융거래가 일반화되어 가고 있다.

(1) 유로커런시시장

유로달러는 미국은행의 해외지점을 포함하여 미국 이외의 지역에 소재하는 금융기관에 예치되어 있는 달러표시 정기예금을 말한다. 유로라는 이름이 붙게 된 것은 유로달러가 주로 유럽지역에 편재해 있었기 때문이였지만, 지금은 유럽 이외에 아시아 주요 금융센터에서도 많이 거래되고 있기 때문에, 이제는 특정지역에 국한되지 않고 단지 미국 이외의 국가에 있는 달러표시 정기예금이란 의미로 쓰인다.

오늘날에는 달러 이외에도 파운드화, 마르크화, 프랑화 등 유로 형태의 통화가 많은데, 이들 유로 형태의 통화를 총칭해서 유로커런시라 하며, 이들이 거래되는 시장을 유로커런시시장이라 한다. 여기서 유의할 점은 유로커런시는 통화가 아니라 예금, 대출 또는 증권이며, 반드시 유럽과 관계가 있는 것도 아니다. 이는 단지 관할권을 가진 국가로부터 표시통화가 분리된 것을 의미한다.

유로커런시시장의 단기금융시장으로서 자금 공급자와 수요자는 주로 각국의 중앙은행, 정부 및 국제금융기관 등과 상업은행 및 대기업들이다. 유로커런시시장에서는 유로달러가 가장 규모가 커서 약 70%를 차지하고 있다. 유로커런시시장에서 차입자에게 적용되는 이자율은 런던은행간거래이자율(LIBOR)을 기준금리로 하여 스프레드라 불리는 고정적인 가산금리를 합한 것이다.

(2) 국제채권시장

유로커런시시장이 단기자금의 공급원으로 주로 이용된다면 중장기 자금조달원으로는 국제채권시장이 이용된다. 국제채권은 차입자의 소재국 이외에서 판매되는 채권을 말하는데 외국채와 유로채로 나누어진다.

외국채란 차입자가 외국에서 당해국 통화표시로 발행한 채권을 말한다. 예를 들어 한국의 기업이 달러표시로 발행한 채권이 미국 증권거래소에 상장되어 거래되는 경우이다. 외국채 중 특히 미국에서 미국 달러화로 거래되는 채권을 양키채라 하고, 일본에서 엔화로 거래되는 채권을 사무라이채라 하며, 영국에서 파운드화로 거래되는 채권을 불독채라 한다.

유로채란 채권에 표시된 통화의 발행국 이외의 지역에서 거래되는 채권을 말한다. 한국의 차입자가 달러표시 채권을 발행하여 런던시장에서 매각하면 이 채권은 유로채가 된다.

유로채의 발행자는 각자의 자금조달 필요성에 적합한 발행방법을 선택할 수 있으며, 투자자는 각자의 선호에 가장 알맞은 투자대상을 선택할 수 있다는 장점을 가지고 있는데, 구체적으로 유로채는 외국채에 비하여 다음과 같은 특징을 지니고 있다.

첫째, 유로채는 주로 표시통화국 이외의 지역에서 모집되고 판매되기 때문에 원칙적으로 표시통화국의 규제를 받지 않고 자유롭게 발행할 수 있다.

둘째, 유로채를 인수하고 판매하는 신디케이트의 구성이 국제적이다. 즉 유로채는 외국채와 같이 단일국의 금융기관에 의해 인수되고 환매되는 것이 아니라 수 개국의 금융기관의 참여에 의해 인수되고 판매된다.

셋째, 유로채는 그 투자자들이 국제적으로 다양하다. 유로채는 국제적인 신디케이트에 의해 인수되기 때문에 투자자들도 여러 나라에 분산되어 있다. 또 유로채시장은 다른 자본시장과는 달리 기관투자가보다 개인투자가의 비중이 높다.

넷째, 유로채의 이자소득은 채권발행자가 소재하는 나라에 의한 원천세가 부과되지 않는다. 따라서 유로채는 투자가에게 매력있는 투자대상이 될 수 있다.

제3절 환위험

1. 환위험의 의의 및 종류

환위험이란 두 국가간의 환율이 변화함으로써 기업의 재무적 성과가 변동될 가능성을 말하며, 흔히 환노출이라고도 한다. 환노출은 환율변동시점을 기준으로 환산노출, 거래노출, 경제적 노출 등으로 구분된다.

(1) 환산노출

해외에 외화로 표시된 자산, 부채를 보유하고 있는 기업이 연결재무제표를 작성하는 경우에는 환율이 변동함에 따라 경영성과가 달라질 수 있다. 이를 환산노출이라고 하고, 회계장부상에서 나타나는 환위험이라는 의미에서 회계적 환노출이라고 한다.

해외에서 영업활동을 수행하는 자회사의 자산과 부채는 모기업이 영업을 하는 나라의 화폐로 다시 환산되어 보고된다. 이때 자회사가 보유한 자산과 부채 중에는 두 나라간의 환율변동에 의하여 영향을 받는 항목과 환율변동과 무관한 항목이 있다. 이러한 항목을 어떻게 구분하는가가 환위험을 측정하는 결정적인 구분이 된다.

(2) 거래노출

거래노출이란 외화로 표시된 거래의 결제시 환율변동으로 인하여 발생하는 환차손익이 생길 가능성을 말한다. 실제 거래는 환율변동 이전에 발생하였으나 그 결제는 환율변동 이후에 행해지는 외환거래에서 이같은 거래노출이 발생하게 된다.

거래노출의 대상이 되는 일반적인 거래로서는 상품선물매매, 차입 및 대출, 증권투자, 그리고 상품수출입 등이 있다.

(3) 경제적노출

경제적 노출은 기대치 않은 환율의 변동으로 기업의 미래현금흐름에 영향을 미쳐 그 기업의 가치를 변화시킬 가능성을 의미한다. 환율변동이 기업의 수익 및 비용 흐름의 크기와 위험에 미치는 효과에 따라 가치의 변화는 변화한다.

거래적 노출은 경제적 노출적 단기적 형태라고 할 수 있다. 거래적 노출은 중기 혹은 단기의 현금흐름 영향과 관련된 위험인 반면, 경제적 노출은 장기적인 영향과 관련된 위험형태이다.

이상의 환위험의 종류를 그림으로 표시하면, [그림 11-1]과 같다.

그림 11-1 환위험의 종류

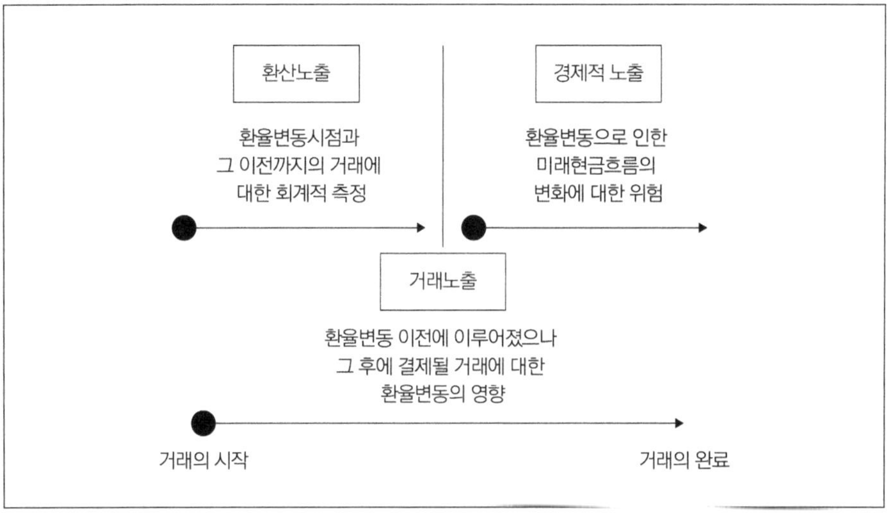

사례분석 11-1

경남기업은 자사제품을 미국 내에서의 판매를 담당할 현지 자회사인 창원기업을 미국에 설립하여 운영하고 있다. 경남기업은 모든 거래를 미국달러로 하고 있는데, 금년도말 현재 창원기업의 미국달러 표시 재무상태표는 다음과 같다.

재무상태표

(창원기업) (금년도말) (단위: U$)

자산		부채 및 자본	
현금	1,000,000	유동부채	600,000
매출채권	2,000,000	비유동부채	1,200,000
재고자산	1,600,000	자본	6,000,000
비유동자산	3,200,000		
합계	7,800,000	합계	7,800,000

창원기업의 환노출대상 순자산을 유동성·비유동성법, 화폐성·비화폐성법, 순금융자산법, 현행환율법을 적용하여 산출하시오.

환노출대상 측정방법별로 계정항목을 환노출대상(○표)과 환노출비대상(×표)으로 분류하면 다음과 같다.

환노출대상 측정방법

(단위: U$)

구분		유동성·비유동성법	화폐성·비화폐성법	순금융자산법	현행환율법
현금	1,000,000	○	○	○	○
매출채권	2,000,000	○	○	○	○
재고자산	1,600,000	○	×	○	○
비유동자산	3,200,000	×	×	×	○
합계	7,800,000				
유동부채	600,000	○	○	○	○
비유동부채	1,200,000	×	○	○	○
자본	6,000,000	×	×	×	×
합계	7,800,000				

위에서의 분류기준에 따라 환노출대상 순자산을 측정하면 다음과 같다.

① 유동성·비유동성법
자산: 현금(1,000,000)+매출채권(2,000,000)+재고자산(1,600,000)=U$4,600,000
부채: 유동부채(U$600,000)
순자산: 환노출자산(4,600,000)−환노출부채(600,000)=U$4,000,000

② 화폐성·비화폐성
자산: 현금(1,000,000)+매출채권(2,000,000)=U$3,000,000
부채: 유동부채(600,000)+비유동부채(1,200,000)=U$1,800,000
순자산: 환노출자산(3,000,000)−환노출부채(1,800,000)=U$1,200,000

③ 순금융자산법
자산: 현금(1,000,000)+매출채권(2,000,000)+재고자산(1,600,000)=U$4,600,000
부채: 유동부채(600,000)+비유동부채(1,200,000)=U$1,800,000
순자산: 환노출자산(4,600,000)−환노출부채(1,800,000)=U$2,800,000

④ 현행환율법
자산: 현금(1,000,000)+매출채권(2,000,000)+재고자산(1,600,000)+비유동자산(3,200,000)=U$7,800,000
부채: 유동부채(600,000)+비유동부채(1,200,000)=U$1,800,000
순자산: 환노출자산(7,800,000)−환노출부채(1,800,000)=U$6,000,000

우리나라 기업회계기준에서는 화폐성·비화폐성법이 많이 이용된다.

2. 환위험의 관리

(1) 환위험관리의 의의

환율변동으로부터 초래되는 환위험에 어떻게 대응할 것인가 하는 것은 언제 어떠한 관리기법을 활용하여 환위험을 줄일 것인가 하는 문제로 귀착된다. 그러나 환노출을 완전히 제거하는 것은 불가능하기 때문에 환노출관리는 환노출의 종류에 따라 어느 정도의 환노출을 경영정책상 허용할 것인가 하는 문제라 할 수 있다. 만일 기업의 목표를 주주의 부를 극대화시키는 데 둔다면 미래의 현금유입을 극대화시키는 방향으로 경영정책이 이루어져야 하며, 이를 위하여 환위험의 관리는 경제적 노출을 중심으로 이루어지게 된다. 또한 기업의 목표를 당기순이익을 극대화시키는 데 둔다면, 환위험의 관리는 환산노출 및 거래노출을 중심으로 이루어져야 한다.

(2) 환산노출 및 거래노출의 관리

① 선물환시장헤징

선물환시장 헤징은 선물환 헤징이라고도 하는데, 선물환 매매계약에 의하여 미래 일정시점의 불확실한 현물환율을 현재 시점에서 확실한 환율로 대체시켜 위험을 없애고자 하는 환위험 관리방법이다.

② 자금시장헤징

자금시장헤징은 금융계약에 의해 환위험의 가능성을 없앤다는 점에서 원칙적으로 선물환시장을 통한 관리방법과 차이가 없으나, 이용시장이 국내금융시장과 국제외환현물시장이라는 점에서 서로 다르다. 즉 이 방법은 국내금융시장에서 자금을 차입, 이를 외화로 환전하여 외화시장에서 운용함으로써 환위험에 대응하는 방법이다.

③ 재무상태표 자산 · 부채의 헤징

일반적으로 재무상태표 헤징이라고도 하는데, 이 방법은 특정외화로 표시되어 있는 화폐성 자산과 화폐성 부채를 동일금액이 되도록 함으로써 환위험을 방어하는 방법이다.

④ 자금이전시기의 조정

기업은 외국통화로 지급하여야 할 자금의 지급시기를 앞당기거나 늦춤으로써 환위험을 감축할 수 있다. 예를 들면 자국통화의 가치가 평가절상할 것이라고 예상될 경우 자기가 받을 외화자산은 빨리 받고, 지급해야 할 외화부채는 뒤늦게 지급함으로써 환위험을 줄일 수 있다.

⑤ 옵션을 이용한 헤징

옵션을 이용한 헤징은 노출된 통화에 대하여 미래시점에 일정환율로 사거나 팔 수 있는 권리를 확보함으로써 환율변동에 의한 위험을 제거하는 방법이다.

⑥ 통화스왑

스왑거래는 외국환의 매입거래와 매도거래가 동시에 성립하는 외국환 매매거래의 한 형태를 말한다. 스왑거래는 현물시장에서의 외국통화매입(매출)거래와 선물환시장에서의 외국통화매출(매입)거래가 같은 금액으로 동시에 발생하므로 환위험을 발생시키지 않는다.

(3) 경제적 노출의 관리

경제적 노출은 기업이 해외투자나 수출 또는 수입거래 등과 같은 해외경영활동을 지속적으로 수행하게 되면 언제나 발생하게 된다. 환율이 변동하면 거래노출이나 환산노출에 즉시 영향을 미치게 되지만, 무엇보다도 중요한 것은 장기적인 현금유입에 미치는 영향, 즉 경제적 노출에 미치는 영향이다. 경제적 노출을 가지는 통화의 가치가 상승하는 것이 이로운가 아니면 가치가 하락하는 것이 이로운가 하는 것을 단적으로 이야기하기는 곤란하다.

경제적 노출 관리의 핵심은 기업이 장기적으로 해외영업활동에 들어가기 전에 수반되는 위험을 인식하고 이에 대한 적절한 대응조치를 강구하는데 있다. 또한 경제적 노출에 대한 정형화된 관리방법은 존재하지 않으며, 판매, 생산, 금융 및 투자 등을 고려한 종합적인 전략이 수립되어야 한다.

제4절 환율의 기초개념

1. 환율의 의의

환율은 어떤 통화의 한 단위에 대한 다른 통화의 가격을 의미하는 것으로, 한 나라의 통화와 다른 나라 통화와의 교환비율을 말한다. 통화는 상품의 교환가치를 측정하는 척도인 동시에 상품과의 직접교환을 매개하는 교환수단이다. 따라서 통화의 가치라 함은 일정단위의 통화가 가지고 있는 구매력을 말한다.

2. 환율표시방법

(1) 직접표시법과 간접표시법

환율을 표시하는 방법은 어느 나라의 통화를 기준으로 하는가에 따라 직접표시법과 간접표시법으로 나누어진다.

직접표시법은 자국통화표시법이라고도 하며, 외국통화 1단위와 교환될 수 있는 자국통화의 단위수로 환율을 표시하는 방법이다. 예를 들면, 미달러당 원화환율을 U$1=₩1,000 또는 ₩/U$=1,000으로 고시하는 방법이다.

간접표시법은 외국통화표시법이라고도 한다. 자국통화 1단위와 교환될 수 있는 외국통화의 단위수로 환율을 표시하는 방법이다. 예를 들면, ₩1=U$(1/1,000) 또는 U$/₩=1/1,000으로 표시하는 방법이다.

현재 영국을 제외한 대부분의 나라에서는 자국내의 외환거래에서 직접표시법을 사용하고 있다.

(2) 유럽식 표시법과 미국식 표시법

은행간거래에서의 미 달러화 1단위에 대하여 외국통화의 가격을 나타내는 통화표시방법을 유럽식 표시법이라고 한다. 반면 미국내에서 일반 고객과의 외환거래에 사용되고 있는 직접표시법은 미국식 표시법이라고 하며, 특정 외국통화 1단위에 대한 미 달러화의 가격을 나타내는 방법이다.

국제외환시장에서 대부분의 환율고시는 미 달러화 1단위에 대한 외국통화의 가격을 나타내는 유럽식 표시법이 사용되며, 영국, 호주, 뉴질랜드, 남아프리카공화국과 통화선물시장에서는 미국식 표시법이 사용되고 있다.

3. 환율의 종류

(1) 매입환율과 매도환율

매도환율은 외환을 매매하는 은행이나 외환딜러가 외환을 고객에게 매도하는 가격을 의미한다. 반면, 매입환율은 은행이나 외환딜러가 외환을 고객으로부터 매입하는 가격을 말한다. 따라서 고객의 입장에서는 외환을 매입할 때 적용받는 환율이 매도환율이 되고, 고객이 은행에게 외환을 매도할 때 적용받는 환율은 매입환율이 된다.

매도환율과 매입환율의 차이를 일반적으로 스프레드라고 한다. 스프레드는 외환딜러 입장에서 보면 매매이익의 원천이 되고 고객의 입장에서는 거래비용의 성격을 가진다.

(2) 현물환율과 선물환율

환율은 외환의 매매계약에 따른 결제를 언제 하느냐에 따라 현물환율과 선물환율로 구분한다. 일반적으로 계약체결 이후 둘째 영업일 이내에 외환의 결제가 이루어지는 계약을 현물환거래라고 하고 이때 적용되는 환율을 현물환율이라고 한다.

반면 외환매매계약 체결일로부터 둘째 영업일을 경과한 특정 영업일에 외환을 결제하기로 약정하는 선물환거래에서 적용되는 환율은 선물환율이다.

사례분석 11-2

미국에 소재하고 있는 경남산업의 현지자회사인 창원회사는 화폐성 자산과 부채를 현지통화인 바트화로 각각 THB 1,000,000와 THB 1,500,000를 가지고 있다. 다음과 같은 두 가지 경우에 있어서 모회사인 경남산업의 손익은 얼마나 될 것인지를 산출해 보자.

① 미국 통화의 가치가 $1=THB 30 에서 $1=THB 35로 하락할 경우

하락 전	하락 후
자산: THB 1,000,000 = $33,333	자산: THB 1,000,000 = $28,571
부채: THB 1,500,000 = $50,000	부채: THB 1,500,000 = $42,857
순자산: -$16,667	순자산: -$14,286

이상의 결과로부터 미국의 통화가치가 하락할 경우 환율변동으로 인하여 이익이 $2,381(= -14,286-(-16,667)) 발생함을 알 수 있다.

② 미국 통화의 가치가 $1=THB 30 에서 $1=THB 25로 상승할 경우

상승 전	상승 후
자산: THB 1,000,000 = $33,333	자산: THB 1,000,000 = $40,000
부채: THB 1,500,000 = $50,000	부채: THB 1,500,000 = $60,000
순자산: -$16,667	순자산: -$20,000

이상의 결과로부터 미국의 통화가치가 상승할 경우 환율변동으로 인하여 손실이 $3,333(= -20,000-(-16,667)) 발생함을 알 수 있다.

제5절 환율결정이론

외환시장에서 결정되는 환율은 이론적으로 각 국가의 인플레이션, 이자율, 현물환율과 선물환율 등의 상호작용에 의하여 결정된다.

1. 금리평가이론

금리평가이론은 거래비용을 무시한다면 양 국가간 이자율의 차이는 외국통화에 대한 선물환율의 할인 또는 할증과 같다는 이론이다. 이 이론이 성립되지 않으면 재정거래가 성립하여 투자가들에게 위험부담 없이 이익을 취할 수 있는 기회가 존재한다는 것이다. 그러나 시장이 효율적일 경우 이러한 재정이익은 존재하지 않으므로 국가간 이자율의 차이는 외국통화에 대한 선물환율의 할인 또는 할증과 같아야 한다는 것이다. 즉,

$$\frac{F-S}{S}=\frac{i_h-i_f}{1+i_f} \qquad (11-1)$$

S : 현재의 현물환율, F : 현재 고시된 t기간 선물환율,
i_h : 자국통화의 연간금리, i_f : 외국통화의 연간금리

2. 구매력평가이론

구매력평이론은 두 나라 통화의 현물환율이 균형상태에서 출발한다면 두 나라간의 물가상승률의 차이의 변화는 장기적으로 보았을 때 정확히 현물환율의 변화에 의하여 상쇄된다는 것이다. 즉,

$$\frac{S^e - S}{S} = \frac{\pi_h^e - \pi_f^e}{1 + \pi_f^e} \qquad (11-2)$$

S^e : 시점에 예상되는 현물환율,
π_h^e : 향후 t시점까지 예상되는 자국물가변동률
π_f^e : 향후 t시점까지 예상되는 외국물가변동률

즉 한 국가가 다른 국가에 비해 물가수준이 높다면 그 나라의 수출품은 가격경쟁력을 상실하게 되어 수출은 감소하게 되고, 수입품은 국내에서 생산된 제품에 비하여 가격경쟁력을 지니게 되어 수입은 증가하게 된다. 따라서 경상수지의 적자가 심화될 것이므로 그 국가의 통화는 평가절하압력을 받을 것이다. 왜냐하면 수입품을 결제하기 위하여 상대국의 통화에 대한 수요가 증가할 것이기 때문이다. 그러므로 인플레이션의 변화를 예측하면 환율변화를 예측할 수 있게 된다.

3. 피셔효과이론

피셔효과는 명목이자율은 실질이자율과 기대인플레이션율의 합과 같으며 실질이자율은 세계 어디에서나 동일하다는 것이다. 즉 투자에 제한이 없다면 세계 어느 지역에서나 실질이자율은 같게 되며, 단지 명목이자율만 투자지역의 예상물가상승률의 차이만큼 다르게 된다는 이론이다. 이러한 피셔효과를 일반화시키면 국제금융시장이 효율적인 경우 실질금리는 국가간에 평정되게 되어 자국의 실질금리와 외국의 실질금리가 같은 값을 가지게 된다. 즉,

$$\frac{i_h - i_f}{1 + i_f} = \frac{\pi_h^e - \pi_f^e}{1 + \pi_f^e} \qquad (11-3)$$

4. 기대이론

국제통화 및 금융시장이 균형상태에 도달하여 현물환율, 인플레이션, 이자율의 차이가 동시에 같을 경우, 선물환율은 미래현물환율의 불편추정치가 된다. 여기서 특히 이자율평가이론이 성립하고 국제피셔효과가 동시에 성립하면 선물환할인 또는 할증의 예측치와 이자율차이가 같게 되고, 동시에 미래현물환율의 변동예측과 이자율차이가 같아지므로 선물환할인이나 할증은 미래현물환율변동의 정확한 예측치가 됨을 쉽게 알 수 있다. 즉,

$$\frac{F-S}{S}=\frac{S^e-S}{S} \qquad (11-4)$$

이러한 관계는 외환 및 금융시장이 매우 효율적이어서 모든 새로운 정보는 즉시 현물환율 및 선물환율에 반영됨으로써 수요와 공급이 균형을 이룬다는 가정에 바탕을 두고 있다.

5. 국제피셔효과이론

국제피셔효과는 구매력평가설과 피셔효과를 결합한 것으로써, 현행환율은 두 나라 사이의 명목이자율의 차이만큼 변동한다는 이론이다. 즉,

$$\frac{i_h-i_f}{1+i_f}=\frac{S^e-S}{S} \qquad (11-5)$$

이러한 관계가 성립하는 이유는 어떤 한 나라의 투자가가 다른 나라의 증권에 투자한 경우, 투자대상국의 화폐가치가 하락한다면 투자가는 그에 대한 보상으로 높은 이자율을 요구하게 될 것이며, 반면에 화폐가치가 상승할 경우에는 환율의 변동으로 인한 이익을 얻을 수 있으므로 낮은 수준의 이자율에 대해서도 만족하게 될 것이기 때문이다. 따라서 명목이자율차이를 예측함으로써 환율의 변화를 예측할 수 있게 된다.

지금까지 살펴본 다섯가지 환율, 금리, 물가 관계이론들을 그림으로 표시해 보면 [그림 11-2]와 같다.

그림 11-2 환율결정이론의 종합

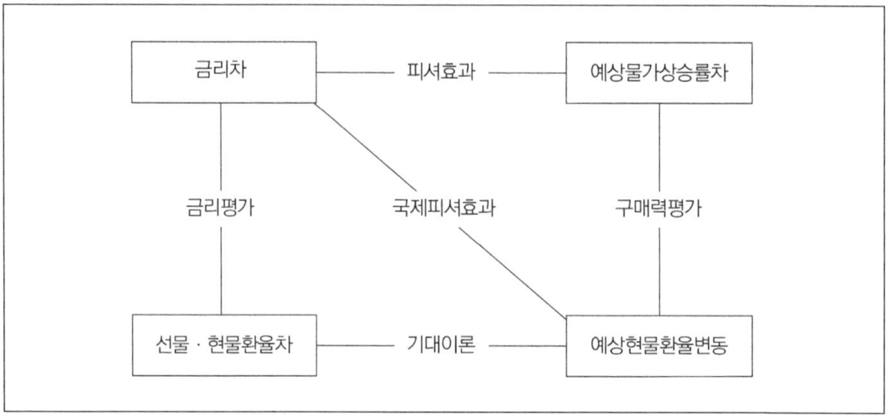

사례분석 11-3

현재 외환시장에서의 현물환율은 ₩1,300/$ 이다. 미국내에서의 시장이자율은 연 5%이며, 국내에서의 시장이자율은 연 7%이다. 앞으로 기대되는 인플레이션율은 미국과 국내에서 각각 2%와 3%가 될 것으로 예상하고 있다. 물음에 답하시오.

① 구매력평가설에 따르면 1년 후 $화에 대한 ₩화의 현물환율은?

현물환율의 변화율=기대물가상승률 차이

$$\frac{\text{1년 후 현물환율} - 1{,}300\text{원}}{1{,}300\text{원}} = 0.03 - 0.02$$

∴ 1년 후 현물환율 = ₩1,313

② 국제피셔효과에 따르면 1년 후 $화에 대한 ₩화의 현물환율은?

현물환율의 변화율=명목이자율 차이

$$\frac{\text{1년 후 현물환율} - 1{,}300\text{원}}{1{,}300\text{원}} = 0.07 - 0.05$$

∴ 1년 후 현물환율 = ₩1,326

연습문제

문제 1 환율결정이론에 대하여 설명하시오.

문제 2 국제금융시장에 대하여 설명하시오.

문제 3 환위험관리방법에 대하여 설명하시오.

문제 4 부산회사는 자사제품의 미국 내에서의 판매를 담당할 현지 자회사인 경남회사를 미국에 설립하였다. 부산회사는 모든 거래를 미국 달러화로 하고 있는데, 금년도말 현재 경남회사의 미국 달러화 표시 재무상태표는 다음과 같다.

재무상태표

(경남회사) (금년도말) (단위: U$)

자산		부채 및 자본	
현금	1,000,000	유동부채	1,600,000
매출채권	1,800,000	비유동부채	2,400,000
재고자산	1,200,000	자본	2,000,000
비유동자산	2,000,000		
합계	6,000,000	합계	6,000,000

(1) 유동성 · 비유동성법, 화폐성 · 비화폐성법, 순금융자산법, 현행환율법을 적용하여 각각에서는 환노출대상과 환노출비대상을 어떻게 분류하는가?
(2) (1)번의 각 방법별로 환노출대상 순자산을 측정하시오.

문제 5 미국에 소재하고 있는 부산산업의 현지자회사인 경남회사는 화폐성 자산과 부채를 현지통화인 바트화로 각각 THB 2,000,000와 THB 3,000,000를 가지고 있다.
(1) 미국 통화의 가치가 $1=THB 50 에서 $1=THB 65로 하락할 경우, 모회사인 부산산업의 손익은 얼마나 될 것인지를 산출해 보자.
(2) 미국 통화의 가치가 $1=THB 50 에서 $1=THB 40으로 상승할 경우, 모회사인 부산산업의 손익은 얼마나 될 것인지를 산출해 보자.

문제 6 다음은 한국과 미국의 환율과 관련된 자료이다. 구매력평가설, 피셔효과 및 국제피셔효과가 성립하는지 설명하시오.

구분	이자율	기대물가상승률	현물환율	선물환율
한국	연 8%	연 5%	$1=₩1,300	$1=₩1,350
미국	연 6%	연 3%		

(1) 구매력평가설이 성립하는가?
(2) 피셔효과가 성립하는가?
(3) 국제피셔효과가 성립하는가?

5 PART

자본시장

CHAPTER

12 금융시장과 자본시장

제1절 금융시장의 의의와 종류

1. 금융시장의 의의

경제적 자산은 실물자산과 이에 대한 청구권인 금융자산으로 나누어진다. 금융자산은 실물자산의 가치만큼 존재할 수 있다. 금융자산은 권리와 의무 관계를 나타내므로 크기에 관계없이 그 가치의 총합은 언제나 0(zero)이 되어야 한다. 경제주체 간의 거래는 크게 실물거래와 금융거래로 나눌 수 있는데, 상품과 서비스를 대상으로 하는 거래를 실물거래(real transaction)라 하고 금융자산을 대상으로 하는 거래를 금융거래(financial transaction)라 한다. 이때, 실물거래에 따른 자금의 흐름을 산업적 순환(industrial circulation)이라 하고, 금융거래에 따른 자금의 흐름을 금융적 순환(financial circulation)이라고도 한다.

그런데 이 두 가지 흐름은 서로 무관한 것이 아니라, 산업적 순환의 활성화가 금융적 순환을 촉진하기도 하고, 반대로 금융적 순환의 활성화가 산업적 순환을 촉진시키기도 한다. 예컨대, 금융기관의 발달로 예금이 증가하면(금융적 순환), 이것이 실물투자(산업적 순환)를 증대시킴으로써 국민총생산과 고용을 증대시킨다. 또한 경제성장으로 인한 저축증가(금융적 순환)는 실물투자(산업적 순환)를 활성화할 수 있다.

금융거래의 매매쌍방은 소득이 지출보다 큰 흑자지출단위(surplus spending units: SSU)와 소득이 지출보다 작은 적자지출단위(deficit spending units: DSU)이다. 구체적으로, 자신의 저축을 초과하여 투자지출을 수행하는 기업은 적자지출단위가 되고, 반면에 가계처럼 자신의 저축이 투자를 초과하는 경제단위는 흑자지출단위가 된다. 한편, 재정적자기의 정부는 적자단위가 되고, 재정흑자기의 정부는 흑자단위가 된다.

금융시장이란 경제주체 간의 거래행위 과정에서 흑자지출단위로부터 적자지출단위로 자금이 이전되는 시장을 의미한다. 현대의 경제는 상품과 서비스를 생산하기 위하여 막대한 양의 자본설비를 필요로 하고, 이러한 자본설비에 대한 투자는 일반적으로 거액의 자금을 필요로 한다. 기업과 정부는 주로 적자지출단위로서 금융시장에서 주식, 채권 등과 같은 금융청구권을 발행하여 거액의 자본을 신속히 조달할 수 있고, 이러한 조달자금은 미래의 소득으로 상환할 수 있다.

실제로 한 나라의 금융제도 내에서 운영되고 있는 금융시장은 현재소득과 미래소득 간의 교환을 가능하게 한다. 금융시장은 이러한 과정에서 금융자산의 가격과 이자율, 그리고 신용도를 결정함으로써 금융제도의 핵심을 이룬다.

그림 12-1 금융시장과 자금흐름

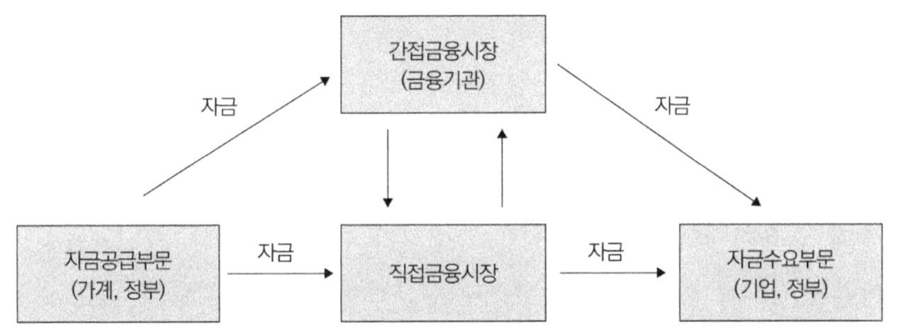

출처: 한국의 금융시장(한국은행)

2. 금융시장의 기능

시장이란 한정된 양의 자원을 효율적으로 배분하기 위하여 만들어진 유·무형의 공간 또는 기구이다. 각각의 경제주체는 상품을 만들거나 서비스를 제공하는 데 필요한 노동력, 원자재, 에너지 및 금융자원 등을 나눠 갖기 위하여 시장을 이용한다. 뿐만 아니라 시장은 만들어진 상품이나 서비스를 유통시키는 통로

이기도 하다. 시장은 상품이나 서비스에 대한 수요와 공급이 모아지는 곳으로 상품의 가격과 양이 여기에서 결정된다. 예를 들어 공급되는 상품의 양에 비하여 상품에 대한 수요가 많아지면, 상품의 가격이 올라가게 되며 기업은 일시적으로 생산량을 늘리게 된다. 그러나 장기적으로는 신규기업이 진입하여 생산량을 늘리게 되며 많아진 수요를 충당하게 되고 가격은 다시 안정된다.

경제시스템을 구성하는 시장은 크게 실물시장과 금융시장의 2가지로 나뉘어진다. 이 중에서 금융시장은 실물시장이 효율적으로 움직이도록 도와주는 역할을 한다. 금융시장은 잉여자금이 손쉽게 이전될 수 있도록 물리적인 거래장소나 거래에 필요한 전산시스템 등을 제공한다. 그리고 자금을 필요로 하는 이들과 잉여자금을 가진 이들을 이어주는 일을 한다. 즉, 거래를 원하는 이들을 한 곳에 모음으로써 일시에 많은 양의 거래가 이루어지게 하며, 다수의 자금공급자와 수요자 간의 상이한 기대가격을 조정하여 적정한 가격에 거래가 이루어지게 한다. 뿐만 아니라 금융시장은 거래에 필요한 정보를 끊임없이 만들어내고 이를 제공함으로써 시장참여자들이 적정한 가격을 결정할 수 있도록 도와준다.

금융시장은 이 같은 기능 외에도 다음과 같은 경제적으로 중요한 역할을 수행한다.

첫째, 저축의 형태로 축적된 잉여자금을 투자로 변화시키는 역할이다. 이를 통하여 기업부문이나 정부부문의 재투자와 신규투자활동이 가능해지며, 이는 경제성장의 원동력으로 작용한다.

둘째, 금융거래와 관련된 위험을 감소시켜 주는 역할이다. 직접금융의 경우, 증권이라는 형태로 여러 곳에 분산 투자함으로써 위험을 줄일 수 있는 길을 열어주며, 간접금융의 경우에는 자금공급자를 대신하여 금융기관이 투자에 따른 위험을 관리해준다. 즉, 금융기관은 여러 기업이나 개인에 대출하거나 투자함으로써 포트폴리오를 형성하여 투자의 위험을 감소시킨다.

셋째, 금융시장은 금융거래와 관련된 정보를 제공함으로써 금융거래의 비용을 절감시키는 역할을 한다. 금융시장은 시장에 관한 정보와 거래상대방에 대한 정보를 생산하고 제공하는 기능을 통하여, 개별 잉여자금주체가 이를 필요로 하는 상대방을 찾고, 이들의 신용도를 분석해야 하는 비용과 위험을 감소시켜 준다.

넷째, 금융시장은 소비활동과 투자활동을 분리시켜 경제적 효용을 증대시키는 역할을 한다. 각각의 경제주체들은 금융시장을 이용하여 현재의 소득을 미래에의 소비를 위하여 이연시키거나, 혹은 미래의 소득을 담보로 현 소득보다 더 많은 소비를 할 수도 있게 한다. 그러므로 금융시장을 이용하면 소비자들의 상이한 시차선호(time preference)를 만족시켜서 효용(utility)을 극대화시킬 뿐만 아니라, 생산자는 소비자들의 시차선호와 무관하게 항상 기업가치가 극대화되도록 투자할 수가 있다. 이러한 역할을 잘 수행하기 위해서는 금융시장이 우선 효율적이어야 한다는 전제조건이 필요하다.

3. 금융시장의 구조

금융시장은 크게 직접금융시장과 간접금융시장으로 나눌 수 있다. 직접금융시장은 거래되는 금융상품의 만기(통상 1년)를 기준으로 단기금융시장과 자본시장으로 구분된다. 직접금융시장에는 금융상품의 특성을 고려하여 외환시장과 파생금융상품시장을 별도로 구분하기도 한다.

자본시장은 장기금융시장이라고도 하며 주로 금융기관, 기업 등이 만기 1년 이상의 장기자금을 조달하는 시장으로 주식시장과 채권시장 등이 있다.

외환시장은 서로 다른 종류의 통화가 거래되는 시장이다. 외환시장은 거래당사자에 따라 외국환은행간 외환매매가 이루어지는 은행간시장과 은행과 비은행 고객간에 외환매매가 이루어지는 대고객시장으로 구분된다. 은행간시장은 금융기관, 외국환중개기관, 한국은행 등이 참가하는 시장으로 외환거래가 대량으로 이루어지는 도매시장의 성격을 가진다. 일반적으로 외환시장이라 할 때는 은행간시장을 의미한다.

파생금융상품시장은 금융상품의 가격변동위험과 신용위험 등 위험 관리를 위한 파생금융상품이 거래되는 시장이다. 우리나라의 경우 외환파생상품을 중심으로 발전되어 왔으나, 1990년대 중반 이후로는 주가지수 선물 및 옵션, 채권선물 등이 도입되면서 상품의 종류가 다양해지고 거래규모도 크게 확대되고 있다. 파생금융상품을 활용할 경우 각종 금융거래에 따르는 위험을 헤지(hedge)할 수 있을 뿐만 아니라 추가적인 수익도 얻을 수 있으나 레버리지 효과(leverage effect)가 매우 커서 대규모의 손실을 입을 위험성도 있다.

단기금융시장은 통상 만기 1년 이내의 금융상품이 거래되는 시장으로 참가자들이 일시적인 자금수급의 불균형을 조정하는 시장이다. 단기금융시장에는 콜시장, 환매조건부매매시장, 양도성예금증서시장, 기업어음시장, 통화안정증권시장, 단기사채시장 등이 있다. 이상의 단기금융시장에 대해 살펴보면 다음과 같다.

그림 12-2 금융시장의 구조

출처: 한국의 금융시장(한국은행)

(1) 콜시장

콜시장은 금융기관간에 하루 내지 수일간의 초단기 자금이 유통되는 시장으로, 거래가 주로 전화 등의 통신망을 통해 이루어지기 때문에 콜(call)시장이라 불린다.

콜시장에서 차입측 콜자금을 콜머니(call money), 대여측 콜자금을 콜론(call loan)이라고 한다. 콜시장의 주된 기능은 금융기관의 지불준비금부족과 단기 유동성자금의 부족을 조정하는 것이다.

일반적으로 금융기관의 활동은 금융기관의 자산 및 부채보유량의 변화를 초래한다. 따라서 어느 일정한 날에 일부의 금융기관들은 원하는 수준 이상의 지불준비금을 보유하고, 다른 금융기관들은 원하는 수준 이하의 지불준비금 보유로 지불준비금 부족 현상을 나타낼 수 있다. 이때 초과지불준비금을 보유하고 있는 금융기관은 지불준비금이 부족한 다른 금융기관들에게 자금을 대여함으로써 그 자금에 대한 이자수익을 얻을 수 있다. 이와 같이 콜시장을 통한 자금거래는 금융기관들의 유동성수준을 조절하는 중요한 수단이 된다.

또한 콜시장이 금융제도 내에서 중요한 이유는 콜금리가 중앙은행의 금융정책과 밀접한 관련을 맺고 있기 때문이다. 중앙은행이 지준율(지불준비금비율)을 올리거나, 내림으로써 은행제도 내의 초과지준금의 이용가능성에 직접적으로 영향을 미치며, 이는 은행의 대출금액의 크기를 결정하는 데 영향을 미친다.

콜거래 만기는 최장 90일 이내에서 일별로 정할 수 있으나, 실제 거래에서는 익일물이 대부분을 차지하고 있다. 콜거래의 최소거래금액은 1억원이고 거래단위는 억원이며 거래이율의 변동단위는 0.01%이다.

콜거래는 계약체결 방식에 따라 직거래방식과 중개거래방식으로 구분되나 대부분의 거래는 중개거래방식으로 이루어진다. 중개거래는 자금중개회사가 거래조건(이율, 만기, 금액 등)에 따라 자금의 공급자와 수요자를 연결시켜주는 거래이고, 직거래는 거래당사자들이 직접 이율, 만기, 금액 등에 합의하여 체결하는 거래이다.

콜중개 업무는 현재 한국자금중개(주), 서울외국환중개(주), KIDB자금중개(주) 등 3개의 자금중개회사가 영위하고 있다.

(2) 환매조건부채권시장

환매조건부채권매매(repurchase agreement)는 채권매매 당사자 간에 일정 기간 후 채권매매 당시의 가격에다 소정의 이자를 더한 가격으로 되사거나 되팔 것을 약정하고 채권을 매도 또는 매입하는 거래를 말한다.

RP는 채권의 매매라는 형식을 가지고 있으나 실제로는 채권을 담보로 한 단기자금의 융통이라 할 수 있으며 환매를 조건으로 하기 때문에 현물과 선물거래가 동시에 발생하는 거래라는 특징을 갖고 있다. 이런 의미에서 일본에서는 이를 현선거래라고 부른다.

RP거래는 만기가 짧기 때문에 화폐자산에 속하지만 거래대상이 장기금융자산인 채권이라는 점에서 CP, CD 등 다른 단기금융자산과는 성격이 다르다. 또한 RP거래는 거래소 밖에서 매도자와 매수자가 브로커를 경유하지 않고 직접 만나 거래하는 장외거래가 보통이다.

채권은 장기금융자산이므로 단기금융자산에 비하여 유동성이 상대적으로 낮다. 채권도 유통시장에서 매매를 통하여 현금화할 수 있으나 자본시장이 충분히 발달되지 못한 경우에는 매매기회가 제한될 뿐만 아니라 채권가격이 유통시장에서의 이자율과 수급동향에 따라 항상 변하므로 원하는 시점에서 채권을 현금화시키기 위해서는 경우에 따라 상당한 자본손실을 감수하여야만 한다. 그러나 RP거래를 이용할 경우 자금의 수요자는 채권매각에 따른 자본손실 없이 단기간 필요한 자금을 보다 쉽게 조달할 수 있으며, 반면에 일시적으로 여유자금을 보유하고 있는 투자자도 자본손실위험 없이 자금을 운용할 수 있는 이점을 누릴 수 있다.

그림 12-3 금융시장의 구조

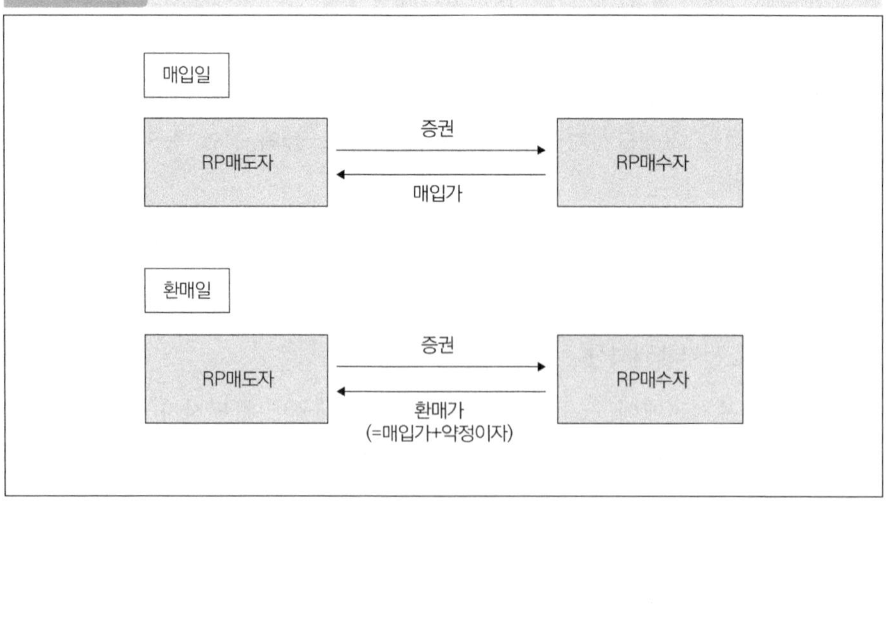

RP거래는 거래주체를 기준으로 금융기관과 일반고객 간에 이루어지는 '대고객 RP', 금융기관 간에 이루어지는 '기관간 RP' 그리고 한국은행의 공개시장운영 수단으로서 한국은행과 금융기관 간에 이루어지는 '한국은행 RP'로 구분된다. 거래기간에 따라서는 만기가 1일인 '익일물(overnight) RP', 만기가 2일 이상인 '기일물(term) RP', 거래당사자 중 일방의 통지가 있을 때까지 매일 자동적으로 만기가 연장되는 '개방형(open) RP'로 나뉜다.

대고객 RP거래의 경우 대상증권은 국채, 지방채, 특수채, 보증사채 및 모집·매출된 채권 등)으로 채권평가회사가 일별로 시가평가를 할 수 있어야 한다. 금융기관별로 최저 가입금액이나 약정 기간별 금리를 차등 규정하는 경우도 있으나, 중도 환매는 일반적으로 허용하고 있다. 기관간 RP거래의 경우 대상증권의 종류, 가격, 만기, 거래금액 등 거래 조건에 관한 제도적 제한은 없으며, 거래 약관이나 한매서비스기관의 운영규정 등에 기초하여 거래 당사자 간 협의로 결정된다.

대고객 RP는 투자매매업자(증권회사), 투자매매업 인가를 받은 은행, 한국증권금융, 종합금융회사 및 체신관서가 취급하고 있다. 기관간 RP거래는 전문투자자에 해당하는 금융기관 및 금융공기업 등이 참가할 수 있다. RP중개는 한국자금중개(주), KIDB채권중개(주), 서울외국환중개(주), 한국증권금융, 한국거래소 등이 담당하고 있다.

한국은행도 주된 공개시장운영 수단의 하나로 RP매매를 이용하고 있다. 한국은행의 RP매매는 비교적 단기이기 때문에 일시적인 유동성 과부족을 조절하기 위한 수단으로 활용된다.

RP매매는 RP매각과 RP매입으로 구분되며 한국은행은 유동성을 흡수하기 위해서는 RP매각을 실시하고 유동성을 공급하기 위해서는 RP매입을 실시한다. RP매각의 경우 한국은행은 금융기관에 채권을 매도하면서 일정기간 후에 그 채권을 되사기로 하는 계약을 체결한다. 따라서 RP매각 시점에서는 한국은행이 금융기관의 유동성을 흡수하게 되고 RP매각 만기 도래 시점에서는 한국은행이 금융기관에 유동성을 공급하게 되고 RP매입 만기도래 시점에서는 채권환매도를 통해 유동성을 흡수하게 된다.

(3) 양도성예금증서시장

양도성예금증서(CD: negotiable certificate of deposits)는 금융기관이 정기예금에 대하여 발행하는 예금증서로서 제3자에게 양도가 가능한 것을 말한다. CD시장은 CD가 발행·유통되는 단기금융시장으로서 발행기관, 중개기관 및 매수기관으로 구성된다. 발행기관인 은행의 입장에서는 자금사정에 따라 발행규모와 시기를 조절함으로써 탄력적인 자금조달이 가능하다는 장점이 있다. 중개기관은 중개수수료 수입뿐 아니라 자기계산으로 매매에 참가함으로써 시세차익을 얻을 수도 있다. 매수기관은 CD시장을 단기자금 운용수단으로 활용하고 있다.

CD는 중도해지할 수는 없으나 양도가 가능하므로 매수자가 보유 CD를 현금화하고자 하는 경우 매각할 수 있다. CD는 최단만기에 대해서만 30일로 제한되고 최장만기에 대해서는 제한이 없으나 실제 거래에서는 대부분 1년 이내로 발행되고 있다. 최저액면금액에 대한 제한은 없으나 은행들은 내규 등을 통해 5백만원 또는 1천만원으로 설정하여 운영하고 있다.

CD는 할인방식으로 발행된다. 매수자는 CD를 살 때 예치기간 동안의 이자를 뺀 금액만을 지급하고 만기에 액면금액을 받게 된다. 다만, 은행에서는 여타 금융상품과 수익률을 비교할 수 있도록 할인율 대신에 수익률로 금리를 고시하고 있다. CD 발행금리(수익률)는 일반적으로 은행채 등 다른 시장금리, 발행금액 및 만기 등을 감안하여 결정되는데 은행별 신용도에 따라 금리수준이 다르다.

현재 한국은행에 예금지급준비금을 예치할 의무가 있는 시중은행, 지방은행, 특수은행, 외은지점 등 한국수출입은행을 제외한 모든 은행이 CD를 발행할 수 있다.

CD거래 중개업무는 증권회사, 종합금융회사 및 3개 자금중개회사가 담당하고 있다. 중개기관은 단순중개와 매매중개를 모두 할 수 있으나 현재 자금력 부족 등으로 대부분 발행시장에서의 단순중개에만 치중하고 있다.

(4) 기업어음시장

기업어음(CP: Commercial Paper)은 상업어음과는 달리 상거래와 관계없이 신용상태가 양호한 기업이 단기자금을 조달할 목적으로 발행하는 만기 1년 미만의 융통어음이다.

CP시장은 발행기업, 할인, 매출기관 및 매수기관으로 구성된다. CP는 발행절차가 간편한데다 일반적으로 담보없이 신용으로 발행되기 때문에 신속한 자금조달수단으로 이용하여 금리면에서도 은행대출보다 유리하다. 할인·매출기관은 발행기업으로부터 CP를 할인 매입한 후 이를 매수기관에 매출함으로써 매매차익을 얻으며 매수기관은 주로 단기자금의 운용수단으로 CP를 활용하고 있다.

CP는 일반기업, 공기업, 카드사, 증권사, SPC(특수목적회사) 등이 발행하고 있다. CP할인 및 매출은 주로 금융투자회사와 종합금융회사가 담당하고 있다. 종합금융회사는 매출뿐만 아니라 자체 보유 목적으로 CP를 할인한다. 반면 수신기능이 제한적인 금융투자회사는 일반적으로 CP를 할인한 후 자체 보유하지 않고 매출한다. 자산운용회사의 MMF, 종합금융회사, 은행신탁, 증권신탁 등이 CP 매입의 주요 주체이다. 자산운용회사는 주로 증권회사와 종합금융회사가 중개한 CP를 매수하는 데 비해 은행신탁은 할인·매출기관이 중개한 CP를 매입할 뿐 아니라 직접 할인하여 매입하기도 한다.

(5) 통화안정증권시장

통화안정증권은 유동성 조절을 목적으로 한국은행이 발행하는 증권이다. 한국은행은 경상수지 흑자(적자) 또는 외국인 투자자금 유입(유출) 등으로 시중의 유동성이 증가(감소)하여 이를 구조적으로 환수(공급)할 필요가 있을 경우에 통화안정증권을 순발행(순상환)하여 유동성을 흡수(공급)하게 된다.

통화안정증권의 만기는 공모발행의 경우 3년 이내에서 할인채 10종류(14일, 28일, 63일, 91일, 140일, 182일, 364일, 371일, 392일 및 546일), 이표채 4종류(1년, 1년 6개월, 2년 및 3년) 등 14종류로 되어 있다. 현재 정례발행은 할인채인 91일물과 이표채인 1년물, 2년물 및 3년물에 대해 실시하고 있으며, 발행금액은 최소 100억원 이상 100억원 단위이다.

할인채는 할인방식으로 발행되어 만기일에 액면금액이 지급되며, 이표채는 이표지급방식으로 발행되어 3개월마다 이자를 지급하고 만기일에 액면금액으로 지급한다.

(6) 단기사채시장

단기사채는 '전자증권법'상의 요건을 갖춘 사채권으로서 전자적으로 발행·유통되는 단기금융상품이다. 글로벌 금융위기 이후 금융규제 개혁을 통한 선진금융산업 육성 과제의 하나로 추진되어 2013년 1월 15일 도입되었다.

단기사채의 법적 성격은 어음이 아닌 사채권이지만 경제적 실질은 기존의 기업어음(CP)과 동일하다. 다만 기업어음은 실물로 발행·유통되지만 단기사채는 실물 없이 전자등록기관의 전자장부에 등록(book-entry)되는 방식으로 발행·유통되는 점이 다르다.

단기사채로 인정되기 위해서는 ① 금액은 1억원 이상, ② 만기는 1년 이내, ③ 사채 금액은 일시 납입, ④ 만기에 전액 일시 상환, ⑤ 주식관련 권리 부여 금지, ⑥ 담보설정 금지 등 여섯 가지 요건을 모두 갖추어야 한다.

단기사채는 「상법」 및 「자본시장법」의 적용을 받는 회사채의 일종이지만 단기자금 조달수단으로서 기업어음 대체 효과를 위해 도입된 만큼 발행기관, 인수·매매기관, 중개기관 등은 CP시장과 거의 유사하다.

제2절 자본시장의 의의와 경제적 기능

1. 자본시장의 의의

산업혁명과 더불어 주식회사가 급속하게 발전하게 된 것은 주식회사가 다수인으로부터 소규모의 영세자금을 모아 대규모 산업자금화하는 데 효율적인 제도라는 점에서 산업혁명의 전제조건 중의 하나인 자본축적의 조건을 다른 어떤 형태의 회사보다 잘 충족시킬 수 있었기 때문이다.

주식회사가 다른 회사형태보다도 산업자금 조달에 유리한 점은 첫째, 주주는 자기가 납부한 출자지분 한도 내에서 회사의 채권자에 대하여 책임을 지는 유한책임제도와 둘째, 주주는 출자에 의해서 주권을 취득(자본의 증권화)하고 취득한 주권을 자유로이 양도하여 현금화함으로써 투자 자본을 회수(증권의 자본화)할 수 있는 증권제도, 셋째, 기업의 소유주와 경영인이 서로 다른 소유와 경영의 분리가 바로 그것이다.

이러한 주식회사 제도의 특징으로 인하여 대규모 산업자금을 불특정 다수인으로부터 효율적으로 조달할 수 있게 되는바, 이러한 장기자본의 수급을 원활히 연결시켜 주기 위해서는 자금을 제공하는 일반인보다 손쉽게 참여할 수 있는 조직적이고 전문적이며 상설적인 시장을 필요로 하게 된다. 이러한 기능을 원활히 하기 위해 조직된 것이 자본시장이다.

자본시장이란 금융투자상품(주로 주식과 채권)이 매매거래되는 경제·사회관계를 총칭하는 것으로 일반적으로 다음의 두 가지 의미로 쓰이고 있다.

첫째, 넓은 의미로는 기업을 비롯한 자금의 수요자가 금융투자상품을 발행하거나 매출하여 필요한 자금을 조달하고, 투자자가 금융투자상품의 매입이나 매각을 통하여 자신의 금융자산을 운용하는 일련의 과정, 즉 금융투자상품을 매개로 하여 발행주체와 집합투자업자 및 투자자 사이에서 금융투자상품과 자금의 수급관계가 이루어지는 곳을 말하며 이는 포괄적이며 추상적인 개념의 시장이다.

둘째, 좁은 의미로는 다수의 매매 쌍방이 일정한 시간, 일정한 장소에 집결하여 일정한 조직과 거래질서하에서 증권을 매매 거래하는 조직적이고 구체적인 시장으로서 유가증권시장, 코스닥시장 등을 말한다.

2. 자본시장의 구조

기업이 주식이나 채권 등을 통하여 조달된 자금은 기업의 설비투자 등에 투입되므로 회수하는 데 많은 기간이 걸리는 반면, 일반투자자가 기업에 제공한 자금은 그 투자자가 필요로 할 때에는 언제든지 회수되어 이용될 수 있어야 한다는 서로 상반된 조건을 가지고 있다.

이러한 상호 상반된 조건에 따라 자본시장은 일반적으로 기업이 금융투자상품을 발행하여 자금을 조달하고 일반인이 자금을 제공하여 당해 금융투자상품을 취득하는 발행시장과 투자자가 취득한 금융투자상품을 현금화할 수 있는 유통시장으로 구성되어 있다.

발행시장에서 발행된 금융투자상품이 유통시장에서 유가증권시장 상장이나 코스닥시장 상장을 통하여 거래될 수 있어야 금융투자상품을 취득한 최초의 투자자는 원하는 때에 투자한 자금을 회수할 수 있고 발행주체도 계속 금융투자상품을 원활히 발행할 수 있다. 유통시장은 유가증권시장, 코스닥시장(KOSDAQ: Korea Securities Dealers Automated Quotations), 코넥스시장(KONEX: Korea New Exchange) 및 K－OTC시장(Korea Over－The－Counter) 으로 구분된다.

3. 자본시장의 경제적 기능

자본주의 경제에 있어서 생산활동의 주역인 기업은 증권발행을 통하여 자본을 조달하고 있으며, 이와 같은 기업의 금융활동은 주로 자본시장을 통하여 이루어진다. 자본시장은 국민경제적 측면에서 다음과 같은 기능을 수행한다.

(1) 산업자본의 조달기능

기업의 측면에서 자본시장은 증권발행이란 수단을 통하여 대중의 영세 유휴자금을 널리 모집 흡수하여 이것을 장기의 안정적인 산업자금으로 조달하게 된다. 따라서 자본시장은 기업에 대하여는 자금조달원이 됨과 동시에 유동성 자금을 산업자본화함으로써 시설투자확대 및 기술혁신 그리고 대량생산을 통하여 기업의 체질강화 및 국제경쟁력을 증진시키는 기능을 지니고 있다.

(2) 투자수단의 제공

일반대중에 대하여 자본시장은 저축 내지 자산의 운용을 위한 투자수단을 제공한다. 저축이나 자산을 운용하는 방법에는 여러 가지가 있지만 크게 나누어 부동산이나 귀금속 등과 같은 실물자산에 대한 투자와 은행예금이나 증권투자 같은 금융자산에 대한 투자로 분류할 수 있다.

그런데 일반적으로 개인의 투자성향은 경제·사회가 안정되고 소득이 점차 증대됨에 따라 실물자산보다는 금융자산을 선호하게 되고 금융자산에 대한 투자 중에서도 은행예금과 같은 간접투자보다는 증권과 같은 직접투자를 선호하는 경향이 강하게 된다.

(3) 소득의 재분배

사회적 측면에서 자본시장은 주식의 분산에 의하여 소득의 재분배를 구현하는 정책수단이 되고 있다. 현대 자본주의 국가는 주식의 분산을 통한 대중자본주의를 지향하고 있으며 이에 따라 자본시장은 기업공개 및 주식지분의 분산을 촉진함으로써 대중의 자본소득 증대를 통한 국민복지향상과 사회안정 그리고 중산층 육성이라는 사회적 기능을 가지고 있다.

(4) 자금의 효율적 배분기능

자본시장은 장기적으로 기업의 수익성을 비롯한 모든 정보를 반영하여 진정한 주가와 기업가치를 발견하는 데 기여한다. 주가는 자본시장에 새로 유입되는 정보에 따라 지속적으로 변동하는데, 이에 따라 투자자금이 수익성이 낮은 기업에서 수익성이 높은 기업으로 이동하게 되므로 수익성이 낮은 기업의 구조조정과 퇴출이 촉진되고 수익성이 높은 기업의 활동이 더욱 활성화되어 평균적으로 사회적 수익성을 증대시키는 방식으로 자금의 효율적 배분이 촉진된다.

(5) 재정금융정책의 수단 제공

정부는 자본시장에서 재정증권을 발행하거나 상환함으로써 적자 또는 흑자재정을 운용하는 방식으로 자본시장을 재정정책의 보완적인 수단으로 활용한다. 또한 중앙은행은 자본시장에서 공개시장운영을 함으로써 통화량의 조절 및 경기안정 등을 도모하는 금융정책을 수행한다.

CHAPTER

13 자본시장의 체계

자본시장의 감독기관으로 금융위원회, 증권선물위원회, 금융감독원 등이 있고, 금융투자업자와 이와 관련된 유관기관으로 한국거래소, 금융투자협회, 증권금융회사, 한국예탁결제원, 명의개서 대행회사, 코스콤 등이 있다.

제1절 금융감독기관

1. 금융위원회

금융위원회는 건전한 신용질서와 공정한 금융거래 관행을 확립하고 예금자 및 투자자 등 금융수요자를 보호함으로써 국민경제의 발전에 기여함을 목적으로 하고 있다. 금융위원회는 업무를 수행하기 위해 금융감독원의 업무·운영·관리에 대한 지시와 감독을 한다.

(1) 금융위원회의 구성

금융위원회는 9인의 위원으로 구성하되, 위원장·부위원장 각 1인과 기획재정부 차관, 한국은행 부총재, 예금보험공사 사장, 금융감독원장, 금융위원장이 추천하는 금융전문가 2인, 대한상공회의소 회장이 추천하는 경제계 대표 1인 등으로 구성한다. 금융위원회 위원장은 국무회의 심의를 거쳐 대통령이 임명하며 금융위원회를 대표하여 회의를 주재하고 사무를 총괄한다. 금융위원회 부위원장은 위원장의 제청으로 대통령이 임명한다.

(2) 금융위원회의 소관사무

금융위원회는 ① 금융에 관한 정책 및 제도에 관한 사항, ② 금융기관의 감독 및 검사·제재에 관련된 사항, ③ 금융기관의 설립, 합병, 전환, 영업 양수·도 및 경영 등의 인·허가에 관한 사항, ④ 자본시장의 관리·감독 및 감시 등과 관련된 주요사항, ⑤ 금융소비자의 보호와 배상 등 피해구제에 관한 사항, ⑥ 금융중심지의 조성·발전에 관한 사항, ⑦ 상기 ①항 및 ⑥항과 관련된 법령 및 규정의 제·개정 및 폐지에 관한 사항, ⑧ 금융 및 외국환업무 취급기관의 건전성 감독에 관한 양자·다자간 협상 및 국제협력에 관한 사항, ⑨ 외국환업무 취급기관의 건전성 감독에 관한 사항과 기타 다른 법령에서 금융위원회에 부여된 업무에 관한 사항을 심의·의결한다.

(3) 금융감독원에 대한 감독

금융위원회 위원장은 금융감독원장의 정관 변경과 예산 및 결산 승인권을 보유하고 있으며, 금융감독원의 업무 및 운영·관리에 관한 지도 감독을 위하여 필요한 사항을 심의·의결한다.

(4) 자본시장관계기관에 대한 감독

한국거래소에 대해서는 유가증권시장 상장규정, 공시규정, 시장감시규정, 분쟁조정규정 등 제반 업무규정의 제정·변경·폐지에 대한 승인권한을 보유하고 있다. 또한 금융위원회는 공익 또는 투자자보호를 위하여 한국거래소의 업무 등에 대해 금융감독원으로 하여금 검사를 하게 할 수 있다. 한국예탁결제원과 증권금융회사에 대해서는 업무관계규정 승인, 임원해임, 영업정지 명령 등을 할 수 있으며, 금융투자협회에 대해서는 정관 및 규정 등의 변경명령, 임원해임, 업무정지명령 등을 할 수 있다.

(5) 금융투자업자 등에 대한 지도·감독

자본시장법 제415조와 제416조에 의해 금융위원회는 금융투자업자에 대해 포괄적인 감독과 명령권을 가진다. 첫째, 금융투자업자의 건전한 경영지도를 목적으로 금융투자업등록의 취소, 영업정지명령, 임원해임요구 조치, 상호변경 및 지점신설·변경의 승인, 공개·증자 승인 등의 권한을 보유한다. 둘째, 공익 또는 투자자보호 및 건전한 거래질서유지를 위해 필요한 조치로서, 금융투자업자의 고유재산 운용에 관한 사항, 투자자 재산의 보관·관리에 관한 사항, 금융투자업자의 경영 및 업무개선에 관한 사항, 각종 공시에 관한 사항, 영업의 질서유지에 관한 사항, 영업방법에 관한 사항, 장내파생상품 및 장외파생상품의 거래규모의 제한에 관한 사항 등을 명령할 수 있다.

또한 금융위원회는 자본시장법과 이 법에 의한 명령에 위반된 사실이 있거나 공익 또는 투자자보호를 위해 필요하다고 인정하는 때에는 필요한 자료의 제출을 명하거나 금융감독원장에게 장부·서류 그 밖의 물건을 조사하게 할 수 있다. 구체적으로 조사사항에 관한 사실과 상황에 대한 진술서의 제출, 증언을 위한 출석 및 필요하다고 인정되는 장부·서류 기타 물건의 제출 등을 요구할 수 있다.

(6) 자본시장에 대한 감독

금융위원회는 금융투자업자에 대한 명령권에 근거한 한정적인 준입법적 권한 및 자본시장 질서를 유지하기 위한 한정적인 준입법적 권한을 가진다. 이와 함께 자본시장법의 각 조항에서 구체적으로 위임받은 준입법적 권한을 보유하고 있다.

이와 같은 금융위원회의 자본시장과 관련된 주요 권한을 살펴보면 다음과 같다.

① 증권의 발행·관리

증권모집 및 매출신고서의 심사·수리, 증권신고서에 대한 보고 및 조사 등 증권발행 관련사항

② 공정거래질서유지

기업내용공시, 내부자거래·시세조종행위 등 불공정거래 조사

③ 상장법인의 관리

합병신고서 수리, 상장법인의 회계처리원칙 및 재무제표규칙의 제정 등에 대한 심의, 주식 등의 대량보유상황보고서, 공개매수신고서 수리, 위임장용

지 수리, 자본시장관계법령위반 상장법인에 대한 조치권(유가증권발행 제한, 임원해임권유 등)

2. 증권선물위원회

(1) 주요업무

"금융위원회의 설치 등에 관한 법률"에 의하면 증권선물위원회를 금융위원회에 두도록 되어 있다. 증권선물위원회는 ① 자본시장의 불공정거래 조사, ② 기업회계의 기준 및 회계감리에 관한 업무, ③ 금융위원회가 심의·의결하는 자본시장의 관리·감독 및 감시 등과 관련된 주요사항에 대한 사전심의, ④ 자본시장의 관리·감독 및 감시 등을 위하여 금융위원회로부터 위임받은 업무, 그리고 ⑤ 기타 다른 법령에서 증권선물위원회에 부여한 업무를 관장한다.

(2) 증권선물위원회의 구성

증권선물위원회는 위원장 1인을 포함한 5인의 위원으로 구성하며, 위원장을 제외한 위원 중 1인은 상임으로 한다. 증권선물위원회 위원장은 금융위원회 부위원장이 겸임하며, 증권선물위원회 위원은 ① 금융·증권·파생상품 또는 회계분야에 관한 경험이 있는 2급 이상의 공무원 또는 고위공무원단에 속하는 일반직공무원의 직에 있었던 자, ② 대학에서 법률학·경제학·경영학 또는 회계학을 전공한 자로서 대학이나 공인된 연구기관에서 부교수 이상 또는 이에 상당하는 직에 15년 이상 있었던 자, ③ 기타 금융·증권·파생상품 또는 회계분야에 관한 학식과 경험이 풍부한 자 중에서 금융위원회 위원장의 추천으로 대통령이 임명한다. 위원장이 아닌 증권선물위원회 위원의 임기는 3년으로 하며, 1차에 한하여 연임할 수 있다.

(3) 증권선물위원회의 조직 및 규칙

증권선물위원회의 조직 및 운영에 관하여 필요한 사항은 금융위원회의 규칙으로 정한다. 이러한 규칙을 제정하거나 변경하고자 하는 경우에는 금융위원회의 승인을 얻어야 한다. 증권선물위원회는 업무를 수행하기 위해 금융감독원을 지도·감독한다.

3. 금융감독원

(1) 금융감독원의 성격 및 감독범위

금융감독원은 금융위원회 또는 증권선물위원회의 지도·감독을 받아 금융기관에 대한 검사·감독업무 등을 수행하는 무자본특수법인으로서 1999년 1월 1일부터 업무를 시작하였다. 금융감독원은 독립된 별도의 공법인으로서의 성격을 지니며, 금융감독업무와 관련하여 중립적이고 전문적인 금융감독기능을 수행하는 것을 목적으로 하고 있다. 특히 자본시장감독과 관련하여, 금융위원회와 증권선물위원회의 지도 및 감독하에 실질적으로 동 위원회의 업무를 집행하는 기관이다.

금융위원회가 설립되기 이전인 1998년 4월 이전에는 증권감독원에서 증권거래법에 의해 설립된 증권회사, 증권금융회사, 투자자문회사를 감독하고, 투자신탁회사와 종합금융회사는 재정경제부에서 직접 감독을 하였지만 금융감독원이 설립된 이후 통합되었다.

(2) 금융감독원의 조직

금융감독원에는 원장 1인, 부원장 4인 이내, 부원장보 9인 이내와 감사 1인을 두도록 되어 있다. 금융감독원의 원장은 금융위원회의 의결을 거쳐 금융위원회 위원장의 제청으로 대통령이 임명한다. 금융감독원의 부원장은 원장의 제청으로 금융위원회가 임명하고 부원장보는 원장이 임명한다. 감사는 금융위원회의 의결을 거쳐, 금융위원회 위원장의 제청으로 대통령이 임명한다. 원장·부원장·부원장보 및 감사의 임기는 3년으로 하며, 1차에 한하여 연임할 수 있다. 부원장·부원장보와 감사에 결원이 있는 때에는 새로 임명하되, 그 임기는 임명된 날부터 기산한다.

(3) 금융감독원의 주요업무

금융감독원은 “금융감독기구의 설치 등에 관한 법률”과 다른 법령이 규정하는 바에 따라 금융기관의 업무 및 재산상황에 대한 검사, 법령의 규정에 의한 제재, 금융위원회 및 증권선물위원회의 업무보좌, 기타 법령에서 금융감독원이 수행하도록 하는 업무 등을 담당한다.

금융감독원장은 금융감독원의 업무수행과 관련하여 필요한 경우에는 금융위원회의 승인을 얻어 규칙을 제정할 수 있다. 그리고 금융감독원은 검사가 위탁된 대상기관에 대하여 업무수행상 필요하다고 인정하는 때에는 그 기관에 대하여 업무 또는 재산에 관한 보고, 자료의 제출, 관계자의 출석 및 진술을 요구할 수 있다.

금융감독원장은 금융기관의 임직원이 규정·명령 또는 지시를 위반한 경우, 요구하는 보고서 또는 자료를 허위로 작성하거나 그 제출을 태만히 한 경우, 금융감독원의 감독과 검사업무의 수행을 거부·방해 또는 기피한 경우, 시정명령이나 징계요구에 대한 이행을 태만히 한 경우 당해 기관의 장에게 이의 시정을 요구하거나 당해 직원의 징계를 요구할 수 있다.

금융기관이 규정·명령 또는 지시를 계속 위반하여 위법 또는 불건전한 방법으로 영업을 하는 경우에는 금융위원회에 당해 기관의 위법행위 또는 비행의 중지 혹은 6월의 범위 내에서의 업무의 전부 또는 일부 정지를 명할 것을 건의할 수 있다.

제2절 금융투자업자

자본시장법으로 인해 기존의 증권회사, 선물회사, 자산운용회사 등 자본시장 관련업에 대한 겸영이 허용되어 등장한 금융투자업자는 투자자들에게 다양한 금융투자상품과 서비스를 제공하게 되었다. 또한 금융투자상품에 포괄주의가 적용되어 그 종류가 무한대에 가까울 정도로 늘어나게 되었고, 금융투자업자들은 서로 경쟁적으로 신상품을 개발해 판매함에 따라 투자자 선택 폭이 훨씬 넓어지게 되었다.

자본시장법에서는 금융투자업자를 이익을 얻을 목적으로 계속적이거나 반복적인 방법으로 아래 6가지 업무(투자매매업, 투자중개업, 집합투자업, 투자자문업, 투자일임업, 신탁업) 중 어느 하나에 해당하는 업무를 수행하는 회사로 정의하였다. 자본시장법에서는 금융투자업 간 겸영을 법률에서 허용하므로 금융투자업자가 원할 경우 6개 금융투자업을 모두 겸영할 수 있다. 또한 6개의 금융투자업이 추상적으로 정의되어 포괄화가 되었다. 이는 금융투자업의 범위가 광역화되고 금융투자업자의 업무범위가 확대되는 효과가 있다. 자본시장법이 제정되기 전에는 금융투자관련업 분야의 겸영이 원칙적으로 금지되어 있었다. 이 때문에 다양한 금융투자업을 영위하는 대형 투자은행이 성장하기 어려운 풍토였다. 21세기 경제 분야의 국가경쟁력을 강화시키기 위해서는 고위험·고부가가치의 산업에 자본을 공급할 수 있는 자본시장의 발전이 뒷받침되어야 하며, 이를 위해서는 자금중개기능을 수행하는 투자은행의 육성이 간절하다. 기능별로 분류된 금융투자업자의 기본업무는 다음과 같다.

1. 투자매매업

투자매매업은 자기 계산으로 금융투자상품을 매수·매도·발행·청약 등을 하는 업이다. 즉, 과거 증권거래법상 증권회사의 매매업·인수업·매출업, 종금사의 매매업과 인수업, 그리고 간접투자자산운용업법상 간접투자증권의 판매업을 의미하는 것으로서 누구의 명의로 하든 '자기계산' 으로 매매가 이루어진다는 점에서 투자중개업과 다르다. 여기서 주의할 점은 '발행'을 금융투자업의 하나로 열거하였다는 것이다. 그 이유는 ELS와 같은 신종증권이나 수익증권 등을 발행하는 업무를 투자매매업으로 보아 투자자 보호 규율을 적용하기 위한 것이다. 그러나 일반기업이 증권을 발행하는 경우는 자금조달 목적이고 영리 목적으로 보기 어려우므로 투자매매업에서 제외된다.

전문성은 있으나 자금이 부족해 금융투자업을 하지 못하는 경우에 대비하여 금융투자업자의 자기자본금은 2008년 9월에 6개의 금융투자업별로 최저자기자본금 규모를 차등화함으로써 금융투자업자 설립요건이 대폭 완화되었다. 또한, 시스템리스크와 투자자 보호에 미치는 영향이 적은 업무의 경우에는 경쟁촉진을 위해 자기자본금 기준이 낮지만, 6개 금융투자업 전부를 영위하는 경우에는 2,000억원을 자기자본으로 확보해야 금융투자업자 설립이 가능하다. 이는 금융투자상품의 특성상 항상 위험에 노출되어 있으므로 투자자 보호의 필요성이 증대된 까닭이다.

표 13-1 투자매매업의 인가·등록 및 자기자본

금융투자업의 종류		금융파생상품의 범위	자기자본(억원)
투자매매업	인수 포함	증권	500
	인수 제외	증권	200
	인수만	증권	60
		장내파생	100
		장외파생	900

그리고 특화·전문 금융투자업자 진입이 원활히 이루어지도록 인가·등록 업무단위를 세분화하였다. 자본시장법의 진입요건은 금융기관의 상대방이 되는 투자자가 노출되는 위험의 크기에 따라 차등화되었다. 즉, 위험에 상응하는 자기자본을 설정을 하도록 규정된 것이다. 투자매매업은 금융투자업자의 6가지 업무 중 가장 위험의 크기가 크므로 900억원(장외파생상품취급시)의 자기자본을 충족시켜야 금융투자업자 설립이 가능하다

2. 투자중개업

투자중개업은 타인의 계산으로 금융투자상품을 매수·매도·청약 등을 하는 업으로 정의한다. '타인의 계산'으로 매매한다는 점에서 투자매매업과 다르다. 과거 증권거래법상 증권회사의 위탁매매업, 중개업, 대리업, 매매위탁의 중개·주선·대리업, 모집·매출의 주선업, 선물거래법상 선물회사의 선물거래법, 종금사의 중개업 등이 투자중개업에 해당한다.

금융투자업자는 기업과 투자자 사이에서 효율적으로 자금을 연결함으로써 국민경제에 이바지하는 자본시장의 중추적인 기관으로서, 그 업무의 특성상 고도의 공공성과 윤리성이 요구된다. 이에 따라 자본시장법에서는 금융투자업자의 공신력 제고와 공정한 경쟁을 도모하는 한편, 공정거래질서와 투자자보호를 위한 규제를 가하고 있다.

표 13-2 투자중개업의 인가·등록 및 자기자본

금융투자업의 종류	금융파생상품의 범위	자기자본(억원)
투자중개업	증권	30
	장내파생	20
	장외파생	100

금융투자업 인가·등록을 받기 위해서는 시행령에서 정하는 자기자본을 갖추어야 한다. 대형화·겸업화, 전문화·진입활성화를 유도할 수 있도록 인가·등록단위별 자기자본 요건은 위험도와 투자자보호의 필요성에 따라 차등화되어 있다. 즉, 투자매매업은 투자중개업보다 더욱 위험이 수반되므로 더 많은 자기자본이 요구된다. 또한, 상품별로는 장외파생상품에 가장 많은 자기자본을 요구하고 새로운 상품이 많이 등장할 수 있는 증권에 대해서는 장내파생에 비해 많은 자기자본을 요구한다.

3. 집합투자업

집합투자업이란 2인 이상에게 투자권유를 하여 모은 금전 등 또는 "국가재정법" 제81조에 따른 여유자금을 투자자 또는 각 기금관리주체로부터 일상적인 운용지시를 받지 않으면서 자산을 취득·처분 그 밖의 방법으로 운용하고 그 결과를 투자자 또는 각 기금관리주체에게 배분하여 귀속시키는 업을 말한다. 즉 소위 펀드의 경우처럼 복수의 투자자로부터 모집된 자금을 독립된 제3자가 운용하고 그 결과를 자금을 출연한 자에게 분배하는 것을 말한다.

집합투자업(자산운용업)자는 투자신탁의 위탁자가 되거나 투자회사의 법인이사가 되어 집합투자재산을 운용하는 자로 금융위원회의 허가를 받아야 한다. 과거에는 금융업에 대한 인가요건을 자본금 기준으로 했으나 자기 재산을 운용하는 정확한 위험흡수능력을 나타내는 자기자본으로 변경하면서 특정금융투자상품만을 대상으로 영업하는 경우에는 최저자기자본 요건을 대폭 완화하였다.

집합투자업자와 관련된 최저자기자본 요건을 보면, 모든 자산을 운용할 수 있는 집합투자업은 80억원, 집합투자기구 종류별로는 부동산·특별자산펀드 각

20억원, 증권펀드 40억원으로 세분되었다. 집합투자업자가 자신이 운용하는 집합투자기구(투자신탁, 투자회사 등)의 집합투자증권(투자신탁의 수익증권, 투자회사의 주식)을 매매하는 경우에는 해당 증권에의 전문성 등을 감안하여 필요 자기자본이 1/2수준 경감된다. 또한 집합투자업자의 운용자산규모가 1조원을 초과하는 경우 상근감사를 두어야 한다.

4. 투자자문업

투자자문업이란 금융투자상품의 가치 또는 금융투자상품에 대한 종류, 종목, 취득, 처분 및 그 방법, 수량, 가격, 시기 등에 대한 투자판단에 관한 자문에 응하는 것을 영업으로 하는 것으로서, 투자자문업자는 대통령령이 정한 등록요건을 충족하는 금융위원회에 등록한 주식회사이다.

자본시장법상 투자자문업의 등록업무 단위별 기본요건인 최저 자기자본액은 [표 13-3]와 같이 업자의 담당업무와 투자자 구분에 따라 달리 규정된다.

표 13-3 투자자문업의 최저 자기자본

등록업무단위	금융투자상품의 범위	투자자 유형	최저 자기자본
투자자문업	증권, 장내파생상품, 장외파생상품	일반투자자,전문투자자	5억원
투자자문업	증권, 장내파생상품, 장외파생상품	일반투자자,전문투자자	2.5억원

5. 투자일임업

투자일임업이란 투자자로부터 금융투자상품에 대한 투자판단의 전부 또는 일부를 일임받아 투자자별로 구분하여 금융투자상품을 취득, 처분, 그 밖의 방법으로 운용하는 것을 영업으로 하는 것으로서 투자일임업자는 대통령령이 정한 등록요건을 충족하는 금융위원회에 등록한 주식회사이다.

자본시장법상 투자일임업자의 등록업무 단위별 기본요건인 최저 자기자본액은 [표 13-4]와 같이 업자의 담당업무와 투자자 구분에 따라 달리 규정된다.

표 13-4 투자자문업 및 투자일임업자의 최저 자기자본

등록업무단위	금융투자상품의 범위	투자자 유형	최저 자기자본
투자일임업	증권, 장내파생상품, 장외파생상품	일반투자자,전문투자자	15억원
투자일임업	증권, 장내파생상품, 장외파생상품	전문투자자	7.5억원

6. 신탁업

자본시장법에서의 신탁업을 영위하는 신탁업자는 과거 "신탁업법"에 의한 은행 신탁계정 중 금전신탁, 재산신탁(증권, 동산, 부동산, 지적재산권 등), 종합재산신탁 등의 업무를 영위하는 단독운영자와, 투자신탁과 투자회사의 수탁자로서 투자신탁재산의 보관·관리업무를 수행하는 수탁업자를 의미한다. 자본시장법에 의해 신탁업법이 폐지되어 은행과 보험회사의 경우 신탁업을 영위하기 위해서는 자본시장법에 의한 겸영금융투자업의 인가를 받아야 한다. 신탁업자는 신탁업을 영위함에 있어 선관의무와 충실의무가 요구되어, 신탁업자는 수익자에 대하여 선량한 관리자의 주의로써 신탁재산을 운용하여야 하고, 수익자의 이익을 보호하기 위하여 해당 업무를 충실하게 수행하여야 한다. 또한 신탁재산과 자신의 고유재산을 구분해야 한다.

제3절 관계기관

1. 한국거래소

한국거래소는 증권 및 장내파생상품의 공정한 가격형성과 가격안정 및 그 유통의 원활화를 기하기 위하여 자본시장법에 의해 설립된 기구이다. 이러한 한국거래소는 첫째, 계속적이고 상설적으로 개설되는 시장이라는 시간적 특성을 가지고 있다. 둘째, 시장집중이라는 공간적 특성을 가지고 있으며, 셋째, 회원인 금융투자업자와 투자자들이 자유로이 매도측도 되고 매수측도 된다는 거래주체상의 특징이 있다. 넷째, 거의 완전한 대체성이 보장된 증권 및 파생상품을 거래

한다는 거래대상의 특징이 있으며, 마지막으로 공개적인 경쟁매매가 이루어지고, 거래방법이 정형화되어 있으며 기술적으로 전문화되어 있다는 거래행위상의 특징을 가지고 있다.

한국거래소는 1956년 2월에 설립되었는데, 처음의 영단제에서 1962년 제정된 증권거래법에 의해 주식회사제로 개편되었고, 같은 해 5월의 증권파동을 계기로 정부가 거래소에 출자하는 공영제로 다시 개편되었다. 1988년 3월 증권시장의 비약적인 규모확대와 자본시장의 국제화 등 급격한 환경변화에 대응하여 거래소의 내부운영에 관한 자율성을 확보하고 증권시장의 효율적 관리를 위하여 거래소의 조직형태를 공영제에서 회원제로 바꾸었다. 그리고 2004년 1월 한국증권선물거래소 설립에 관한 법률인 "한국증권선물거래소법"이 제정되어 흔히 증권시장으로 알려진 종전의 증권거래소, 코스닥거래소 및 선물거래소를 통합하였다. 통합된 한국증권선물거래소에서 각 거래소별로 기본적인 조직과 특색을 그대로 유지하였으므로 통합 이후의 거래소별 역할과 기능은 변화가 거의 없었다.

자본시장법이 본격적으로 시행된 2009년 2월부터 한국증권선물거래소라는 명칭이 간단히 '한국거래소'로 개칭되었다.

2. 한국금융투자협회

한국금융투자협회는 금융투자업자 상호간에 업무질서를 유지하고 공정한 거래를 확립하고, 투자자를 보호하며, 금융투자업의 건전한 발전을 위하여 설립된 기관이다. 협회는 금융투자업자들의 회원조직으로서 공공적 성격을 띤 법에 의해 공인된 금융투자업에 대한 자율규제기관으로서 사단법인이다.

한국금융투자협회는 금융투자업자 상호간의 업무질서를 유지하기 위한 자율규제 기능을 갖고 있다. 그리고 유가증권시장 및 코스닥시장에 상장된 주권이 아닌 주권의 장외매매거래에 관한 업무를 하고 있으며, 증권업에 대한 조사연구는 물론 자본시장연수원을 통하여 금융투자업 종사자의 자질 향상과 자본시장 전문인력 양성에 주력하고 있다.

그리고 채권시장이 활성화되기 위한 제도적 검토는 물론 금융거래의 지표가 되는 채권수익률 등을 공시하고 있으며, 활발한 국제교류와 선진금융기법 등의 연구를 통하여 증권산업이 선진화될 수 있도록 하고 있다.

한편 건전한 투자문화가 정착되고 불공정행위가 없도록 투자자보호센터를 설치 운영함으로써 투자자보호를 위해서도 힘을 쏟고 있다.

3. 증권금융회사

증권금융회사란 자본시장에 필요한 자금을 공급하여 금융투자상품의 발행 및 유통을 원활하게 하고 공정한 가격형성을 도모하고 자본시장의 건전한 발전에 기여하는 증권금융을 전문으로 하는 회사를 말하는데 우리나라에는 한국증권금융(주)이 설립되어 있다.

한국증권금융은 자본시장법에 의거하여 허가받은 주식회사로서 주요 취급 업무는 금융투자상품의 인수자금대출, 증권유통금융(신용공여), 금융투자업자 등에 대한 운영자금 대출, 주식매입자금 지원 등의 유가증권 담보대출 업무 및 유가증권 대여업무, 환매조건부채권 매수업무, 공모주청약금 예치업무, 고객예탁금 반환준비금 예수업무, 환매도준비금 예수업무 및 우리사주 조합에 대한 지원·지도 등의 업무를 수행하고 있다.

4. 한국예탁결제원

한국예탁결제원은 증권 집중예탁업무, 증권의 계좌간 대체업무, 예탁원과 유사한 업무를 영위하는 외국법인과의 상호계좌 설정을 통한 유가증권예탁 및 계좌간 대체업무, 유가증권의 명의개서 대행업무, 유가증권의 보호예수 업무, 증권 관리업무, 기타 법령에서 정한 업무(증권거래세 원천징수, 실질주주 의결권 대리행사)를 수행하고 있다. 현재 우리나라에서는 증권의 집중예탁과 계좌간 대체 및 유통의 원활을 기하기 위하여 한국예탁결제원이 설립되어 운영되고 있다. 한국예탁결제원은 자본시장법에 의해 설립된 특수 공법인으로서 타인의 유사업무 영위가 금지되고 있다.

대체결제제도란 증권의 매매 또는 기타의 거래를 함에 있어서 투자자, 금융투자업자, 금융기관 등이 소유하고 있는 증권을 일정한 수탁기관에 집중적으로 예탁하여 놓고 매매거래 등에 따른 증권의 수수를 현물에 의하지 아니하고 계좌간의 대체로 결제하는 제도를 말한다.

5. 명의개서 대행회사

명의개서 대행회사는 증권 발행회사와 계약에 의하여 발행회사를 대신하여 주주명부 관리와 증권 관리업무의 대행, 배당, 이자 및 상환원금의 지급을 대행하는 업무 및 증권의 발행을 대행하는 업무를 영위할 수 있다. 현재 명의개서 대행회사로는 한국예탁결제원, 하나은행과 국민은행이 있다.

6. KOSCOM

KOSCOM은 우리나라 증권시장이 급성장하여 각종 증권업무처리 및 정보전달체계의 전산화가 시급한 과제로 대두됨에 따라 이러한 기능을 수행할 목적으로 1977년 9월 20일 한국거래소의 단독출자에 의해 설립되었으나, 현재는 금융투자업자들도 출자하고 있다.

KOSCOM의 주요업무로는 ① 금융투자 관계기관, 금융투자업사, 그리고 기타 기업의 전산업무의 수탁, ② 컴퓨터에 관한 연구, 개발, 훈련 및 이들 업무에 관련이 있는 사항의 지도 또는 용역제공, ③ 한국거래소와 대체결제회사의 계산업무의 전산처리, ④ 금융투자업자의 매매주문과 기타 업무의 전산개발 및 처리 등이 있다.

7. 한국상장회사협의회

상장회사협의회는 투자자를 보호하고 상장회사의 권익 옹호 및 친목을 도모하기 위하여 1973년 12월에 설립된 사단법인으로서 한국거래소에 주식을 상장한 회사는 모두 동 협의회의 회원이 된다.

상장회사협의회의 주요업무는 상장회사 기업내용 공시, 상장회사 증자협의 및 지도, 배당정책에 관한 협의 및 지도, 상장회사 관련업무지원을 위한 교육 및 연수, 상장회사 관련 제도와 업무의 개선 및 통일, 상장회사 우리사주 조합업무 연구 및 지원, 상장회사 자료 전산화, 등록법인과 외부감사대상법인에 대한 업무지도, 관련기관에 대한 건의, 기타 협의회의 목적 달성에 필요한 사업 등이다.

8. 전국투자자교육협의회

전국투자자교육협의회는 2005년 6월 9일 합리적 투자문화 및 투자자보호를 위해 설립된 비영리단체이다. 협의회는 자본시장 분야에 대한 체계적이고 효율적인 교육프로그램 제공과 투자자보호를 위한 각종 정보제공을 통해 일반인의 투자판단능력 향상과 평생자산설계 등에 도움을 주는 것을 목적으로 한다. 협의회는 투자자교육의 인프라 확충을 위하여 통합 홈페이지 및 국내·외 투자자교육 네트워크를 구축하고 강사풀 확보를 통한 효율적 교육시스템 마련, 투자자교육 저변확대, 교육의 선진화를 위한 조사연구 등의 업무를 수행하고 있다.

CHAPTER

14 주식시장

제1절 주식

1. 주식의 의의

주시은 주식회사가 발행한 출자증권으로서 기업이 경제주체로서 성립하기 위한 납입자본을 조달하기 위하여 발행된다. 주식은 자본의 구성단위이다. 주식 발행에 의하여 조달된 자본은 회사의 자기자본으로 전환되어 기업경영의 물적 기초가 되며, 주식의 소유자는 주주로서 회사에 대하여 법률상 규정된 지위를 갖게 된다.

그림 14-1 주식의 예

즉 주주란 주식을 원시적으로 취득(회사설립 또는 신주발행의 경우)하거나 승계적으로 취득(상속 또는 양수 등)함으로써 권리·의무의 주체가 되는 자를 말한다. 또한 주주의 자격에는 제한이 없으므로 자연인은 물론 법인이나 외국인 또는 무능력자도 주주가 될 수 있다. 주주가 가지는 주요한 권리에는 이익배당청구권, 의결권, 잔여재산분배청구권 및 신주인수권 등이 있다.

2. 주식의 종류

(1) 권리의 우선 순위에 따른 분류

① 보통주

보통주는 주주가 가지는 각종의 권리를 평등하게 가진 주식으로서 이익배당이나 잔여재산의 청구 등에 있어서 우선적 지위 또는 후배적 지위를 결정하는 기준이 되는 주식을 말한다.

② 우선주

우선주는 이익배당 또는 잔여재산의 청구 등과 같은 재산상 이익을 받는데 있어서 우선적 지위가 인정된 주식이다.

ⅰ) 누적적 우선주와 비누적적 우선주

누적적 우선주란 회사의 경영사정에 의하여 어떤 연도에 우선배당률 이하의 배당을 하거나 전혀 배당을 하지 못하는 경우 미지급된 배당분을 다음 결산기에 보상하는 누적적 조건을 붙인 우선주이다. 따라서 다음 결산기에는 전기에 미지급된 배당 이월분과 당기의 우선 배당분과의 합계액이 보통주에 우선하여 배당된다. 비누적적 우선주는 이러한 부족 배당이 보전되지 않고 당해 결산기가 경과하면 소멸되는 주식이다.

ⅱ) 참가적 우선주와 비참가적 우선주

참가적 우선주와 비참가적 우선주의 구분은 우선주가 일정률의 우선 배당을 받은 다음에 남은 이익에 대해서도 보통주와 같이 참가하느냐(참가적 우선주)의 여부에 따른 분류이다.

iii) 신형우선주

최저배당률과 존속기간이 정해져 있다는 점에서 기존의 우선주와는 구별된다. 존속기간 경과 후에는 보통주로 전환되며 최저배당률이 있다는 점에서 회사채형 우선주라고도 한다.

③ 후배주

후배주는 재산상 청구권에 관하여 열위적 지위가 부여된 주식을 말하는 것으로 보통주와의 상대적 관계에서 파악되는 개념이다. 후배주는 회사의 발기인에 대하여 주로 발행되기 때문에 발기인주(founders' share) 또는 경영자주(management share)라고 부르기도 한다. 후배주는 우리나라에서는 거의 발행되지 않는다.

④ 혼합주

혼합주는 배당 및 잔여재산청구권 등에 있어 각각 어떤 권리에 있어서는 우선권을 가지나, 다른 권리에 있어서는 불리한 주식을 말한다. 후배주와 같이 우리나라에서는 거의 사용되지 않고 있다.

(2) 의결권의 유무에 따른 분류

① 의결권주

의결권이라 함은 주주총회에 상정되는 여러 의결사항에 대한 투표권을 뜻하는데 보통주에 의결권이 부여되는 것이 일반적이다. 우리나라는 1주에 하나의 의결권만을 부여하고 있다.

② 무의결권주

무의결권주는 통상 경영권 지배가 아닌 배당에만 관심이 있는 투자자를 대상으로 발행된다. 무의결권주는 우선적 배당을 전제로 의결권을 부여하지 않는 것이므로 소정의 배당 우선권이 실현되지 아니할 때에는 의결권이 부활된다. 또한 상법은 무의결권 주식이 너무 많이 발행될 경우 소수의 주주에 의하여 회사가 지배될 우려가 있으므로 무의결권 주식의 총수는 발행주식 총수의 1/4을 넘지 못하도록 하고 있다. 무의결권주는 주주총회 시 정족수 계산에서 발행주식 총수에 산입하지 않는다.

(3) 주식액면기재 유무에 따른 분류

① 액면주

액면주란 주권에 그 주식의 액면가액이 기재되어 있는 주식을 말한다. 액면가액의 의미는 첫째, 회사 자본금의 구성단위이고 둘째, 회사에 최초로 자본을 출자한 주주의 출자자본액의 기초인 동시에 주주의 유한책임 한도를 표시한다. 우리나라 상법에서는 액면주식의 금액은 균일하여야 하며 100원 이상이어야 한다고 규정하고 있다. 이에 따라 상장주식들의 액면분할도 가능하게 되었다.

② 무액면주

주권에 주금액이 기재되어 있지 않고 주식 수만이 기재되어 있는 주식이다. 현재 미국과 같은 선진국에서는 무액면주식의 발행이 보편화되고 있다. 우리나라도 2012년 4월 15일 상법개정으로 무액면주를 발행할 수 있게 되었다.

(4) 기명 유무에 따른 분류

① 기명주

기명주는 주주의 성명이 주권이나 주주명부에 기재되어 있는 것을 말하며 상법은 기명주식을 원칙으로 하고 있다. 회사가 기명주식을 발행하는 경우에는 그 시점의 자본적 배경을 알 수 있기 때문에 경영상 편리하며, 각종의 통지나 최고를 하는 데 편리하고 주주명부에 기재한 사실만으로 권리행사의 자격이 인정된다.

② 무기명주

무기명주식은 주주의 성명이 주권이나 주주명부에 기재되지 않고 주권을 소유함으로써 주주의 자격을 인정받게 된다. 이 주식은 주권의 유통을 신속, 원활히 하는 장점이 있으나 권리행사자를 확정짓기가 곤란하다. 따라서 상법은 무기명주권을 보유한 자가 권리를 행사함에 있어서는 주권을 회사에 공탁하도록 하고 있다.

(5) 기타의 분류

① 보증주

회사가 발행하는 보통주 및 우선주 등에 대하여 그 이익배당의 지급을 정부, 금융기관 등이 보증하는 주식으로 기업의 이윤에 관계없이 배당이 확정되어 있는 주식이다.

② 상환주

주주권의 존속기간이 한정되어 있는 주식이다. 주식의 발행에 의하여 조달된 자본은 회사의 자기자본을 구성하고 회사가 존재할 때까지 영구적으로 회사에 귀속되는 것이 원칙이나, 상환주는 그 발행 시부터 일정기간 후에 회사의 이익으로써 재매입하여 소각하도록 예정되어 있는 주식을 말한다. 따라서 원금이 상환된다는 점에서 회사채적 성격을 가지고 있다.

③ 전환주

회사가 여러 종류의 주식을 발행한 경우, 일정한 요건 하에서 정하여진 전환율에 따라 다른 종류의 주식으로 전환할 수 있는 권리가 부여된 주식이다. 전환권은 우선주에 대하여 주어지는 경우가 많으며, 보통주로 전환되는 것이 일반적이다.

④ 유상주와 무상주

이는 기존의 회사가 신주를 발행하는 경우에 주금의 납입이 있느냐 없느냐에 따른 구분으로 주금의 납입에 의하여 발행되는 주식을 유상주라 하고, 주금의 납입 없이 발행회사가 무상으로 할당하는 것을 무상주라 한다.

제2절 주식발행시장

1. 발행시장의 의의

증권의 발행시장은 기업, 정부, 공공기관 등 자본을 필요로 하는 증권발행자가 증권을 신규로 발행·매각하여 장기자본을 조달하는 시장이다. 증권발행시장은 증권이 신규 발행되어 투자자에게 매각되는 일련의 과정에 대한 법규, 제도, 관행 등을 포함한 일체의 시스템을 말한다. 증권발행시장은 증권발행자와 투자자 사이에서 증권과 대금이 최초로 교환되고, 발행자에게 자금이 직접 공급된다는 점에서 1차 시장(primary market) 또는 신규증권시장(new issue market)이라고 한다.

2. 발행시장의 기능

발행시장은 다음과 같은 여러 가지 기능을 수행하고 있다. 첫째는 자금조달 기능이다. 자금의 수요자인 발행주체의 입장에서 발행시장은 광범위한 소액의 단기자금을 운영하는 투자자 층으로부터 거액의 장기자금을 일시에 조달할 수 있게 하여 기업자본의 대규모화를 가능하게 한다. 또한 발행시장은 이러한 자금 공급에 따라 창출되는 부가가치를 배당, 이자 등의 형태로 투자자들에게 적절히 배분되게 하는 창구의 기능을 하게 된다. 둘째는 자본의 집중기능이다. 널리 흩어져 있는 자금의 공급자(투자자)로부터 증권을 매개로 하여 자금의 수요자에게 자본을 집중시켜 주는 역할을 한다. 셋째는 최초 소유분산기능이다. 신규로 발행되는 증권의 최초 분산이 가능하게 하여 기업의 소유구조를 분산시켜주게 된다. 넷째는 경제조정기능이다. 정부는 자본시장에서 공개시장조작 등을 통하여 통화를 조정하여 물가안정, 금리안정 등을 꾀하여 경기를 조절하는 등 경제안정 기능을 수행한다. 다섯째는 투자수단의 제공기능이다. 투자자는 자금을 제공하고 배당과 이자를 받아 부(wealth)의 증식이 이루어진다.

3. 발행시장의 구조

발행시장은 자금의 수요자인 발행주체, 증권발행의 사무절차를 주도하고 발행위험을 부담하는 발행기관, 즉 인수기관 그리고 자금의 공급자인 투자자로 구성된다.

(1) 발행주체(issuer)

발행시장에서 증권을 발행하여 자금을 조달하는 주체로서 주식이나 회사채를 발행하는 주식회사, 국공채를 발행하는 국가 및 지방자치단체, 특별법에 의하여 설립된 법인(특수법인, 특수은행), 국내에서 증권을 발행하는 외국법인 등이 있다.

(2) 인수기관(underwriter)

인수기관은 증권의 발행주체와 투자자 사이에서 증권과 자금이 적절하게 배분될 수 있도록 증권발행에 따른 사무 처리를 하고 증권을 모집 또는 매출할 때 인수기능을 수행하는 기관으로서 증권발행에 관한 지식과 경험 및 자금이 풍부하고 금융·자본시장의 사정에 정통하여야 효율적인 업무수행이 가능하다.

이러한 인수에 따르는 책임과 위험을 분산하고 발행증권의 매출을 원활하게하기 위해 여러 발행기관이 공동으로 하나의 증권 발행에 참여하는 것이 보통인데 이러한 발행기관의 집단을 인수단(syndicate) 이라고 한다. 발행기관은 상황에 따라 간사단, 인수단, 청약단으로 그 역할을 달리하고 있다.

① 간사단

간사단은 증권의 발행자와 투자자 사이에서 증권이 원활하게 이동·배분될 수 있도록 인수단을 구성하고 증권발행에 따른 사무처리, 발행자에 대한 조언 및 사무절차대행을 행하는 기관이다. 여기에는 역할에 따라 주간사와 공동간사가 있으며 증권업의 고유업무 중 하나인 인수업무가 간사단의 업무에 해당된다.

따라서 간사단의 자격을 가지는 회사는 금융투자업자만이 해당된다. 단, 채권의 경우에는 산업은행 등 일부 은행도 간사가 될 수 있다.

② 인수단

인수단은 발행기관의 기능 중 가장 중요하고 큰 기능을 하는 발행기관의 집단으로서 증권을 발행자로부터 직접 매입하는 인수기능을 하는 기관이다.

이 기능 때문에 발행주체는 일시에 거액의 자금을 조달할 수 있게 된다. 인수단의 자격을 가지는 회사는 위의 간사단의 자격을 가지는 금융투자업자 및 은행의 신탁계정이 해당된다.

③ 청약단

청약단은 널리 흩어져 있는 불특정 다수인을 대상으로 청약을 대행해주는 기관으로서 자기의 책임과 계산 없이 단순히 청약만 대행하며 모집내역을 집계하여 인수단에 직접 청약을 하게 된다. 그러므로 여기에는 특별한 자격요건이 없으며 불특정 다수인을 모집할 수 있는 기관이면 모두 다 가능하다.

(3) 투자자(investor)

발행시장에서 모집 또는 매출에 응하여 최종적으로 증권을 취득하여 발행주체에 자금을 공급하고 이것을 다시 유통시장에서 매각하는 과정을 통해 부의 증식을 꾀하는 자를 말한다. 투자자는 발행주체에 대해 자금의 공급자가 되며 유통시장에서의 최초 투자자가 된다. 자본시장법에서는 투자자를 전문투자자와 일반투자자로 구분한다. 우리나라의 주요 기관투자자(은행, 금융투자업자, 보험회사, 연금기관, 각종 재단 등)는 전문투자자로 구분되고, 일반투자자는 전문투자자 이외의 투자자를 의미한다.

제3절 발행시장의 형태

증권의 발행형태는 일반적으로 발행될 증권의 수요자를 구하는 방법에 따라 공모발행과 사모발행으로 나누어지며, 발행에 따른 위험부담과 발행모집 사무절차를 누가 부담하느냐에 따라 직접발행과 간접발행으로 나누어진다. 이중 공모발행의 경우 주로 간접발행의 형태로 이루어지게 된다.

1. 공모발행과 사모발행

(1) 공모발행

주식의 공모발행은 회사를 신설하거나 주식회사 설립 후에 자금조달을 목적으로 신주를 발행할 때 발행주식을 회사와는 관련이 없는 일반투자자로부터 동일한 가격과 조건으로 모집하는 것을 말한다. 채권의 공모발행은 발행가격과 이자율, 상환기간 등 일정한 조건을 제시하고 널리 투자자를 모집하여 자금을 납입하게 하고 채권을 교부하는 것을 말한다. 공모발행의 경우 대부분의 발행주체가 모집능력이 부족하므로 간접발행의 형태를 취하게 된다.

(2) 사모발행

발행주체가 특정의 증권 수요자만을 상대로 하여 증권을 발행하는 방법으로 증권 발행총액의 전액 소화가 가능하여야만 취할 수 있는 발행형태이다. 사모발행은 대부분 직접발행의 형태를 취한다.

2. 직접발행과 간접발행

(1) 직접발행

직접발행이란 발행주체가 스스로 발행위험을 부담하고 발행모집사무를 직접 행하여 증권을 발행하는 방법으로 모집 부족액이 발생하면 주식의 경우 그 부분이 미발행되거나 다시 매출해야 하며 채권의 경우에는 발행자체가 성립되지 않는다.

직접발행을 공모로 하는 경우 별도로 직접공모라 하는데 비상장 금융기관이 주식을 모집할 경우 가끔 사용하는 발행형태로서 모집설립 시나 유상증자 시 발행주체가 자기점포망이나 신문 공고를 통하여 직접모집을 행하고 그 인수위험부담과 발행사무 부담을 직접 부담하여 증권을 발행하는 것을 말한다.

(2) 간접발행

간접발행은 직접발행에 따른 사무 처리의 번잡을 피하고 직접모집능력의 부족과 인수위험부담의 해소를 위하여 발행주체가 인수기관 또는 발행사무대행기관 등 중개인(전문적인 지식과 조직을 갖춘 금융투자업자 등)의 도움을 받아 간접적으로 발행하는 방법이다. 간접발행은 발행위험 부담방법에 따라 위탁모집, 잔액인수, 총액인수 방법으로 나누어진다.

① 위탁모집(모집주선)

위탁모집은 증권 모집에 관한 사무절차와 모집자체를 제3자인 발행기관에 위탁하는 방법으로 발행주체가 스스로 인수위험을 부담하고 발행 및 모집사무는 발행기관에 위탁하여 발행하는 방법으로서 소화되지 않은 증권은 발행주체에게 되돌려 주게 된다. 그러면 발행자가 잔량을 처리하게 된다.

② 잔액인수

잔액인수는 발행 및 모집사무와 인수위험을 분리하여 발행기관에 위임하는 방법으로서 일단 전문기관에 발행 및 모집사무를 위탁하고 일정매출시간동안 모집을 한 다음 그 기간이 경과한 후에 모집부족액이 발생한 잔량에 대해서만 이미 맺은 인수계약에 따라 인수기관에 인수시키는 방법이다.

또한, 잔액인수에서는 모집수탁기관과 인수기관은 다를 수 있다. 이 경우 발행증권을 일반투자자들로부터 모집하고 만약 응모총액이 모집총액에 미달할 경우 잔액은 인수기관이 자기의 책임과 계산으로 당초 정해진 발행가액으로 인수하여야 한다.

③ 총액인수

주간사회사가 구성한 인수기관들의 집단인 인수단이 공모증권 발행총액의 전액을 자기의 책임과 계산 하에 인수하고 이에 따른 발행위험과 발행 및 모집사무 모두를 담당하는 방법으로서 인수매출이라고도 한다.

따라서 불리한 가격변동에 따르는 손해 등 모든 위험이 발행기업으로부터 인수단으로 이전되며 인수단은 인수를 위하여 많은 자금을 필요로 할 뿐만 아니라 매출하기까지의 기간 동안 매출 잔량을 보유하여야 하므로 발행증권의 가격변동에 따른 모든 위험을 부담하게 된다. 간접발행의 대부분은 이 방식으로 공모발행 되고 있다.

제4절 주식의 발행

1. 기업공개

(1) 기업공개의 의미

넓은 의미에서의 기업공개(going public 또는 public offering)는 주식회사가 발행한 주식을 일반투자자에게 균일한 조건으로 공모하거나, 이미 발행되어 대주주가 소유하고 있는 주식의 일부를 매출하여 주식을 분산시키고 재무내용을 공시함으로써 명실상부한 주식회사의 체제를 갖추는 것을 말한다. 즉, 기업공개는 소유를 분산시키기 위해 자본시장법 등이 규정하는 바에 따라 주식회사가 구주주의 신주인수권을 전액 배제한 공모증자나 대주주 소유주식의 일부 매출을 통해 주식을 분산시키는 것이다.

좁은 의미에서의 기업공개는 당해 법인의 주식을 자본시장에서 거래되기 위한 요건을 갖추기 위하여 상장예정기업의 주식을 일반인에게 발행하거나 매도하는 일련의 절차를 말한다.

기업공개는 과거에는 상장과 동일개념으로 인식되었으나, 지금은 상장과는 별도로 증권신고서만 금융위원회에 제출하면 기업공개(주식 공모)는 가능하다. 따라서 상장을 위해서는 한국거래소의 심사를 받아야 하며 일정한 심사요건을 별도로 두고 있다.

표 14-1 기업공개와 상장의 개념 비교

구 분	기 업 공 개	상 장
시 장	발행시장	유통시장
목 적	기업의 자금조달	증권의 원활한 유통, 공정한 가격형성
성 격	주식분산의 한 형태	거래적격 증권의 선별
규제취지	공시주의 (발행당사자)	규제주의 (상장 적격성여부 심사)
특 성	발행기업과 청약자의 이해 조화	공익과 투자자보호
	발행물량의 소화를 중시	기업의 계속성, 시장성 중시

(2) 기업공개의 필요성

① 사회적 측면

현대사회의 기업은 단순히 이윤만을 추구하는 특정 개인의 전유물이 아니라 전 국민이 참여하고 이익을 함께 향유하여야 하는 사회적 공기업으로서의 성격을 가지고 있으며 주식분산을 통해 일반대중으로부터 조달한 자금을 효율적으로 운용하고 그 과실을 사회에 환원함으로써 기업의 사회적 책임을 구현하고 증권자본주의를 실현하여야 할 책임이 있다.

② 자금조달의 측면

기업의 초기단계에 있어서는 기업주 개인의 재력이나 간접금융에 의존하여 사업을 영위할 수 있다. 그러나 기업이 대형화되고 국제경쟁이 격화되면서 기업이 소요로 하는 막대한 자금을 그러한 수단에 의존하는 것은 한계가 있을 수밖에 없다. 이에 따라 증권을 분산하여 공개함으로써 주식의 환금성이 높아지며, 정기·수시공시 등의 공시의무를 이행함에 따라 기업에 대한 신뢰도가 증가되므로 유상증자, 채권발행 등 직접금융시장을 통한 추가적인 자금조달이 용이해진다.

③ 기업의 경영합리화 및 공신력 측면

기업공개를 통해 기업의 주식분산을 통한 소유와 경영의 분리를 촉진하여 경영의 합리화를 도모할 수 있는 동시에 경영활동에 대한 공시의무가 부여되어 경영의 투명성이 제고되고, 다수의 투자자가 기업경영을 감시하게 되므로 기업의 공신력이 제고된다.

④ 투자자에 대한 다양한 투자수단 제공 측면

기업이 공개되면, 공개기업의 주식은 환금성이 높은 재산운용수단이 되어 투자자에게 새로운 투자수단을 제공한다.

⑤ 공적기업으로서의 책임성 제고 측면

기업공개를 통해 주식분산에 의한 대중의 기업경영에의 참여와 정보의 공시를 통하여 특정인의 전유물이 아닌 공적 기업으로서의 책임성을 제고할 수 있다.

(3) 기업공개 법인에 대한 혜택

공개기업은 필요한 자금을 자본시장을 통하여 유상증자와 사채발행 등의 방법으로 일반 대중으로부터 적시에 자금을 조달할 수 있으며 신문, TV 등 대중매체를 통하여 국내외에 전달됨으로써 기업의 PR효과를 얻고 공신력을 높일 수 있다. 또한 종업원에게 자사 주식을 분산시킴으로서 생산성 향상, 경영권의 안정, 종업원 이직방지와 저축촉진을 통한 재산증식의 효과를 얻을 수 있으며 나아가서 시장에서의 감시와 경쟁을 통해 경영합리화를 도모할 수 있다.

특히, 대주주는 기업이 공개되면 자본시장의 공정가격 형성기능을 통해 보유주식에 대한 환금성이 높아지고 보유주식을 담보로 금융기관의 대출을 받을 수 있으며 보증금이나 공탁금으로 사용할 수 있으므로 재산운용의 수단이 될 수 있다. 이외에도 상장기업에 대해서는 세제상의 혜택이나 각종 법률상의 혜택을 주고 있다.

(4) 기업공개 방법

① 공모방법에 의한 분류

i) 신주의 모집

신주의 모집은 당해법인 구주주의 신주인수권을 포기하게 하고 일반대중으로부터 신규로 발행하여 주식을 공모하는 방법으로 신규자금이 필요할 경우에 이용된다.

ii) 구주의 매출

구주의 매출은 기존의 대주주 등이 소유하고 있는 기발행주식의 일부를 일반 대중에게 공개 매출하여 기업을 공개하는 방법이다.

iii) 모집과 매출의 병행

이는 신주모집과 구주매출을 병행하는 방법으로 신규자금 조달의 필요성이 있으나 그에 따른 신주공모만으로는 주식상장에 필요한 주식분산 요건을 충족시킬 수 없는 경우에 이용된다.

iv) 모집설립

모집설립은 회사의 설립 후 즉시 상장법인이 되는 경우로 설립시 발기인이 발행주식의 일부만을 인수하고 나머지는 일반 대중으로부터 공모하는 방법이다.

② 공모가액에 의한 분류

i) 액면발행

액면발행이란 기업의 재무 상태나 수익예상 등이 공개 후 자본금 규모와 합치하는 경우에 모집 및 매출을 액면가로 하는 방법이다.

ii) 할증발행

기업의 재무상태가 건실하여 내부유보가 많고 수익예상이 양호한 회사는 기업자금 조달이나 창업자 이익을 보호하기 위하여 액면가보다 높은 가액으로 모집 또는 매출을 할 수 있는데 이를 할증발행이라고 한다. 모집의 경우 액면초과 부분은 자본잉여금에 계상하고 공개 후 무상증자의 재원이 되며 매출의 경우에는 매출한 구주주가 그 만큼 많은 금액을 회수하게 된다.

iii) 할인발행

할인발행은 자본금에 비하여 재무상태나 예상수익이 미흡한 경우에 액면가보다 낮은 가액으로 발행하는 방법이다.

2. 증자

(1) 증자의 의의

증자라 함은 회사가 자본을 증가시키는 것을 말하며 자본을 증가시키는 데에는 신주의 발행이 따르므로 증자를 신주발행이라고도 한다.

수권자본제도를 채택하고 있는 현행 상법은 회사가 발행할 주식의 총수를 정관에 기재하도록 되어 있으며 신주의 발행은 정관에 기재된 수권자본금의 범위 내에서만 할 수 있도록 되어 있다.

증자에는 회사 주식자본의 증가와 함께 실질적인 자본의 증가를 가져오는 유상증자와 주식자본은 증가하지만 실질자본은 증가하지 아니하는 무상증자의 두 가지 형태가 있다. 즉, 전자의 경우는 주주의 주금납입으로써 신주를 발행하여 회사의 주식자본을 증가시키는 방법이고 후자의 경우는 주금의 납입없이 준비금의 자본전입에 의하여 주식자본을 증가시키고 같은 금액만큼의 신주를 발행하여 이를 주주에게 무상으로 할당하는 방법이다.

(2) 증자의 목적

회사가 증자를 하는 목적은 자금조달의 목적과 주주에 대한 이익전환 및 기업의 환경적응을 위한 재무정책 목적으로 크게 나누어 볼 수 있다.

일반적으로 증자를 하는 목적은 설비자금의 조달, 운전자금의 조달, 부채의 상환, 자본금 대형화에 의한 공신력 제고, 주주에 대한 이익배당, 재무구조의 개선, 주식분산과 유통주식수의 증가에 의한 원활한 주식거래의 유도, 경영권안정 등을 위해서이다.

(3) 증자의 형태

① 유상증자

신주를 발행함으로써 주식의 증가와 동시에 회사의 재산이 증가하는 유상증자는 신주를 발행할 때 그 인수가액을 현금이나 현물로 납입시켜 신규로 자금 또는 재산이 기업으로 들어오는 경우를 말한다. 이러한 유상증자는 발행가액과 배정방식에 따라 다음과 같은 형태로 분류할 수 있다.

i) 발행가액에 따른 분류

▷ 액면가에 의한 유상증자

이는 유상증자 시 액면가로 신주를 발행하고 해당주금을 납입하는 방법으로서 우리나라에서는 1983년까지 관행적으로 행해지던 증자방식이지만 현재 상장법인의 경우 거의 사용하지 않는다.

▷ 시가발행에 의한 유상증자

상장법인의 경우 재무구조의 건실화를 도모하기 위해 상장법인 재무관리규정에 의거 시가발행에 의한 유상증자를 할 수 있도록 되어 있어 대부분 이 형태로 증자가 이루어지고 있다.

ii) 배정, 인수방법에 따른 분류

▷ 구주주 배정

구주주 배정방식은 현재 우리나라에서 시행하고 있는 가장 일반적인 형태로서 기존 주주에게 신주인수권을 부여하는 방법이다. 정관에 다른 정함이 없으면 주주가 가진 주식의 수에 비례하여 신주의 배정을 받을 권리를 인정하는 것이다. 정관으로 신주인수권을 배제하거나 제한하지 않는 한 모든 주주에게 신주인수권이 부여되나 전환사채의 전환 또는 흡수합병으로 인한 신주발행의 경우에는 구주주의 신주인수권이 미치지 아니한다.

구주주 배정은 신주가 주주 이외의 자에게 할당되지 않음에 따라 주주의 지위, 특히 의결권의 비례적 지위에 변동을 가져오는 것을 막을 수 있고, 신주의 발행가액이 시가와 차이가 있는 경우에 주주의 재산상의 피해를 막을 수 있으며 일반공모에 비해 발행비용이 적게 들고 절차가 비교적 간단하다는 장점이 있는 반면에 발행금액이 대규모인 경우에는 적합하지 못하다는 단점이 있다. 이 경우 인수기관은 발행사무를 대행하는 역할만 하며 모집부족의 위험은 발행기관이 부담하게 된다.

▷ 제3자 배정(연고자 배정)

연고자 배정은 회사의 특정 연고자(회사의 임원, 거래처, 거래은행 등)에게 신주인수권을 부여하는 것으로서 이는 회사의 경영권 및 기존주주의 이해관계에 중대한 영향을 주기 때문에 정관에 특별히 정하거나 주주총회의 특별결의 절차를 거쳐야 하는 등 엄격한 통제를 가하고 있다. 우리사주제도가 제3자 배정의 대표적인 예에 속하며 우리나라에서는 그리 흔한 형태의 증자는 아니다. 우리사주조합의 우선배정, 실권주 처리 등도 넓게는 제3자 배정에 해당한다.

▷ 공모방식의 유상증자

▸ 주주우선공모 - 이는 상장법인이 신주를 모집하는 경우에 인수단(주간사회사 등)이 유상증자분을 총액인수한 후 구주주와 우리사주조합에게 우선 청약권을 부여하여 청약을 받고 청약미달분은 일반투자자를 대상으로 청약을 받으며 청약 후 잔여주식이 있을 경우 인수단이 인수하는 방식의 유상증자로서 우리사주조합, 구주주, 공모를 3개의 배정그룹으로 본다.

▸ 일반공모 - 일반공모는 주주의 신주인수권을 완전히 배제하고 인수단(주간사회사 등)이 유상증자분을 총액인수하여 일반투자자에게 청약을 받는 방식으로 완전공모라고도 하며 청약미달분이 발생하면 인수단이 자기의 책임과 계산하에 인수비율만큼 인수하게 된다. 이는 구주주의 신주인수권을 인정하지 않는 형태로 미국에서는 일반화되어 있으며 우리나라에서는 정관에 구주주의 신주인수권에 대한 제한 규정이 있어야 가능한데 그러한 규정이 없으면 주주총회의 특별 결의에 의해 정관을 변경하여야 한다. 이는 유상증자 시가발행제도의 정착을 위해 꼭 필요한 증자방식이라고 할 수 있다.

▸ 직접공모 - 이는 「증권의 신고 등에 관한 규정」에 따라 인수인을 통하지 않고 발행회사가 직접 자기의 책임과 계산하에 신주를 공모하는 방식으로 비상장법인의 경우 발행가액의 적정성에 대하여 증권분석전문기관(금융투자업자, 신

용평가회사, 회계법인)의 평가를 받아야 한다.

② 무상증자

무상증자는 기업이 준비금을 자본금으로 전입하는 등의 방식으로 주주들에게 무상으로 신주를 발행하는 것을 말한다. 무상증자는 자금조달을 목적으로 하지 않고 자본구성을 시정하거나 사내유보의 적정화 또는 기타의 목적을 위해 실시되는 것으로서 회사의 총자본에는 변화를 가져오지 않고 재무제표상 항목간의 변동을 통하여 신주식을 발행하는 형식적 증자라고 할 수 있다. 즉, 무상증자는 회사에 실질적인 자본금의 증가가 이루어지지 않는 증자이다. 무상증자에 의한 신주발행의 형태는 다음과 같이 분류할 수 있다.

i) 준비금의 자본전입

주식회사는 기업의 영업활동에서 생기는 이익 중에서 일정한 금액을 이익준비금으로 적립하도록 되어 있으며 이와 함께 자본거래에서 생기는 잉여금은 자본준비금으로 적립하도록 의무화되어 있다. 이와 같이 법률의 규정에 의하여 적립된 법정준비금이나 별도로 회사가 적립한 임의준비금은 이사회의 결의에 의하여 그 전부 또는 일부를 자본에 전입하여 각 주주에게 그가 가진 주식수에 비례하여 무상으로 신주를 배정할 수 있다.

ii) 재평가적립금의 자본전입

인플레이션 상황하에서의 통화의 가치하락에 따른 자산가치의 향상 및 기타의 이유로 인하여 회사에 현존하는 재산의 실질가치가 장부가치를 상회하는 경우가 있다. 이런 경우에 자산재평가를 실시하게 되며 재평가에서 얻어진 실질가치와 장부가치의 차액을 자본으로 전입함으로써 그 전입액 만큼을 각 주주에게 보유 주식수에 비례하여 신주를 발행하는 것이 재평가적립금의 자본전입이다.

③ 기타의 증자

i) 전환사채의 전환에 의한 증자

이는 전환사채의 소유자가 전환권을 행사하여 사채를 주식으로 전환시켜 신주를 발행하는 경우이다. 이 때 전환액에 상당하는 부채가 감소하고 자본이 증가하여 타인자본의 자기자본화가 이루어지게 된다. 따라서 부채는 감소하고

자본은 증가하나 총자본의 변화는 없이 증자가 이루어지게 된다.

ii) 주식배당에 의한 증자

회사의 이익을 주주에게 배당함에 있어서 현금배당 대신 신주식을 발행하여 교부하는 것을 주식배당이라 한다. 주식배당의 경우에는 사외 유출될 자금을 자본화시켜 주식으로써 지급하는 것이기 때문에 자본이 그만큼 유보되는 셈이 되며 회계학상 이것을 「이익의 자본화」라고 한다.

주식배당은 1984년 개정 상법에서 처음으로 주식배당제도를 도입하여 주주총회의 결의에 의하여 이익배당 총액의 2분의 1의 범위 내에서 새로이 발행하는 주식으로 배당할 수 있도록 규정하고 있고 상장법인의 경우에는 이익배당 총액에 해당하는 금액까지 주식배당이 가능하다.

iii) 신주인수권부사채에 의한 증자

신주인수권부사채(Bond with Warrant)는 일정한 가격(행사가격)으로 일정수의 주식을 살 수 있는 권리가 부여된 조건부사채이므로 사채권자가 신주인수권을 행사하면 유상증자가 자동적으로 이루어진다.

iv) 기타

회사가 전환주식을 발행한 후 이를 전환시키는 경우와 기업의 흡수합병에 의하여 증자 신주를 발행하게 되는 경우가 있다. 그러나 이와 같은 증자의 형태는 매우 드물고 특수한 것이기 때문에 통상 증자의 형태에서는 논외로 취급하는 것이 일반적이다.

3. 시가발행제도

(1) 시가발행의 의의

시가발행이란 상장법인이 신주의 발행가액을 액면가와는 무관하게 주식시장에서 형성되는 구주의 시세를 기준으로 하여 산정 가액으로 신주를 발행하는 것을 말한다. 이는 발행회사에 증자프리미엄의 사내유보에 따라 발행회사의 자금조달 비용을 줄이고 재무구조를 개선하며, 신주발행이 시가와 연결되어 발행됨으로써 액면발행 제도하에서와 같은 주가와의 괴리현상이 나타나지 않게 되어 주가의 급격한 변동을 방지하는 효과가 있다.

우리나라의 시가발행제도는 1983년 12월 도입 이후 여러 차례의 개선을 거쳐 1987년 8월 이후 원칙적으로 모든 상장법인에 대하여 시가발행 증자를 의무화하고 있다. 그러나 실제로는 시가발행이라 하더라도 발행에 따르는 인수업자의 수수료와 투자자들에 대한 투자유인의 제공 등을 위해 시가에서 일정한 할인율을 감한 가격으로 신주발행이 이루어지는 경우가 일반적이며, 1991년 6월 14일부터는 종전 30%이내로 시가할인을 규제해 오던 것을 완전히 자율화 하였다.

(2) 시가발행제도의 장점

시가발행제도는 과거의 액면발행제도와 비교해 볼 때 다음과 같은 장점을 가지고 있다.

① 자기자본의 충실화

기업이 자금을 시가발행에 의하여 조달하게 될 경우 액면발행의 경우보다 주식발행초과금 부분만큼 자금을 더 많이 조달할 수 있고 주식발행초과금이 자본준비금으로 계상되어 자기자본의 충실화를 기할 수 있다.

② 자금조달 비용의 절감

시가발행의 경우 동일한 발행비용으로 액면발행의 경우보다 주식발행초과금 만큼 더 많은 자금을 조달할 수 있어 적은 신주 수의 발행만으로도 필요자금의 조달이 가능하므로 상대적인 발행비용이 절감될 뿐만 아니라 향후 배당압박도 경감되어 자금조달 비용이 절감된다.

③ 자본시장의 안정화 도모

액면발행은 증자 전후에 주가의 급등락을 초래하여 증자자체가 주가변동요인이 됨에 따라 투기성이 조장되어 유통시장의 안정성을 해치는 경우가 있었으나 시가발행은 주가상승기에는 증자의 증가로 주식의 공급이 증가하여 주가의 과열에 제동기능을 하게 되고 주가하락기에는 증자가 감소됨에 따라 주식 공급의 감소로 하락했던 주가의 회복력을 증진시키는 등 시장의 자동수급 조절기능이 수행될 수 있다.

④ 자본이득의 해외유출 방지 등

우리나라의 주가수준은 선진국에 비해 상대적으로 낮은 상태로서 자본시장의 개방과 더불어 자본이득이 해외로 유출될 소지가 크므로 시가발행을 통해 이를 방지함과 동시에 자본시장의 국제화에 부응하여 주식발행 제도도 국제적 증자관행에 맞추어 나감으로써 발행시장의 선진화를 도모할 수 있다.

(3) 시가발행 방식

① 일부 액면 주주배정 및 일부 시가모집 방식

증자주식수의 일부를 액면금액으로 주주에게 배정하고 증자주식수의 20% 이상은 시가로 모집하는 방법으로 주주배정과 공모병행하는 것이 특색이며 일본에서는 시가발행 실시 초기에 성행했던 방식이다.

② 일부 시가 주주배정 및 일부 시가모집 방식

이 방식은 증자주식 중 일부는 시가로 주주에게 배정하고 증자주식 중 20% 이상은 동일가격으로 모집하는 방식이다. 발행가액은 시가로 하고 발행방법은 주주배정과 모집을 병행하고 있는 것이 특색으로 시가발행제도의 발전된 형태이다.

③ 전액 시가 주주배정 방식

이 방법은 증자 주식수 전부를 시가로 주주에게 배정하는 방식으로 전액 시가 발행방식이라는 특색이 있다.

④ 전액 시가 모집 방식

이 방식은 증자 주식수 전부를 시가로 모집하는 방식이며 가장 이상적인 시가발행 방식으로 미국, 일본 등 선진국에서 성행하는 형태이다.

제5절 주식유통시장

1. 유통시장의 의의와 기능

증권의 유통시장은 발행시장을 통하여 발행된 증권들이 투자자들 사이에서 거래되는 시장으로 2차 시장(secondary market)이라고도 한다. 발행시장을 통하여 투자자들이 소유하고 있는 증권을 매도하여 투자자금을 회수하거나 투자목적으로 이미 발행된 증권을 매수한다. 유통시장은 증권의 양도성과 환금성을 보장하여 투자자본의 회수와 수익실현을 가능하게 한다. 유통시장은 발행시장에서 발행된 증권의 시장성을 높여 언제든지 증권을 적정가격으로 처분하여 현금화할 수 있는 기회를 제공한다. 이로 인해 일반투자자들의 자본시장참여가 촉진되고 시장의 활성화를 통하여 장기자본의 조달창구인 발행시장의 기능이 확충된다. 유통시장에서의 거래가 활발해지면 발행시장에서도 시장수요가 촉신되어 많은 증권이 발행되므로 유통시장에서도 투자기회가 확대된다.

발행시장과 보완관계에 있는 유통시장은 다음과 같은 여러 기능을 수행하고 있다.

첫째, 발행된 증권의 시장성과 유동성을 높여 일반투자자의 투자를 촉진시킴으로써 발행시장에서의 장기자본조달을 원활하게 해준다. 둘째, 유통시장에 의한 증권의 시장성과 유동성의 유지는 증권의 담보력을 높여준다. 증권을 수시로 적정가격에 처분하여 현금화할 수 있기 때문에 이를 담보로 한 차입이 용이하다. 셋째, 유통시장에서는 증권의 공정한 가격이 형성된다. 즉, 유통시장은 불특정 다수의 투자자가 참여하는 자유경쟁시장이므로 여기에서 형성되는 가격은 모든 정보가 반영된 공정한 가격이라 할 수 있다. 넷째, 유통시장에서 형성되는 가격은 앞으로 발행될 새로운 증권의 가격을 결정하는 역할을 한다.

유통시장이 이와 같은 기능을 수행하기 위해서는, 거래대상이 되는 증권의 발행물량이 많아야 하고, 발행된 증권이 다수의 투자자에게 분산·소유되어야 하며, 증권의 매매에 아무런 제약이 없어야 하고, 증권가격이 공정하게 형성되고 유동성이 있어야 하는 등의 요건을 구비해야 한다.

2. 유통시장의 구조

우리나라의 유통시장은 거래소시장(유가증권시장, 코스닥시장 및 코넥스시장)과 장외시장(K-OTC시장 포함)으로 대별된다.

(1) 거래소시장의 의의와 기능

① 유가증권시장의 의의와 기능

증권의 매매거래가 이루어지는 시장을 널리 유가증권시장이라고 할 수 있다. 전통적인 의미에서 유가증권시장은 구체적이고 조직적이며 상설적이고 경쟁적인 시장이라 할 수 있다. 여기에서 구체적이라 함은 일정한 장소에 구체적인 시장시설을 가지고 있다는 것이며 상설적이라 함은 증권의 매매를 매일 계속적으로 성립시킨다는 뜻이고 경쟁적이라 함은 불특정 다수인이 경쟁적으로 자유로이 거래에 참여하는 것을 의미한다.

증권의 유통시장은 증권발행시장을 통하여 공급된 증권이 원활히 매매될 수 있는 장소를 제공하여 증권에 부여된 양도성, 유통성, 시장성을 제고시킴을 목적으로 하는 바 증권유통시장의 중추적 시장인 한국거래소도 이를 기본적 기능으로 하고 있다. 즉 한국거래소는 시장기능으로 첫째, 자본전환 기능(증권과 대금과의 수수관계, 즉 증권과 화폐와의 교환이 다른 어느 시장보다도 신속, 정확하게 대량으로 이루어질 수 있다), 둘째, 가격형성 기능(증권의 가격은 거래소의 매매과정을 통해서 모든 정보가 반영된 상태에서 적정한 경합을 통하여 형성되는 경쟁가격이므로, 그 가치에 대한 사회적 평가가 가장 공정하며 신뢰성있게 형성되어 있다), 셋째, 가격평준화 기능(일시적 수급불균형으로 인한 주가의 급변이 투기적 거래 등 수급의 자연조절에 의해 억제되는 것을 말한다), 넷째, 보험적 기능(융자나 대주를 이용하여 일정금액 이상의 손실은 보지 않으면서 높은 레버리지효과를 기대할 수 있는 신용거래와 옵션거래, 선물거래를 이용하여 선물거래의 리스크를 회피하는 헤지거래 등을 통하여 증권거래의 위험을 최소화 한다) 등을 가지고 있다.

② 코스닥시장의 의의와 기능

코스닥시장이란 한국거래소가 운영하는 자본시장이다. 코스닥시장에서 매매하고자 하는 기업은 먼저 당해 회사를 코스닥시장에 상장하여야 한다. 코스닥

상장은 코스닥시장에서 거래를 위한 자격을 부여하는 것으로서 발행회사는 금융투자업자를 통하여 상장하여야 한다. 코스닥시장은 수없이 많은 투자자가 참여하여 상장된 주식을 매매하기 때문에 일정한 요건을 갖춘 기업에 한하여 코스닥상장을 허용한다. 한국자본시장 운영의 효율성 및 거래비용 절감, 현·선물 거래에 대한 일원화된 서비스 제공, 현·선물 연계감시로 인한 공정성 증대, 거래소 위상 및 국제경쟁력 제고 등을 위한 자본시장 선진화를 위하여 한국거래소가 출범하게 되었다. 한국거래소의 출범은 통합의 시너지효과 극대화와 경쟁을 통한 효율성 제고가 이루어질 수 있도록 각 시장 간 균형발전을 추구하고 있다. 통합 이후 각 시장은 고유의 특성과 역할 유지를 통해 차별화된 금융서비스를 제공하게 될 것으로 기대된다. 유가증권시장은 대형·우량기업 중심으로 상대적으로 안정적 투자기회를 제공하는 시장으로, 코스닥시장은 중소·벤처기업 중심의 고위험 고수익을 추구하는 역동적인 자본시장으로 성장이 기대된다.

코스닥시장의 경제적 기능으로서는 첫째, 유가증권시장에서 상장하기 어려운 벤처기업, 유망중소기업 등이 발행한 주식에 대하여 환금성을 부여함으로써 이들 비상장 중소·벤처기업이 신주공모 등을 통해 장기안정적인 자금을 조달할 수 있도록 기회를 부여하고 있다. 또한 중소·벤처기업이 대량의 안정적인 장기자금조달을 통해 재무구조를 개선하여 기업의 경쟁력을 제고시킨다.

둘째, 투자자에게 기존의 유가증권시장 상장주식 이외에 성장 가능성이 있는 비상장 유망기업 주식에 투자할 수 있는 수단을 제공한다. 투자자의 투자위험 선호도 및 위험부담능력에 맞는 "고위험-고수익" 상품을 제공한다.

셋째, 신생 벤처기업에 투자를 전문으로 하는 벤처금융(Venture Capital)회사들이 코스닥시장을 통하여 투자한 자금을 회수하는 한편, 새로운 유망벤처기업을 발굴하여 지원할 자금조성의 장으로써 시장을 활용할 수 있다. 벤처기업의 발굴과 지원이 코스닥시장이라는 시장 기구를 통하여 선순환될 때 자금의 효율적인 배분이 가능하며 이러한 기능은 경쟁력을 상실한 기업의 퇴출을 원활하게 하고 새로운 산업(정보화 사회를 선도하는 기업)의 성장을 촉진하게 한다.

③ 코넥스시장의 의의와 기능

코넥스(KONEX: Korea New Exchange)는 자본시장을 통한 초기 중소기업 지원을 강화하기 위한 기반을 조성하기 위해 2013년 7월 1일에 새로이 개설된 중소기업전용 신시장이다. 코넥스시장은 유가증권시장 및 코스닥시장과 마찬가지로 거래소가 개설하는 증권시장으로서 코넥스시장에 상장된 기업은 주권상장법인으로서 유가증권시장상장법인이나 코스닥시장상장법인과 동일한 취급을 받는다. 다만 코넥스시장은 전문투자자 등으로 투자자를 제한하고 공시의무를 축소하는 등 유가증권시장이나 코스닥시장 상장법인과는 다른 점이 있다.

현재 중소기업의 자금조달 현황을 살펴보면 대부분 은행대출에 편중되어 있고, 직접금융(주식발행)을 통한 자금조달은 매우 낮은 수준이다. 이로 인해 중소기업 등 비상장기업의 부채비율은 높아지고, 이자 비용 부담도 상장기업에 비해 과중한 실정이며 은행의 대출정책 변화 등에 따라 기업의 존립이 위협받을 수 있는 가능성이 있다. 따라서 초기 중소기업에 최적화된 증권시장의 필요성이 제기되어 코넥스시장이 개설되었다.

코넥스시장의 특징으로 첫째, 코넥스시장은 「중소기업기본법」 상 중소기업만 상장 가능한 시장으로서 초기 중소기업에 특화된 시장이다. 기술력 있는 중소기업의 성장을 지원하기 위하여 공모, 사모, 직상장 등 진입방법을 다양화하고 진입요건도 최소화하였다. 그밖에도 분·반기보고서를 면제하고 수시공시사항을 축소하여 공시부담을 완화하였으며 사외이사와 상근감사 설치를 면제하여 지배구조 관련 부담도 완화하였다. 둘째, 코넥스시장은 벤처캐피탈 등 모험자본의 선순환(투자회수 및 재투자)체계를 지원하는 시장이다. 코넥스시장은 전문투자자 등으로 시장참여자를 제한하나 중소기업에 대한 투자전문성이 인정되는 벤처캐피탈 및 엔젤투자자의 시장참여를 허용하여 모험자본의 선순환을 지원한다. 셋째, 코넥스시장은 M&A 등 구조조정을 지원하는 시장이다. 초기 중소기업은 M&A 등을 통한 기업성장 및 경쟁력 강화가 매우 중요한데, 코넥스시장은 활발한 M&A의 지원 및 원활한 지분매각을 위하여 합병요건(우회상장 포함)을 완화하고 대량매매·경매매제도 등을 도입하였다.

(2) 장외시장의 의의와 기능

장외시장은 한국거래소 밖에서 이루어지는 증권거래 관계를 총칭한다. 장외시장은 일정한 체계를 갖춘 조직적 시장과 고객과 금융투자업자, 금융투자업자 상호간, 또는 고객 상호간에 상대매매에 의해 거래가 이루어지는 비조직적이고 추상적인 시장으로 구분할 수 있다.

장외시장은 자본시장에서 다음과 같은 기능을 수행한다.

첫째, 장외시장은 거래소시장의 전 단계 역할을 한다. 거래소 시장에 상장되지 않은 증권에 어느 정도의 시장성을 부여함으로써 거래소시장의 전 단계 역할을 수행한다. 투자자에게는 아이디어와 기술력이 있는 유망기업이 발행한 주식에 상장이전 단계에서 투자할 수 있는 기회를 제공한다.

둘째, 장외시장은 거래소시장을 보완하여 유통시장기능을 확대시킨다. 거래소 시장에서는 상장증권만이 거래되고 시간적·장소적으로 제한이 있으나, 장외시장에서는 상장증권 뿐만 아니라 비상장증권이 거래되므로 증권의 유통성을 향상시킨다.

셋째, 장외시장의 가격형성은 거래소시장의 가격형성에 대해 가격견제력을 갖는다. 거래소시장에서의 시세는 장외시장의 시세를 무시할 수 없고, 장외시장에서의 시세는 거래소시장의 시세를 기준으로 하지 않을 수 없으므로 경쟁적 입장에서 시세평준화에 기여한다.

우리나라의 경우 한국금융투자협회가 자본시장 및 코스닥시장에 상장되지 않은 기업에 자금조달 기회를 제공하고 이들 기업의 발행주식에 유동성을 부여하며 아울러 기존 시장에서 퇴출된 기업의 주주에게 환금성을 부여할 목적으로 2000년 3월 장외주식호가중개시스템(프리보드)을 개설하여 운영하다가 이를 확대·개편하여 2014년 8월부터 K－OTC시장을 개설하여 운영하고 있다.

K－OTC시장은 비상장주식의 매매거래를 위하여 한국금융투자협회가 「자본시장과 금융투자업에 관한 법률」에 따라 개설·운영하는 제도화·조직화된 장외시장이다. K－OTC는 한국장외시장의 영문(Korea Over－The－Counter)약칭이다.

한국금융투자협회는 비상장 중소·벤처기업의 직접금융 활성화를 위해 2005년 7월부터 프리보드를 운영해 왔으나, 주식거래 대상기업이 소수의 중소기업 위주로 한정되어 시장의 역할이 크게 저하되었고, 2013년 7월 중소기업 전용 주식시장인 코넥스시장이 개설되면서 그 역할이 모호해졌다.

이에 중소·벤처기업의 직접금융 활성화에 중점을 두던 시장운영방식을 개선하여 중소기업을 포함한 모든 비상장법인의 주식을 투명하고 원활하게 거래할 수 있는 실질적인 장소를 제공하는 데 중점을 두고 시장개편을 추진하게 되었다. 이를 통해 국내 주식거래 인프라를 완비함으로써 투자자의 주식거래 편의성을 제고하고 기업의 자금조달을 지원하는 데 있다. K-OTC시장의 특징은 다음과 같다.

① 비상장 대기업, 중견기업 주식이 새롭게 시장에 편입

장외에서 활발하게 거래되고 있는, 비상장 대기업, 중견기업 등 공모실적이 있는 사업보고서 제출대상 비상장법인의 발행주식이 K-OTC시장에서 거래된다(비신청 지정제도 도입).

② 투자자에게 새로운 투자기회를 제공

고위험·고수익을 추구하는 투자자가 성장 가능성이 있는 비상장기업에 대해 투자할 수 있는 시장이다.

③ 비상장주식 투자의 편의성 및 결제 안정성을 제공

투자자는 K-OTC시장을 통하여 비상장주식을 편리하게 거래할 수 있으며, 호가 정보와 시세정보가 투명하게 공개되고, 매매체결 시 결제가 안전하게 이루어진다.

④ 투자자의 자기 책임 원칙이 강조

규제가 최소화된 장외시장이므로, 투자자는 기업 내용과 투자 위험성 등을 충분히 검토하고 철저히 자기 판단과 책임 하에 투자하여야 한다.

⑤ 한국금융투자협회가 운영하는 시장

우리나라의 대표적 주식시장인 코스닥을 육성한 노하우를 가지고 있는 한국금융투자협회가 운영하는 시장이다.

제6절 거래소시장의 매매거래제도

1. 상장제도

(1) 상장의 의의

상장(listing)이란 일정한 요건을 구비한 특정 증권을 대상으로 한국거래소 시장에서 거래될 수 있는 자격을 부여하는 것을 말하며, 상장이 증권가격을 보장하는 것을 의미하지는 않는다. 매매거래의 대상물로 인정된 증권을 상장증권이라고 하며, 상장증권을 발행한 회사를 상장회사라고 한다. 과거에 공개요건과 상장요건을 동일하게 운영함으로써 공개와 상장을 동일한 개념으로 이해하는 경우가 있었으나, 공개는 상장을 위한 전단계로 주식분산에 중점이 있는 것으로서 상장과는 다른 별개의 개념이다.

(2) 상장의 효과

증권의 상장은 투자의 안전성과 건전성을 확보하고 기업의 자금조달을 용이하게 하는 효과가 있다. 뿐만 아니라 유동성이 증대되고, 공정한 가격이 형성되기 때문에 증권의 상장은 상장회사나 투자자의 입장에서 많은 장점을 가지고 있다.

상장회사의 측면에서 보면 첫째, 상장의 심사에는 그 회사의 수익성과 안전성 등이 고려되기 때문에 상장되는 회사는 우량회사라는 것이 입증된 것이므로 기업 및 생산제품의 홍보를 기대할 수 있다. 둘째, 증권의 분산, 시장성의 증대 및 투자자의 증대 등이 촉진되어 증권에 의한 자본조달이 보다 쉬워진다. 셋째, 상장회사는 매스컴의 보도를 통해서 회사 자체, 또는 회사의 매출 내지는 서비스에 대해 큰 광고효과를 기대할 수 있다.

투자자의 측면에서 보면 첫째, 상장은 높은 시장성을 부여하여 환금을 용이하게 한다. 둘째, 상장증권은 높은 담보가치를 가진다. 셋째, 신속하고 공정한 거래형성을 통해 투자자를 보호할 수 있다. 넷째, 신뢰성 있는 투자정보를 입수할 수 있다.

(3) 상장의 종류

상장은 증권의 종류에 따라서는 주권, 채권, 신주인수권, 수익증권 상장으로 구분되기도 하는데 일반적으로 주권의 상장은 다음과 같이 분류된다.

① 신규상장

신규상장은 한국거래소에 주권이 상장되어 있지 아니한 주권의 발행인이 기업을 공개하여 일반인에게 주식을 매각한 후 처음으로 주권을 상장하는 것을 말한다. 신규상장은 상장법인이 모집 또는 매출을 통해 상장하는 공모상장과 이미 분산요건을 충족한 기업이 예비상장 심사 후 공모절차 없이 주권을 상장하는 직상장(유통상장)으로 구분된다.

② 신주상장

신주상장이란 기상장된 주권의 발행인이 유상 또는 무상증자, 기업합병, 전환사채권 등의 권리행사, 주식배당, 예탁증서 발행 등의 경우에 새로이 주권을 발행하여 상장하는 것을 말한다. 이때 신주인수권, 신주인수권부 사채권, 전환사채권의 권리행사로 인한 발행예정 총주식에 대하여 최초로 권리행사가 있는 경우에는 신주일괄상장의 신청이 가능하다.

③ 변경상장

변경상장은 당해 주권의 종목(상호), 종류(우선주, 보통주), 액면금액, 수량(자본감소, 병합 등으로 주식수 감소) 등을 변경한 후 새로이 발행한 주권을 상장하는 것을 말한다.

④ 재상장

재상장은 상장폐지된 법인이 상장폐지 후 일정기간동안 자구노력을 기울여 회사가 정상적으로 갱생하였을 경우에 이 회사에 대하여 신규상장요건보다는 완화된 요건을 적용하여 보다 용이하게 다시 상장하는 것을 말한다. 재상장 신청 시기는 상장폐지된 날로부터 5년 이내로 제한하고 있다. 또한 주권상장법인의 분할 또는 분할합병에 의하여 설립된 법인이나 주권상장법인간의 합병에 의하여 설립된 법인이 상장하는 경우를 의미한다.

(4) 상장요건

거래소시장의 상장요건은 기업공개 대상기업의 주식이 자본시장에서 원활히 유통될 수 있기 위한 최소한의 요소를 제시한 것이라고 할 수 있다. 상장요건은 다양한 사항이 포함되어 있지만 크게 나누어 기업의 규모, 재무내용, 유통성, 건전성 및 공익과 투자자보호에 관한 요건을 충족할 것을 요구하고 있다.

① 유가증권시장 상장요건

유가증권시장에 주식을 신규로 상장하고자 하는 기업은 영업활동 기간, 기업 규모, 주식분산 등과 관련된 심사요건을 충족해야 하며 매출액, 영업이익 등과 관련된 경영성과도 일정 수준 이상이어야 한다.

유가증권시장 상장기업은 영업활동을 하는 과정에서도 일정 요건을 계속 충족해야만 한다. 한국거래소는 상장 유가증권의 상장요건 충족 여부와 기업 내용의 적시공시 실시 여부를 관찰하여 상장기업이 이를 지키지 못한 경우 상장을 폐지할 수 있다. 상장이 폐지되기 전에는 일정기간 동안 관리종목으로 지정하여 상장폐지를 유예할 수 있다.

② 코스닥시장 상장요건

코스닥시장은 유망 중소기업, 벤처기업 등이 진입하는 시장이므로 유가증권시장에 비해 완화된 상장요건을 적용하고 있다. 코스닥시장에 신규로 상장하고자 하는 기업은 자기자본 30억원 이상 또는 시가총액 90억원 이상(규모요건)이고, 의결권 있는 주식을 소유하고 있는 소액주주 수가 500명 이상(분산요건)이면 된다. 또한 이익규모 등 경영성과에 대한 요구수준도 대체로 낮은 편이다.

다만 코스닥시장 상장기업도 유가증권시장에 상장된 기업과 마찬가지로 상장 후 영업활동 과정에서 일정한 요건을 충족하여야 하며 부실화된 기업과 공개기업으로서의 의무를 충족하지 못하는 기업은 상장폐지된다. 코스닥시장에서도 기업이 상장폐지되기 전까지 일정 기간을 관리종목으로 지정하여 유예기간을 줄 수 있다.

③ 코넥스시장 상장요건

코넥스시장은 설립 초기 중소기업에 특화된 시장으로 「중소기업기본법」 상 중소기업만 상장이 가능하다. 상장요건은 코스닥시장에 비해 크게 완화되어 있으나 지정자문인 선임 등이 필요하다. 한편 한국거래소는 일정한 기준을 충족하는 코넥스시장 상장기업이 지정자문인의 추천을 받아 코스닥시장으로의 이전을 희망할 경우 기업계속성 심사 면제, 심사기간 단축 등의 혜택을 부여하여 신속한 이전을 지원하고 있다. 코넥스시장의 상장폐지요건은 코스닥시장과 유사하지만 재무상태 및 경영성과와 관련된 요건은 코넥스시장에 적용하지 않는다.

2. 상장주식의 관리

상장주식의 관리란 상장 후 영업활동을 하는 가운데 상장 시 충족되었던 요건에 미달하여 계속상장이 부적합한 경우가 발생하거나 또는 기업 내용의 변동으로 증권의 가치나 권리내용이 변화하였을 때, 자본시장 관리기관이 상장 증권의 상장요건 충족여부와 기업 내용의 적시 공시 실시여부를 계속 파악하여 부실증권의 유통을 방지하고 투자자에게 정확한 투자정보를 제공함으로써 자본시장의 건전한 발전을 도모하고자 하는 일련의 과정을 말한다.

(1) 매매거래정지제도

매매거래정지제도는 당해 상장법인의 주권에 중대한 영향을 미칠 사유가 발생할 경우 이 사실을 투자자들에게 충분히 주지시킴으로써 선의의 투자자를 보호하기 위한 제도이다.

(2) 상장폐지제도

상장증권은 매매거래대상으로서의 일정한 적격성을 유지하여야 한다. 이러한 적격성이 유지되지 않을 경우 투자자들에게 손실을 입히게 되고 자본시장의 신뢰를 그르치게 된다.

상장폐지라 함은 일단 상장된 증권에 대하여 자본시장에서 매매거래대상이 될 수 있는 적격성을 상실시키는 조치를 의미한다.

주요 상장폐지 요건으로는 최종부도 발생 또는 은행거래 정지, 심각한 자본

잠식, 거래량·주가수준·시가총액의 기준치 미달, 사업보고서 미제출, 최근 감사의견 부적정 또는 의견거절, 주된 영업활동 정지 및 주식분포상황 기준치 미달 등이 있다.

3. 매매거래제도

(1) 매매거래일 및 매매거래시간

우리 증권시장의 매매거래일은 월요일부터 금요일까지 이루어지고 정규시장과 시간외시장으로 나누어진다.

표 14-2 매매시간

<table>
<tr><th rowspan="2">구분</th><th rowspan="2" colspan="2">매매거래유형</th><th colspan="2">시장구분</th><th rowspan="2">비고</th></tr>
<tr><th>유가증권시장</th><th>코스닥시장</th></tr>
<tr><td rowspan="3">정규시장</td><td colspan="2">접속매매</td><td colspan="2">09:00 ~ 15:20</td><td></td></tr>
<tr><td colspan="2" rowspan="2">단일가매매(동시호가)</td><td colspan="2">08:30 ~ 09:00</td><td rowspan="2">09:00와 15:30에 각각 시가 및 종가 결정</td></tr>
<tr><td colspan="2">15:20 ~ 15:30</td></tr>
<tr><td rowspan="4">시간외시장</td><td rowspan="2">시간외 종가매매</td><td>장종료후</td><td colspan="2">15:30 ~ 16:00</td><td>체결은 15:40 ~ 16:00</td></tr>
<tr><td>장개시전</td><td colspan="2">08:30 ~ 08:40</td><td></td></tr>
<tr><td colspan="2">시간외 단일가매매</td><td colspan="2">16:00 ~ 18:00</td><td>10분 단위 단일가매매</td></tr>
<tr><td colspan="2">시간외 대량/바스켓매매</td><td colspan="2">15:30 ~ 18:00, 8:00 ~ 9:00</td><td></td></tr>
</table>

정규시장은 거래체결방식에 따라 단일가격방식이 적용되는 08:30~09:00 및 15:20~15:30와 복수가격방식이 적용되는 09:00~15:20으로 나누어진다. 단일가격방식은 거래신청분 전체를 대상으로 경쟁매매원칙을 적용하여 거래가 가장 많이 이루어지는 하나의 가격에서 매매가 성립되는 것을 의미하며, 복수가격방식은 주문별로 경쟁매매원칙이 적용되는 것을 말한다.

시간외시장은 매매가격에 따라 시간외종가매매, 시간외대량매매 및 시간외바스켓매매 그리고 시간외단일가매매로 구분된다. 시간외종가매매는 정규시장

종가로 1주 이상 주문을 받아 접수순에 따라 거래를 체결하는 것을 의미하며 시간외대량매매는 투자자 쌍방의 합의에 의해 하한가 및 상한가 범위이내에서 매매수량단위의 5,000배 또는 1억원 이상의 거래가 이루어지는 것을 말한다. 시간외바스켓매매는 투자자 쌍방의 합의에 의해 하한가 및 상한가 범위이내에서 5종목 이상 그리고 10억 원 이상이 거래되는 것을 말한다.

시간외 단일가매매는 시간외 종가거래가 끝나면 그 이후부터 시작되는데 시작 시간은 15:30~18:00 이며, 10분 단위로 당일 종가대비 상하 10% 이내에서 거래가 이루어지는 시장이다.

대량매매 수요의 정규시장 유입에 따른 시장충격(주가급등락현상)을 최소화하고, 대량매매 수요자의 매매편의 및 원활화를 도모하기 위해 기존의 시간외 대량매매시간과는 별도로 장중에서도 대량매매가 가능하도록 장중 대량·바스켓매매제도가 있다.

또한 익명거래를 원하는 투자자의 일정규모(유가증권시장: 5억원 이상, 코스닥시장: 2억원 이상)이상의 대량호가를 정규시장호가와는 별도로 집중시켜 비공개로 이들 호가 간에 매매거래를 체결시키는 경쟁대량매매제도가 있다. 이는 기존의 대량매매제도가 가진 단점(투자자의 매매전략 관련 정보 노출)을 보완함으로써 시장에 잠재된 대량거래 수요를 충분히 수용하고, 이를 통해 시장참가자의 거래비용(대량거래의 시장충격비용)을 완화하는 등 우리 증권시장의 경쟁력 강화를 위해 도입되었다.

(2) 매매절차

① 계좌의 설정

한국거래소 시장에서 매매거래를 할 수 있는 자는 금융투자업의 허가를 받고 한국거래소 회원으로 등록된 금융투자업자에 한정되어 있으므로 일반투자자가 매매거래를 행하기 위해서는 거래소 회원인 금융투자업자에 위탁하여야 한다.

금융투자업자가 고객의 위탁을 받아 매매거래를 처리하고자 할 때에는 고객과 사전에 매매거래 계좌를 설정해야 하는데 이 경우 금융투자업자와 고객은 매매거래계좌 설정계약을 체결하여야 한다.

② 매매주문

매매거래계좌가 설정되면 금융투자업자는 고객으로부터 매매거래에 관하여 주문을 받게 되는데 여기에는 문서에 의한 경우와 전화, 전신에 의한 경우가 있으며, 최근에는 전자통신방법에 의한 경우(Home Trading System, Mobile Trading System, 인터넷 홈페이지 등)도 일반화되어 있다. 모든 주문은 전산화된 시스템을 통해 거래소에 직접 전달되며, 매매가 체결되면 그 내역이 즉시 통보된다.

③ 주문방법

주문가격의 지정에 따라 다음과 같이 주문방법이 나누어진다.

i) 지정가주문

지정가주문은 투자자가 지정한 가격보다 유리한 가격에서만 거래가 체결될 것을 요구하는 주문이다. 지정가주문은 사자주문에서는 지정가 이하로 매입해 달라는 주문이고, 팔자주문에서는 지정가 이상으로 매도해 달라는 주문이다.

ii) 시장가주문

투자자가 원하는 가격을 지정하지 않고 현재 가장 유리한 시장가격으로 주문을 체결시켜 달라는 주문이다. 시장가주문은 다른 주문보다 거래가 가장 빨리 체결될 가능성이 높다.

iii) 조건부 지정가주문

지정가주문을 낸 후 종가결정을 위한 동시호가시간 전까지 매매거래가 체결되지 않는 경우에, 마지막 동시호가(장종료전 10분)에 자동적으로 시장가주문으로 전환되는 주문을 말한다.

iv) 최유리 지정가주문

최유리 지정가주문은 종목 및 수량은 지정하되 가격은 매도호가의 경우 호가접수시점에서 가장 높은 매수호가의 가격을, 매수호가의 경우 가장 낮은 매도호가 가격을 기준으로 매매가격이 결정된다.

v) 최우선 지정가주문

최우선 지정가주문은 종목 및 수량은 지정하되 가격은 매도호가의 경우 호가접수시점에서 다른 매도호가중 가장 낮은 매도호가 가격을, 매수호가의 경우 다른 매수호가중 가장 높은 매수호가 가격을 기준으로 매매가격이 결정된다.

한편 지정가주문, 시장가주문, 최유리지정가주문에서는 해당주문이 언제까지 유효한 것인지와 관련하여 IOC(immediate or cancel)조건과 FOK(fill or kill)조건이 있다. IOC조건은 당해 주문의 접수시점에서 주문수량 중 체결가능한 수량에 대하여만 매매거래를 성립시키고, 미체결 잔량은 취소하는 조건(즉시체결, 잔량취소)이고, FOK조건은 당해 주문의 접수시점에서 주문수량의 전부에 대해 체결가능한 경우에만 매매거래를 성립시키고, 그렇지 않은 경우에는 당해 주문을 취소하는 조건(전량체결, 전량취소)이다.

(3) 가격제한폭

거래소는 불공정한 가격형성에 따른 급격한 시세변동과 이에 따른 투자자의 피해를 방지하고, 증권의 공정한 가격형성을 위하여 증권가격이 하루 중에 상하 변동할 수 있는 변동폭을 일정 한도로 제한하고 있다. 기준가격은 원칙적으로 전일의 종가에 의하며 유가증권시장과 코스닥시장의 가격제한폭은 기준가격의 ±30%이고 코넥스시장은 ±15%이다.

(4) 기준가격

기준가격은 시장에서 증권의 가격제한폭을 정하는데 기준이 되는 가격이다. 우리 시장에서는 일반적으로 전일종가를 기준가격으로 하고 있기 때문에 당일의 가격제한폭은 전일 종가를 기준으로 적용된다.

하지만, 유상증자(주주에게 배정하는 경우에 한함), 무상증자, 주식배당, 주식분할 및 주식병합 등이 이루어지는 경우에는 해당 이벤트 발생 전후의 변화된 주식가치를 기준가격에 반영해 줄 필요가 있다. 이에 따라 거래소는 이와 같은 이벤트 발생한 경우 일정한 산식을 통해 산출된 적정 이론가격으로 기준가격을 조정하고 있다.

(5) 기세

기세는 정규시장 종료 시까지 매매거래가 성립되지 아니한 종목의 경우에도 당일 기준가격 대비 낮은(높은) 매도(매수)호가가 있는 경우 가장 낮은(높은) 매도(매수)호가의 가격을 그날의 종가로 인정하는 제도이다. 즉 기세는 다음 날의 기준가격으로 적용된다.

(6) 매매거래의 단위

매매거래 단위는 호가가격단위와 매매수량단위로 구분된다. 호가란 거래소의 회원(매도자와 매수자)이 시장에서 매매거래를 하기 위하여 매도 또는 매수의 의사표시를 하는 행위를 말한다. 호가가격단위(tick size)란 종목별로 가격이 표시되는 최소단위이며, 동시에 가격이 한 번에 변동할 수 있는 최소단위를 의미한다. 호가가격단위는 가격대별로 세분화되어 있으며, 주문을 제출하는 경우 호가가격단위에 맞추어 가격을 지정하여야 한다.

매매수량단위는 증권의 매매거래를 대량으로 원활하게 처리하기 위하여 정한 매매거래의 최저 단위를 말한다. 유가증권시장과 코스닥시장에서의 매매거래 단위는 1주이다.

표 14-3 호가가격단위

기준가격	유가증권시장	코스닥, 코넥스시장
2천원 미만	1원	
2천원 이상 5천원 미만	5원	
5천원 이상 2만원 미만	10원	
2만원 이상 5만원 미만	50원	
5만원 이상 20만원 미만	100원	
20만원 이상 50만원 미만	500원	
50만원 이상	1000원	

(7) 위탁증거금의 납입

위탁증거금은 금융투자업자가 고객으로부터 매매거래의 위탁을 받았을 경우 고객으로부터 징수하는 증거금으로 결제이행을 위한 담보를 확보함으로써 원활한 결제를 통한 거래의 안정을 도모하기 위한 것이다. 징수비율은 각 사별로 자율화되어 있으며 증거금을 차감한 나머지 잔액은 3일째 되는 날 결제시 입금하면 된다.

위탁증거금은 일반적으로 매매총액의 40%이하의 범위에서 종목, 매도 또는 매수별로 그 율을 달리할 수 있으며, 증권정책에 따라 수시로 변하고 있다. 한국거래소는 주식거래를 활성화하려는 증시부양정책의 하나로 위탁증거금을 낮추고, 과열장세를 진정시키려는 목적으로 위탁증거금을 높이기도 한다.

주식의 경우 매수주문 시에는 매수예정금액의 40%범위내의 현금을 예치하고, 매도 시에는 매도증권의 전부가 위탁증거금으로 사용된다. 관리대상종목에 적용되는 당일결제거래에서는 매수예정대금 전액 또는 매도증권 전부가 위탁증거금으로 예치된다.

한편 기관투자자나 기타 한국거래소가 지정하는 투자자는 위탁증거금을 면제받을 수 있다.

(8) 대용증권

대용증권은 증권의 활용도를 높이기 위해 현금에 갈음하여 위탁증거금으로 사용할 수 있도록 거래소가 지정한 증권이다. 즉 금융투자회사는 자사가 정하는 대용증권 납부비율 이내에서 투자자의 보유증권을 위탁증거금으로 징수할 수 있다. 이때 금융투자회사는 거래소가 산출·공표하는 증권의 대용가격 범위 이내에서 위탁증거금에 충당하여 사용하여야 한다.

증권의 대용가격은 증권별로 기준시세에 60-95%의 사정비율을 곱하는 방식으로 거래소가 산출·공표하고 금융투자회사는 이 비율 이내에서 자율적으로 대용가격을 산정하여 적용할 수 있다.

(9) 신용거래

① 신용거래의 의의

신용거래는 투자자가 자금을 차입하여 주식을 매입하는 융자거래와 주식을 차입하여 매도하는 주식공매도로 나누어진다. 신용거래를 원하는 고객은 일정금액의 보증금과 함께 별도의 신용거래계좌를 개설해야 한다.

융자거래의 특징은 자기자본과 차입한 자본을 합쳐 많은 주식을 매입할 수 있기 때문에 주가상승기에는 순수 자기자본만으로 투자하는 경우보다 높은 수익률을 얻을 수 있지만 주가가 하락하면 수익률도 크게 하락하기 때문에 위험이 확대되는 레버리지효과가 발생하는 것이다.

주식공매도는 주가하락이 예상될 때 주식을 빌려 미리 매도하고 주가가 하락하면 주식을 재매입하여 상환함으로써 차익을 얻는 거래이다. 주식공매도는 금융투자업자의 상품보유주식을 빌려 매도하는 대주거래와 금융투자업자의 중개로 해당 주식을 보유하고 있는 개인, 기관 또는 대주주들로부터 주식을 빌려 매도하는 대차거래가 있다. 주식공매도는 이 기간 중에 발생하는 배당 및 유·무상증자에 따른 권리가 발생할 경우 주식공매도를 한 투자자가 이에 대해 모두 책임져야 하고, 주가가 상승하는 만큼 손실이 발생하기 때문에 융자거래보다 훨씬 위험하다. 또한 주식공매도는 주식공급물량을 증가시켜 주가하락을 부추기는 효과가 있다. 따라서 주식공매도는 선진국과 마찬가지로 우리나라에서도 규제가 엄격해서 실제 거래는 활발하지 않은 실정이다. 따라서 신용거래는 흔히 융자거래를 의미한다. 한국거래소에서 관리종목, 감리종목으로 지정되면 이에 대한 신규 신용거래가 중지된다.

② 신용거래보증금과 담보

신용거래는 투기적 성격을 내포하고 있으므로 거래에 많은 제약이 가해지고 있다. 우선 종목별 또는 금융투자업자별로 신용거래한도가 설정되어 있고, 금융투자업자는 고객으로부터 신용거래보증금을 징수하고 해당 고객이 의무를 불이행하는 사태에 대비하여 채권을 확보하는 제도적 장치도 마련되어 있다.

i) 신용거래보증금

금융투자업자는 융자나 대주에 대한 채권을 확보하고 과도한 투기거래를 억제하기 위해 고객으로부터 매매거래대금의 일정률만큼을 신용거래보증금으로 징수하여야 한다.

신용거래보증금률은 시장상황과 증시정책에 따라 변동된다. 투자자는 보유하고 있는 다른 증권을 대용증권으로 활용하여 현금 대신 보증금의 일부로 납부할 수 있다.

ii) 신용거래의 담보

신용거래시 고객은 금융투자업자에 담보를 예탁해야 한다. 담보가액은 신용거래융자액이나 대주 시가상당액(대주되어 매각된 주식의 총가치)의 일정비율(담보유지비율) 이상을 유지해야 한다.

③ 신용거래의 상환

융자나 대주는 금융투자회사가 자율적으로 정한 상환일 이내에 상환되어야 한다. 융자거래에서는 융자액을 현금으로 상환하고, 대주거래에서는 차입한 주식과 동일한 주식으로 상환한다. 상환 시에 융자액에 대해 금융투자업자는 고객으로부터 이자를 징수하고 대주 시에는 대주매각대금이용료를 징수한다.

(10) 매매계약의 체결

모든 주문은 전산시스템을 통해 거래소에 전달되어 매매체결원칙에 따라 처리되며 체결내역은 전산시스템을 통해 즉시 통보된다.

① 매매체결원칙

자본시장에서 매매체결시 적용되는 경쟁요소에는 가격, 시간, 수량이 있는데, 각각의 요소에 따라 적용되는 원칙이 다음과 같이 확립되어 있다.

i) 가격우선원칙

저가의 매도호가는 고가의 매도호가에 우선하고 고가의 매수호가는 저가의 매수호가에 우선한다.

ii) 시간우선원칙

동일한 가격호가의 경우에는 호가가 행하여진 시간의 선후에 따라 먼저 접수된 호가가 뒤에 접수된 호가에 우선한다.

iii) 시간우선원칙의 예외(동시호가)시의 체결원칙

▶ 수량우선의 원칙

동일가격의 호가간에 그 시간의 선후가 분명치 않은 경우에는 수량이 많은 호가가 적은 호가에 우선한다. 이 원칙은 동시호가의 경우에만 적용되는 원칙이다. 이는 시장이 불안정한 상황에서 투자자의 주문수량에 비례하여 공평하게 배분하기 위한 것이다.

▶ 위탁매매우선의 원칙

고객의 위탁매매호가가 금융투자업자 자기매매호가보다 우선한다. 즉, 동일가격의 동시호가 매매체결에 있어서 고객분이 전량 처리된 후에야 금융투자업자의 자기매매분이 처리된다.

② 매매체결방법

일반적으로 증권시장의 매매체결방법은 매도·매수자간의 경쟁관계에 따라 경쟁매매, 상대매매, 경매(입찰매매)로 구분된다. 국내 증권시장은 균형가격을 효율적으로 가장 잘 반영하는 경쟁매매 방법을 채용하고 있고, 여기에는 단일가격에 의한 개별경쟁매매와 복수가격에 의한 개별경쟁매매로 구분하고 있다.

i) 단일가격에 의한 개별경쟁매매

단일가격에 의한 개별경쟁매매(단일가매매)는 일정시간 동안 접수한 호가를 하나의 가격으로 집중 체결하는 방식이다. 이러한 방식은 매매거래의 연속성이 단절된 경우(시가) 또는 주가급변 가능성이 높은 경우(종가) 등에 다수의 시장참가자 주문을 통해 새로운 균형가격을 신속히 발견한는데 효율적인 제도이다. 이것은 ⓐ 매매거래 개시전 일정시간(08:30-09:00)에 접수된 호가, ⓑ 매매가 중단된 후 매매재개 시 재개시점부터 일정기간 내(10분간)에 접수된 호가, ⓒ 장 종료 10분전부터 장 종료시점까지 접수된 모든 호가를 처리하는데 적용된다.

ii) 복수가격에 의한 개별경쟁매매(복수가매매 또는 접속매매)

이 방식은 단일가매매에 의해 시가가 결정된 직후부터 매매거래가 종료될 때까지 매매주문이 접수되는 대로 매매체결원칙에 따라 계속적으로 성사시키는 방법이다. 거래시간 중에 새로운 가격이 형성되면서 계속적으로 거래가 이루어지기 때문에 접속매매라고 한다. 이러한 매매방식은 시장상황에 대한 정보가 주가에 신속히 반영되고 투자자가 시황변화에 능동적으로 대처할 수 있다는 장점이 있다.

(11) 결제

① 결제방법

매매거래가 성사되면 결제가 이루어지는데 결제기간에 따라 다음과 같이 구분된다.

i) 당일결제거래

당일결제거래는 매매계약을 체결한 당일에 증권과 거래대금의 결제가 이루어지는 거래방법이다. 관리대상종목인 주식과 일반 채권의 거래에 적용되고 있다. 매매를 위탁할 때 매수대금 전액을 위탁증거금으로 납입해야 한다.

ii) 보통거래

보통거래는 매매계약을 체결한 날로부터 3일째 되는 날(공휴일 제외)에 결제가 이루어지는 것으로 주식의 일반적인 거래와 주식관련채권(전환사채, 신주인수권부사채)의 거래에 적용된다.

② 대체결제제도

한국거래소의 매매거래 결제는 거래소의 결제기구를 통하여 하도록 되어 있다. 그러므로 증권의 매매와 거래를 함에 있어서 계좌이용자(투자자, 금융투자업자, 금융기관)들은 그들이 소유하고 있는 증권을 미리 계좌관리기관(한국예탁결제원)에 집중적으로 예탁하여 매매거래에 수반되는 증권의 수수를 실물에 의하지 않고 이용자의 계좌간에 대체함으로써 결제를 종료하게 된다.

이러한 한국예탁결제원을 통한 계좌간 대체결제는 증권의 실물수수에 따른 인력 및 시간을 절약할 수 있고 유통과정에서 분실, 도난 등의 사고를 예방할 수 있으며 또한 결제업무 처리의 신속·정확성을 확보할 수 있는 이점이 있다.

③ 위탁수수료의 납입

금융투자업자는 위탁자로부터 매도 또는 매수의 위탁을 받아 매매가 성립되었을 때에는 결제시 위탁자로부터 위탁수수료를 징수하며, 그 징수율은 회원이 자율적으로 결정할 수 있도록 되어 있다. 금융투자업자가 징수율을 정하거나 또는 변경할 때에는 적용일 5거래일 이내에 거래소에 신고하여야 한다.

4. 시장관리

거래소는 항상 증권의 원활한 유통과 공정한 가격 형성을 이룩하여 시장 기조를 유지하고 투자자를 보호해야 한다. 그러므로 수도결제의 불이행, 투자자의 피해, 시장안정기조의 파괴예방 등을 위하여 시장을 관리한다. 시장관리의 주요 내용으로는 가격안정화장치(서킷브레이커스, 변동성완화장치, 단일가매매 임의연장), 저유동성 종목에 대한 유동성 관리(유동성공급자제도, 시장조성자제도, 초저유동성종목에 대한 단일가매매 제도), 기타 시장관리(프로그램매매 관리, 공매도 관리, 종목별 매매거래정지, 시장경보제도, 단기과열완화제도, 배당락, 권리락, 착오매매정정, 거래안정화장치, 호가정보 등의 공개) 등을 들 수 있다.

(1) 가격안정화장치

① 주식시장의 매매거래중단(서킷브레이커스)

거래소는 가격이 급변할 경우에 투자자에게 시장상황을 냉정하게 판단할 수 있는 시간을 제공함으로써 무분별한 매매에 따른 피해를 최소화하려는 목적하에서 가격연속성을 저해하지 않는 범위 내에서 일시적으로 매매거래를 중단하는 제도(Circuit Breakers: CB)를 운용하고 있다.

② 변동성완화장치(Volatility Interruption: VI)

기존의 가격제한폭만 운영하는 상황에서는 장중에 개별종목의 주가가 가격제한폭으로 변동할 때까지 순간적인 가격급변을 완화할 수 있는 장치가 미흡해 선의의 투자자 피해가 우려되었다. 따라서 종목별 변동성완화장치는 개별종목에 대한 가격안정화 장치로서, 주문실수, 수급 불균형 등에 의한 일시적 주가급변시 단기간의 냉각기간(2분의 단일가매매)을 부여하여 시장참가자로 하여금 주가급변 상황에 대해 주의를 환기시킴으로써 가격급변을 완화하도록 하기 위한 제도이다.

③ 단일가매매 임의연장(Random End: 랜덤엔드)

랜덤엔드는 단일가매매시 체결시점이 미리 정해지지 않고 임의의 시점에 결정되는 체결방식이다. 허수성호가에 의한 가격왜곡 문제를 방지하여 선의의 투자자피해를 최소화하고 시장의 투명성제고 및 균형가격 발견기능을 강화하기 위하여 도입하였다.

(2) 저유동성 종목에 대한 유동성 관리

① 유동성공급자제도

유동성이 일정 수준에 미달하는 매매거래 비활발종목에 대하여 유동성공급자(Liquidity Provider: LP)가 지속적으로 매도·매수호가를 제시함으로써 안정적으로 가격 형성을 유도하기 위한 제도이다.

② 시장조성자제도

시장조성자제도는 유동성이 부진한 종목에 대해 거래소가 증권회사와 직접 시장조성 계약을 통해 증권회사가 계약한 종목에 대해 시장조성의무를 갖는 제도이다.

③ 초저유동성종목에 대한 단일가매매제도

초저유동성종목은 체결주기가 과도하게 길고 변동성이 높게 형성되어, 정규시장 접속매매 적용에 따른 편익보다는 부작용이 훨씬 크게 발생해 왔다. 따라서 동 종목 군에 대해서는 일정시간(10분)동안의 호가를 집적시켜 안정적인 가격형성을 도모하는 단일가매매방식으로 정규시장의 매매체결방식을 변경하였다.

(3) 기타 시장관리

① 프로그램매매 관리

프로그램매매는 일반적으로 시장분석·투자시점 판단·주문제출 등의 과정을 컴퓨터로 처리하는 거래기법을 통칭하는데, 시장상황별로 실행할 투자전략을 사전에 미리 수립하여 그 내용을 컴퓨터에 프로그래밍하고, 시장상황의 분석과 분석내용에 따른 주문 등을 프로그램에 따라 컴퓨터로 처리하는 매매방법을 말한다.

이러한 프로그램매매는 시장의 움직임에 대한 기술적·기계적 투자전략으로 시장의 불안정성을 심화시킬 가능성이 존재하므로 주가급변을 완화하고 일반투자자의 주식 투자심리를 안정시키기 위한 적절한 규제가 필요하다.

프로그램매매 호가효력의 일시정지제도(Sidecar)는 프로그램매매를 규제하는 가장 대표적인 방법으로 시장상황이 급변할 경우 프로그램매매의 호가효력을 일시적으로 제한함으로써 프로그램매매가 주식시장에 미치는 충격을 완화하고자 하는 제도이다.

② 공매도 관리

공매도는 증권을 소유하지 않고 매도하거나(매도 후 지체없이 당해 증권을 제공할 수 있는지의 여부가 불분명한 경우 포함: 무차입공매도) 차입한 증권으로 결제하고자 하는 매도(차입공매도)를 말한다. 결제 안정성을 담보함으로써 결제불이행으로 인한 시장의 불안정성을 방지하고, 주가가 급락할 경우 투기목적의 공매도 집중으로 인한 시장변동성과 시장충격을 완화하기 위해서 공매도를 엄격히 제한하고 있다. 현행 자본시장법은 무차입공매도는 엄격히 금지하되 결제불이행의 우려가 없는 매도에 대하여는 공매도로 간주하지 않음으로써 공매도의 적용범위를 명확히 하고 있다.

일반적으로 거래소는 공매도에 의해 주가 하락이 가속화되지 않도록 위탁매매와 자기매매 모두에 대하여 직전가격 이하로는 공매도를 할 수 없도록 규제하고 있다.

③ 종목별 매매거래정지

거래소는 투자자보호와 시장관리상 필요하다고 인정하는 경우에는 특정종목의 매매거래를 일시적으로 정지할 수 있다. 정지요건으로는 풍문(부도, 은행거래정지, 영업활동의 전부 또는 일부정지, 파산·해산 등) 등과 관련하여 주가 및 거래량이 급변하거나 장개시 전에 급변이 예상되는 종목 또는 기타 매매거래 폭주로 신속하게 매매거래를 성립시킬 수 없다고 인정되는 종목에 대하여 중단한다. 매매거래정지는 공시규정에 근거한 매매거래정지와 기타규정에 근거한 매매거래정지로 구분된다.

④ 시장경보제도

시장감시위원회는 투기적이거나 불공정거래의 개연성이 있는 종목 또는 주가가 단기간에 비정상적으로 급등하는 종목의 경우 투자자에게 주의를 환기시키기 위한 시장경보제도를 운영하고 있다. 상장증권에 대한 투자주의종목→투자경고종목→투자위험종목으로 연결되는 3단계 지정제도는 일반투자자의 추종

매매를 억제하고 불공정거래의 확산을 사전에 차단하기 위한 경보 조치이다.

⑤ 단기과열완화제도

특정 테마(정치, 업종 등)에 대한 미확인된 정보 등이 시장에 확산되고 주가 상승을 기대한 불특정 다수가 관련 종목을 추종매매하면서, 단기간에 주가가 급등하다가 급락하는 등의 단기과열 현상이 발생한다. 이 경우 테마주를 추종매매한 선의의 투자자가 피해를 입고 주가의 급등락에 따라 시장의 변동성이 커지는 등 시장에 부정적인 영향이 발생한다. 기존의 시장관리 수단으로는 적절히 대응할 수 없었던 이러한 단기과열 현상에 대응하기 위하여 우리시장에 단기과열완화제도가 도입되었다.

⑥ 배당락과 권리락

배당락이란 당해 사업연도에 대한 이익배당을 받을 권리가 소멸되었음을 의미하며, 배당락 조치는 동 권리가 소멸되었음을 투자자에게 주지시키기 위한 일련의 시장조치를 의미한다.

권리락이란 주식회사가 주주배정 증자를 하는 경우 해당 증자에 따른 신주를 배정받을 수 있는 권리가 소멸되었음을 의미하고, 권리락 조치는 이러한 사실을 시장참가자에게 알려주기 위한 조치이다.

⑦ 관리종목지정

관리종목이란 영업실적 악화 등의 사유로 부실이 심화되거나, 일정한 주식분산요건 또는 유동성 비율에 미달하는 경우 등 상장폐지기준에 해당할 우려가 있는 종목을 말한다. 관리종목의 지정은 투자자의 주의를 환기시키고 당해 기업에게는 일정기간 상장폐지유예기간을 부여하여 정상화를 도모할 수 있도록 하는 것이다.

⑧ 착오매매 정정

착오매매 정정은 회원사가 투자자(위탁자)의 주문을 처리하는 과정에서 착오로 주문내용과 다르게 처리한 경우에 거래소가 회원사의 신청을 받아 매매계약 체결 내용을 정정하는 것을 말한다.

⑨ 거래안정화장치

대규모 착오주문이 발생하는 경우 시장전체의 리스크로 전이되는 것을 미연에 방지하기 위하여 우리 증권시장에 호가일괄취소 제도, 대규모 착오매매 구제제도 등의 거래안 정화 장치를 도입하였다. 호가일괄취소(Kill Switch) 제도는 알고리즘거래 계좌에서 프로그램 오류 등으로 인한 착오주문 발생시, 회원이 신청할 경우 해당 계좌의 미체결 호가를 일괄취소하고 추가적인 호가접수를 차단하도록 한다. 대규모 착오매매 구제제도는 시장가격과 상당히 괴리된 가격으로 성립된 착오매매를 거래소 직권으로 구제하는 제도이다.

⑩ 호가정보 등의 공개

거래소는 투자판단의 기초자료가 되는 시장의 호가내용을 실시간으로 모든 시장참가자에게 공개함으로써 회원사의 서비스 품질 및 시장의 가격발견 기능의 효율성을 제고하고 있다. 접속매매의 경우 매도·매수별 최우선호가의 가격을 포함한 10단계 우선 호가가격, 그 가격대별 호가수량 및 해당 호가의 합계수량을 공개하고, 단일가매매의 경우 예상체결가격 및 수량, 매도·매수별 예상최우선호가의 가격을 포함한 3단계 우선호가의 가격 및 수량을 공개하고 있다.

5. 공정거래 질서를 위한 제도

(1) 기업공시제도

① 공시제도의 의의

공시제도는 투자자 보호제도의 일종으로써 일반투자자가 주가판단을 할 수 있도록 기업의 재무상태, 영업실적 등을 공개하는 것으로 공시되는 자료가 정확하고 최신의 자료가 제공되어야 하며 이용이 용이해야 한다.

② 공시제도의 중요성

증권은 발행회사의 재무상태, 경영성과, 성장가능성 등 기업내용에 따라 가치가 결정되므로 정확한 기업공시가 이루어져야 한다. 즉, 불성실 공시는 증권의 가격형성을 불공정하게 하여 투자손실의 발생 및 공정거래 질서 저해, 나아가 기업발전과 국민경제 발전의 저해요인이 되므로 신속·정확한 기업공시는 매우 중요하다.

③ 공시원칙

ⅰ) 정보의 정확성

기업정보가 허위이거나 불확실하면 투자자의 투자판단에 오히려 혼란을 줄 우려가 있으므로 기업정보는 정확하여야 하고, 기업에게 좋은 내용뿐만 아니라 나쁜 내용도 공시되어야 한다.

ⅱ) 공시의 신속성

기업정보는 발생 즉시 신속하게 공시되어야 한다. 기업정보가 신속성을 잃게 되면 자본시장에 풍문이 많아지고 주가를 왜곡할 수 있어 결국 투자자가 뜻하지 않는 손실을 입을 수 있다.

ⅲ) 정보이용의 용이성

공시정보는 투자자가 쉽게 얻을 수 있고 쉽게 이해할 수 있어야 한다. 투자자가 기업정보에 접근하기 위하여서는 여러 가지 이용에 편리한 공시매체가 있어야 하고, 특히 사업보고서와 같은 중요한 정보는 일정한 장소에 상당기간 비치하여 투자자가 열람할 수 있게 하여야 한다.

ⅳ) 정보전달의 공평성

기업정보는 모든 투자자에게 공평하게 널리 전달되어야 한다. 이를 위하여 적절한 정보전달매체를 이용함으로써 공시시점에서 모든 투자자가 공평하게 기업정보를 획득하여 자본시장에서 완전경쟁이 이루어지도록 해야 한다.

④ 공시의 유형

ⅰ) 발행시장공시

발행시장공시에는 증권의 모집·매출시에 제출하는 증권신고서와 투자자를 위하여 작성·교부하는 투자설명서, 그리고 증권발행인이 발행실적을 보고·공시하는 증권발행실적보고서가 있다. 이 중 투자자보호와 밀접한 관계가 있는 것은 증권신고서와 투자설명서이다. 증권의 발행은 정기적으로 이루어지는 것이 아니기 때문에 발행시장에서의 공시는 발행 시 마다 이루어지는 기업전반에 관한 일회성 공시의 형태이다.

ii) 유통시장공시

유통시장의 공시에는 사업보고서 등 정기적, 계속적으로 이루어지는 정기공시와 기업내용의 변동사항에 대한 수시공시로 이루어진다.

▷ 정기공시

정기공시는 사업보고서, 반기보고서와 분기보고서가 중심이다. 사업보고서는 회사의 개황, 사업의 내용, 재무에 관한 사항, 감사인의 감사의견 등이 기재되며, 재무제표 부속명세서와 감사보고서가 첨부된다. 반기보고서는 사업연도 개시일로부터 6개월간의 사업내용을 기재한 것이다.

▷ 수시공시

수시공시는 공시의 최신정보를 확보하기 위하여 증권의 판단에 중요한 영향을 미치는 사실, 즉 부도, 은행거래정지, 영업활동의 정지 등 경영에 중대한 영향을 미칠 정보가 발생할 때마다 그 사실을 투자자에게 신속하게 제공하는 것이다.

⑤ 상장법인 등의 공시

i) 주요경영사항의 신고

▷ 주요경영사항의 신고

주권상장법인은 규정에 해당하는 사항에 대한 이사회의 결의 또는 대표이사 그밖에 사실상의 권한이 있는 임원·주요주주 등의 결정이 있는 경우 그 내용을 그 사유 발생일 당일 또는 익일에 거래소에 신고하여야 한다.

▷ 자회사의 주요경영사항

지주회사인 주권상장법인은 소유하고 있는 자회사 주식의 최근 사업연도 말 재무제표 상 가액이 지주회사의 최근 사업연도 말 자산총액의 100분의 10 이상인 자회사가 규정상 사유에 해당하는 때에는 그 사실 또는 결정내용을 그 사유발생일 다음날까지 거래소에 신고하여야 한다.

다만, 상기 사유가 부도발생, 은행거래정지·금지, 회사정리절차(화의 포함) 개시신청 및 개시·종결 또는 폐지 등 결정, 해산사유발생인 경우에는 사유발생 당일 거래소에 신고하여야 한다(동 사유에 대해서는 지주회사의 최근 사업연도 말 자산총액의 100분의 10 미만인 자회사도 사유발생 다음날까지 거래소에 신고하여야 한다).

ⅱ) 공정공시

▷ 공정공시 제도의 개념

기업이 자본시장을 통해 공시되지 아니한 중요정보를 기관투자자 등 특정인에게 선별적으로 제공하고자 하는 경우 모든 시장참가자들이 동 정보를 알 수 있도록 그 특정인에게 제공하기 전에 자본시장을 통해 공시하는 제도이다.

▷ 공정공시의 대상정보

- 장래 사업계획 또는 경영계획
- 매출액, 영업손익, 경상손익 또는 당기순손익 등에 대한 전망 또는 예측
- 사업보고서 등의 제출이전 당해 보고서등과 관련된 영업실적
- 공시의무사항에서 정하는 사항과 관련된 것으로서 그 신고시한이 경과되지 아니한 사항

ⅲ) 조회공시

거래소는 규정에서 정하는 사항이거나 이에 준하는 사항에 관하여 풍문 또는 보도의 사실여부의 확인을 위하여 조회공시를 요구할 수 있다.

또한, 풍문 등이 없더라도 주권상장법인 발행주권 등의 가격 및 거래량이 거래소가 정하는 기준에 해당하는 경우에는 주권상장법인에 대하여 중요한 정보의 유무에 대한 조회공시를 요구할 수 있다.

ⅳ) 자율공시

주권상장법인은 주요경영사항 이외의 사항에 대하여 회사의 경영·재산 및 투자자의 투자판단에 중대한 영향을 미칠 수 있다고 판단되는 사항의 발생 또는 결정이 있는 때 또는 장래계획에 관한 사항 또는 공시의무사항 외의 주요경영사항에 대하여 투자자에게 알릴 필요가 있다고 판단하는 경우에는 그 발생사실 또는 결정내용을 사유발생일 다음날까지 거래소에 자진하여 신고할 수 있다.

⑥ 불성실 공시 및 조치

주권상장법인이 공시불이행, 공시번복 또는 공시변경 등의 공시의무위반에 의해 불성실공시법인으로 지정되는 경우 거래소는 공시위반내용의 경중 및 공시지연기간 등을 감안하여 규정이 정하는 범위 내에서 벌점을 부과하고, 지정사

실 공표, 교육, 개선계획서 등의 제출, 매매거래 정지 등의 조치를 취하고 지정 사실을 금융위원회에 통보한다.

(2) 불공정 거래행위의 제한

① 내부자거래의 제한

i) 내부자거래

회사의 임직원 또는 주요주주 등 내부자 및 준내부자, 정보수령자가 상장법인의 신고사항 중 중요한 미공개정보를 이용하여 당해기업의 증권을 매매하는 것을 말한다. 이러한 내부자거래는 공정거래 질서를 저해하는 것으로 자본시장법 등에서 엄격하게 규제하고 있다.

ii) 공매도 금지

상장법인의 임직원 또는 주요주주가 주식 등을 소유하지 않고서 이를 매도할 수 없게 하는 제도이다.

iii) 단기매매차익반환제도

상장법인의 임직원 및 주요주주가 당해법인의 주권 등을 매매한 후 6월 이내에 반대매매에 의하여 매매차익을 얻은 경우에는 그 이익금을 당해법인에 반환토록 청구할 수 있으며, 반환청구권자는 1차적으로 당해법인이며 당해법인이 2개월내 단기매매차익 반환을 청구하지 않는 경우 주주 또는 증권선물위원회가 대위청구할 수 있다.

② 시세조종 등의 금지

자본시장에서의 인위적 개입을 제한하기 위한 제도로 누구든지 거래가 성황을 이루고 있는 듯이 오인케 하거나 기타 그릇된 판단을 유발케 하는 행위를 금지하는 것을 말한다. 또한 부당한 이득을 취하기 위해 고의로 허위의 사실 등을 유포하거나 불완전한 문서를 이용하는 등의 행위도 금지한다. 시세조종의 유형으로는 통정매매, 가장매매, 공모조작행위, 허위표시에 의한 시세조작행위 등이 있으며 위반시 형사처벌과 민사배상의 책임이 있다.

제7절 K-OTC시장의 매매거래제도

1. 등록 또는 지정제도

등록 또는 지정이란 한국금융투자협회가 일정한 요건을 충족하는 비상장주식을 K-OTC시장의 호가중개종목 목록에 올리는 행위를 말한다. 유가증권시장이나 코스닥시장의 상장과 유사한 개념이다. 등록은 기업의 신청에 따라 협회가 매매거래대상으로 목록에 올리는 것이고 지정은 기업의 신청 없이 협회가 직접 매매거래대상으로 목록에 올리는 것이다.

2. 매매거래제도

K-OTC시장에서 거래되는 주권은 협회가 등록·지정한 법인이 발행한 주식에 한하며 매매시간은 09:00부터 15:30까지로 토요일, 공휴일, 근로자의 날, 연말의 1일 및 협회가 필요하다고 인정하는 날에는 휴장한다.

호가수량단위는 1주로, 가격단위는 주권의 가격대별로 7단계이며 거래량가중평균주가 산출시 호가가격 단위 미만은 절상한다.

등록·지정종목의 호가는 가격제한폭이내에서 하여야 하고, 가격제한폭은 기준가격의 ±30%이다. 위탁증거금율은 매수의 경우 매수대금 전액, 매도의 경우 해당 매도증권 전부를 위탁증거금(100%)으로 징수한다. 매매체결방식은 상대매매방식으로 매도호가와 매수호가의 가격이 일치하는 경우에 일치하는 수량의 범위 내에서 자동으로 매매가 체결된다. 위탁수수료는 금융투자업자가 자율적으로 결정하며, 매매거래가 성립된 경우 금융투자회사는 결제시점에 위탁자로부터 위턱수수료를 징수한다. 매매거래결제 시 한국예탁결제원이 매도가액의 0.18%(2024년 7월 현재)를 증권거래세로 징수한다.

표 14-4 K-OTC시장의 호가단위

주권가격	호가가격단위
2,000원 미만	1원
2,000원 이상 ~ 5,000원 미만	5원
5,000원 이상 ~ 20,000원 미만	10원
20,000원 이상 ~ 50,000원 미만	50원
50,000원 이상 ~ 200,000원 미만	100원
200,000원 이상 ~ 500,000원 미만	500원
500,000원 이상	1,000원

CHAPTER

15 채권시장

제1절 채권

1. 채권의 의의

채권은 정부, 공공기관, 특수법인과 주식회사 형태를 갖춘 사적기업이 흑자 지출단위(투자자)로부터 비교적 장기의 자금을 조달하기 위하여 부담하는 채무를 표시하는 증권으로서 일종의 차용증서이다.

이러한 채권은 발행주체에 따라 수행하는 역할을 달리하고 있으나, 본질적으로 다음과 같은 세 가지 공통점을 가진다.

그림 15-1 채권의 예

첫째는 확정이자부 증권이라는 것이다. 채권은 발행시에 지급해야 할 이자와 상환금액이 확정되거나 그 기준이 확정되기 때문에, 투자원금에 대한 수익은 금리수준의 변동에 의한 것 이외에는 발행시에 이미 결정된 것이므로 발행자의 원리금 지급능력이 가장 중시된다.

둘째는 이자지급 증권이라는 것이다. 채권은 주식과 달리 발행자는 수익의 발생여부와 관계없이 이자를 지급하여야 한다. 채권의 이자는 발행비 등 채권발행자가 부담하는 금융비용 중에서 가장 큰 비중을 차지할 뿐만 아니라 그 고정비적 성격으로 인해 기업의 손익과 성장에 많은 영향을 주게 된다.

셋째는 기한부 증권이라는 것이다. 채권은 원리금의 상환기간이 사전에 정해져 있는 기한부 증권이다. 기한부 증권이라는 채권의 특성으로 인해 만기 및 잔존기간이 투자결정 요소로서 그 중요성을 가지며 실세금리는 경제상황에 따라 변동하는 것이 일반적이므로 만기 및 잔존기간이 길고 짧음이 채권투자수익에 큰 영향을 준다.

2. 채권과 주식의 비교

채권과 주식은 여러 가지 면에서 차이가 있다. 주식은 그 소유자가 주주총회 등에서 주주로서 의사결정에 참여할 수 있으나, 채권의 소유자는 회사경영의 의사결정에 참여할 수 없다. 주식의 발행은 자본금의 증가를 수반하고 채권의 발행은 부채의 증가를 수반한다.

표 15-1 채권과 주식의 차이점

구 분	채 권	주 식
자본조달형태	대부증권	출자증권
조달자금의 성격	타인자본(부채)	자기자본
증권의 존속기간	한시적(영구채권 제외)	영구적
수익의 형태 및 성격	이자(확정적)	배당(가변적)
조달원금	만기시 원금상환	상환의무 없음
증권소유자의 지위	채권자	주주
추가발행시의 영향	재무구조 악화	재무구조 건전화

또한 채권은 회사의 해산시 주식에 우선하여 원리금을 청구할 권리가 있다. 이를 구체적으로 정리하면 다음과 같다.

3. 채권의 특성

채권은 자본증권 중에서 원금은 물론 일정한 이자를 지급받을 권리가 주어져 있는 증권이다. 채권은 일정한 기간 후에 얼마의 이익을 얻을 수 있는가 하는 수익성과 원금 및 이자를 얼마나 확실하게 받을 수 있는가 하는 안정성, 그리고 중도에 자금이 필요할 때 얼마나 쉽게 현금화가 가능한가 하는 유동성이 골고루 갖추어져 있는 증권이다.

(1) 수익성

이는 채권을 보유함으로써 얻을 수 있는 금전적인 수익의 발생가능성을 의미하는 것으로 채권보유로부터 얻을 수 있는 수익은 이자소득과 자본소득이 있다. 이자소득은 채권을 보유함으로써 발생하는 이자로서 투자한 자금에 대한 보상을 말하며, 자본소득은 채권을 만기 이전에 되팔 경우 채권가격변동으로 인해 채권 매수가격보다 시장가격이 높을 때 발생하는 차익을 말한다. 채권투자는 일정한 이자가 보장되어 있을 뿐만 아니라 투자운용에 따른 자본이득도 얻을 수 있어 수익성(profitability)이 높다.

(2) 안정성

채권의 위험은 채무불이행위험과 시장위험의 두 가지로 살펴볼 수 있다. 채무불이행위험(default risk)은 발행주체의 고유한 특성에 의한 비체계적 위험(unsystematic risk)으로서 원리금의 상환이 이루어지지 못할 위험이다. 하지만 채권은 발행주체가 신용도가 높은 정부, 지방자치단체, 특수법인 및 상법상의 주식회사이기 때문에 그 안정성이 매우 높다. 또한 회사채의 경우에는 금융기관이 원리금을 지급보증하는 보증사채가 대부분이므로 발행기업의 신용과는 관계없이 안정성이 높다.

시장위험은 경제 전체에 나타나는 체계적 위험(systematic risk)으로서 만기 이전에 채권을 처분할 경우에 채권의 시장가격이 매입가격보다 낮아질 위험을 말한다. 이러한 위험은 채권을 만기까지 보유함으로써 회피할 수 있다.

(3) 유동성

채권은 상환일까지 보유하여 확정된 이자와 원금을 받을 수 있을 뿐만 아니라 상환일 전에 금융투자업자 등을 통해 언제든지 팔아 현금화할 수 있다.

유동성(liquidity)이란 화폐가치의 손실없이 현금으로 전환될 수 있는 용이성 정도를 말한다. 일반적으로 채권은 발행자의 신뢰도가 높아 신속하고 원활한 채무이행이 보장될수록, 만기가 비교적 단기여서 시장이자율이 변화하더라도 채권의 가치에 미치는 영향이 크지 않을수록 유동성이 비교적 높아진다.

4. 채권의 종류

채권은 원칙적으로 약정된 기일에 원리금을 상환하는 고정수익증권(fixed income security)이다. 채권은 발행주체, 이자지급방법, 담보유무, 각종 옵션조건 등의 첨가여부에 따라 다음과 같은 여러 종류로 분류할 수 있다.

(1) 발행주체에 따른 분류

채권을 발행주체에 따라 분류하면 국채, 지방채, 특수채, 금융채 및 회사채 등으로 나누어 살펴볼 수 있다.

첫째, 국채란 국가가 공공적 목적을 달성하기 위하여 발행하는 채권으로 이에는 국고채권, 재정증권, 외국환평형기금채권과 국민주택채권 등이 있다. 둘째, 지방채는 지방자치단체가 특수한 사업에 필요한 자금을 조달하기 위하여 발행하는 채권이다. 여기에는 서울시 도시철도채권, 도시철도채권(인천, 대구, 광주), 부산교통채권, 지역개발채권, 상수도공채, 도로공채 등이 있다. 셋째, 특수채는 한국토지개발공사, 한국전력공사, 한국기술개발주식회사, 한국도로공사 등 특별법에 의해 설립된 특별법인이 발행하는 채권으로 토지개발채권, 한국전력공사채권, 한국전기통신공사채권, 한국가스공사채권, 기술개발금융채권, 도로공사 고속도로건설채권, 서울시 지하철공사채권 등이 있다. 넷째, 금융채는 한국은행, 한국산업은행, 중소기업은행, 한국수출입은행 등 특수금융기관이 장기대출자금의 조달을 위하여 발행하는 채권이다. 여기에는 통화안정증권, 산업금융채권, 중소기업금융채권, 수출입금융채권 등이 있다. 다섯째, 회사채는 주식회사가 부채 형태의 장기자금조달수단으로 발행하는 채권으로 그 종류는 매우 다양하다.

(2) 이자지급방법에 따른 분류

① 이표채

이표채는 채권의 권면에 이표(이자지급표)가 붙어 있어 이자지급일에 이표를 떼어 이자를 지급받을 수 있는 채권이다. 현재 회사채의 대부분이 이러한 형태로 발행되고 있으며, 통상 3개월마다 이자를 지급한다.

② 순수할인채

순수할인채는 액면금액에서 상환일까지의 이자를 단리로 미리 할인한 금액으로 발행하는 채권이다. 대표적인 순수할인채로는 통화안정증권, 재정증권, 금융채 중 일부이다.

③ 복리채

복리채는 이자지급기간 동안 이자가 복리로 재투자되어, 만기 상환시에 원금과 이자를 동시에 지급하는 채권이다. 대표적인 복리채로는 국민주택채권, 지역개발채권, 금융채 중 일부이다.

(3) 보증유무에 따른 분류

① 보증채

보증채란 정부 또는 금융기관이 원리금 지급이행을 보증하는 채권으로 정부보증채, 일반보증채(시중은행, 증권사, 신용보증기금 등) 등이 있다. 우리나라의 경우 보증사채가 일반보증채의 대표적인 형태이다. 보증사채의 이율은 1988년 12월 5일 사채발행금리가 자유화됨에 따라 발행회사가 자율적으로 결정한다.

② 무보증채

무보증채는 원리금의 상환에 대한 금융기관의 보증이나 담보의 제공 없이, 오직 발행주체의 신용에 의해 발행되는 채권이다. 무보증사채의 경우 투자자의 입장에서는 보증사채나 담보부사채보다 안전성이 적기 때문에 신용도가 우수한 회사에게만 발행이 허용된다. 그러나 투자자보호를 위하여 발행회사의 대주주 또는 운영지배권자에게 원리금상환에 대한 연대책임을 지도록 하는 것이 보통이다.

③ 담보부채

담보부채란 채권에 담보권이 붙어있는 채권이다. 우리나라 담보부사채의 경우, 담보로 제공할 수 있는 재산이 대부분 은행에 담보로 제공되어 있으므로 회사채 발행총액의 2% 미만이 담보부사채로 발행되고 있다.

(4) 상환기간에 따른 분류

① 단기채

단기채는 상환기간이 1년 미만인 채권으로 통화안정증권(182일물, 364일물 등), 재정증권, 금융채(1년 만기) 등이 여기에 속한다.

② 중기채

중기채는 상환기간이 1년에서 5년 미만인 채권으로 국민주택채권(1종), 회사채, 금융채 등이 있다.

③ 장기채

장기채는 상환기간이 5년 이상인 채권으로 국민주택채권(2종)과 서울시 지하철공채 등이 이에 속한다.

(5) 지급이자율 변동 여부에 따른 분류

① 확정금리부채권

확정금리부채권은 확정이자율에 의해 일정금액을 약정기일에 지급하는 채권으로 국공채와 회사채의 대부분이 이에 해당한다.

② 금리연동부채권

금리연동부채권은 정기예금금리 등 기준금리에 연동되어 지급이자율이 변동하는 조건의 채권으로 일부 금융채와 일부 회사채 등이 여기에 속한다.

(6) 옵션성격에 따른 분류

옵션채는 통상 채권에 옵션적 성격이 가미된 채권으로 콜옵션적 성격과 풋옵션적 성격의 채권으로 구분된다. 일반적으로 발행자에게 유리한 옵션이나 조건이 첨가되면 그만큼 이자율이 높게 책정되고 투자자에게 유리한 옵션이나 조건이 첨가되면 그만큼 이자율이 낮게 책정된다. 보증이나 담보가 첨가되어도 이자율이 낮게 책정된다.

① 콜옵션형 채권

콜옵션적 성격의 채권은 통상 채권에 콜옵션이 첨가된 채권으로 이는 다시 수의상환채와 같이 콜옵션이 채권발행인에게 있는 채권과 전환사채, 신주인수권부사채, 교환사채 등 주식연계채권과 같이 콜옵션이 채권소지인에게 있는 채권, 그리고 옵션부사채와 같이 채권발행인과 채권소지인 쌍방에 콜옵션이 부여되어 있는 채권으로 구분된다.

ⅰ) 수의상환채

수의상환채는 채권발행자가 일정한 기간이 경과한 후 일정한 상환가격으로 채권만기 이전에 채권소지자의 의사에 관계없이 상환할 수 있는 권리를 갖는 채권을 말한다. 이때 중도상환가격은 액면가격보다 높은 프리미엄을 갖는 것이 보통이다.

이 채권은 발행 당시 시중의 금리가 너무 높은 수준임에도 불구하고 채권을 발행하여 자금을 조달할 수밖에 없는 발행자가 앞으로 적당한 시기에 잉여자금으로 상환하거나 보다 저렴한 자금으로 대체할 목적으로 발행하는 것이 보통이다. 이 밖에도 이 채권이 담보부채권일 경우 채권의 저당물을 처분할 권리를 확보할 목적으로 발행하는 경우도 있다.

ⅱ) 전환사채

전환사채(CB: Convertible Bond)는 채권소지자가 일정기간 후 행사가격에 의해 보통주 또는 우선주로 전환할 수 있는 권리를 가진 채권이다. 전환권의 행사로 사채를 주식으로 전환하면 사채권자는 주주로서의 권리를 취득하는 동시에 사채권자로서의 권리를 잃게 된다. 우리나라의 경우 1963년에 쌍용양회(주)가 최초로 연이자율 10%, 만기 6년이라는 조건하에 최초로 전환사채를 발행하였다.

iii) 신주인수권부사채

신주인수권부사채(BW: Bond with Warrant)는 채권가액의 일정비율에 해당하는 채권발행사의 신주를 인수할 수 있는 권리가 부여된 채권으로, 권리행사시에는 추가로 자금을 납부하여 신주를 인수해야 하므로 권리행사 후에도 사채권자로서의 권리를 보유하게 된다.

이 채권은 사채권과 신주인수권이 분리되어 양도가 가능한 분리형과 양도가 불가능한 비분리형으로 구분할 수 있다.

iv) 교환사채

교환사채는 채권소지자가 채권발행자가 보유하고 있는 다른 상장증권으로의 교환을 청구할 수 있는 채권으로, 교환사채 발행사의 자본금 증가가 수반되지 않는다는 점에서 전환사채와 구별된다.

우리나라의 경우 현재 금융투자업자 등이 운용자산으로 보유하고 있는 주식을 대상으로 교환사채를 발행하고 있다.

v) 지수연동형 신주인수권부사채

지수연동형 신주인수권부사채는 워런트(warrant)로서 주가상승분만큼 현금이 지급되는 채권을 말한다. 워런트는 행사기간 중 주가지수가 일정수준 이상 상승하면 행사가 가능하며 이때 행사지수를 초과하는 지수포인트당 일정금액을 지급한다. 워런트는 채권원리금의 상환이 종료되면 소멸한다.

지수연동형 신주인수권부 사채는 전환사채, 신주인수권부사채, 교환사채 등과는 달리 특정주식이나 지분의 이전이 발생하지 않는다.

vi) 옵션부사채

옵션부사채는 사채발행시에 일정한 조건이 충족되면 발행회사와 사채권자가 만기일 전이라도 사채의 원리금을 상환할 수 있고 상환을 요구할 수 있다고 하는 단서조항이 첨부된 사채이다.

② 풋옵션형 채권

풋옵션 성격의 채권에는 채권소유자가 채권만기 도래 이전에 일정한 가격으로 채권의 만기일을 사전에 명시된 기일로 단축할 수 있는 만기 단축가능채권이나 일정기간 중에 채권의 만기를 사전에 명시된 기일로 연장할 수 있는 연장가능채권 등이 있다.

만기 단축가능채권의 경우 상환을 청구할 수 있는 기간이 채권발행일로부터 일정기간이 경과하고 난 후인 것이 보통이며 이는 다시 청구기간이 하나뿐인 단일청구기간 풋과 일정기간 경과마다 계속적으로 청구기간이 도래하는 복수청구기간 풋이 있다.

(7) 기타 채권

① 이익채, 이익참가채, 수익채

i) 이익채

이익채는 발행사가 일정한 수준 이상의 이익을 실현하였을 경우에 한하여 이자를 지급하는 채권이다.

ii) 이익참가채

이익참가채는 채권보유자가 약정이율을 받고도 채권발행자의 이익이 일정수준 이상일 경우에는 다시 이익에 참가할 수 있는 권리를 가진 채권이다.

iii) 수익채

수익채는 특정재산이나 프로젝트에서 발생하는 수익으로 원리금을 상환하는 조건의 채권으로 미국의 경우 주로 정부기관이나 정부소유기업 등이 발행한다.

② 분할상환채, 연속상환채, 감채기금채

i) 분할상환채

분할상환채는 일정한 거치기간이 경과한 후 원리금을 분할하여 상환하는 채권을 말한다. 이 채권은 일반적으로 추첨에 의해 분할상환되므로 어느 채권소지자의 채권이 상환되는지 불확실하다.

ii) 연속상환채

연속상환채는 채권을 상이한 만기를 가진 여러 개의 조로 나누어 발행하는 것으로 각 조의 채권은 무이표채형식으로 발행되는 것이 일반적이다. 이 채권은 발행 당초부터 채권별로 상환일이 확정되어 있다.

iii) 감채기금채

감채기금채는 채권의 원리금 상환가능성을 높이기 위해 감채기금의 적립을 요구하는 조항이 붙은 채권으로, 적립된 감채기금은 원칙적으로 채권의 매입 또는 상환에 사용되어야 하나 경우에 따라서는 약관에 의해 다른 용도로 전용되는 경우도 있다.

감채기금채는 일반적으로 채권의 시장가격이 액면가를 상회할 경우에는 발행회사가 추첨에 의해 일부를 액면가로 상환하고 시장가격이 액면가를 하회할 때에는 유통시장에서 채권을 시장가격으로 매입상환한다. 이와 같이 감채기금채는 발행사가 상환방법의 선택권을 가지고 있기 때문에 선택권이 없는 연속상환채보다 시장가격이 낮은(즉, 이자율이 높은) 것이 원칙이다.

제2절 채권의 발행시장

채권의 종류는 국채, 지방채, 회사채, 특수채 등 다양하며 그 종류에 따라 발행 방식 및 요건 등에 차이가 있다. 여기서는 국채와 회사채 발행시장에 관하여 살펴보기로 한다.

(1) 국채

국채는 국고채권, 재정증권, 국민주택채권, 보상채권 등 자금용도에 따라 4가지 종류로 나누어지며 종목에 따라 발행방식 및 이자지급방식 등이 서로 다르다.

우선 발행방식을 보면 국고채권과 재정증권은 경쟁입찰을 통해 발행되며 국민주택채권은 인허가와 관련하여 의무적으로 매입토록 하는 첨가소화방식으로, 보상채권은 당사자 앞 교부방식으로 각각 발행된다.

이자지급방식을 보면 국고채권은 6개월마다 이자가 지급되는 이표채이며 재정증권은 할인채이다. 국민주택채권과 보상채권은 원리금이 만기에 일시 상환되는 복리채이다.

그림 15-2 국고채 발행구조

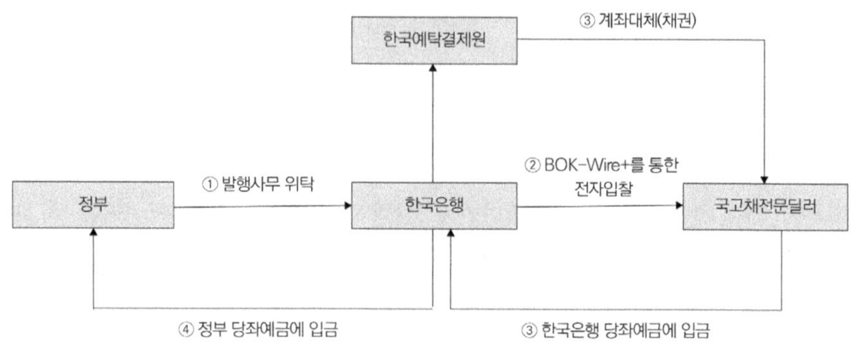

출처: 한국의 금융시장(한국은행)

또한 발행만기별로는 국고채권의 경우 3년, 5년, 10년, 20년 및 30년으로 나뉜다. 재정증권은 만기가 1년 미만이나 실제로는 통상 3개월 이내로 발행되고 있다. 국민주택채권(1종)은 5년 만기로 발행된다.

(2) 회사채

회사채는 공모발행(public offering)과 사모발행(private placement)으로 구분된다. 공모발행의 경우 인수기관인 증권회사, 한국산업은행 등이 총액을 인수하여 발행하며 사모발행의 경우에는 발행기업이 최종매수자와 발행조건을 직접 협의하여 발행하게 된다.

회사채는 개정 「상법」의 시행(2012년 4월)으로 정관에서 정하는 바에 따라 이사회 결의가 없이도 발행이 가능해졌으며 순자산액의 4배까지였던 발행한도도 폐지되었다. 한편 공모발행을 하는 경우 증권신고서를 금융위원회에 제출해야 한다.

만기를 보면 일반적으로 1, 2, 3, 5, 10년 등으로 발행되는데 대체로 3년 이하가 주종을 이루고 있다. 표면금리는 발행기업과 인수기관간 협의에 의해 자율적으로 결정된다.

그림 15-3 회사채 발행구조

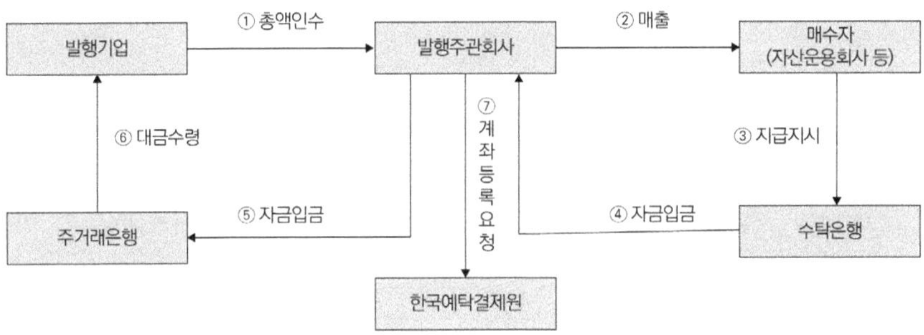

출처: 한국의 금융시장(한국은행)

제3절 채권의 유통시장

채권 유통시장은 장외시장과 장내시장으로 구분된다. 현재 대부분의 채권 거래는 장외시장에서 주로 증권회사의 단순중개를 통하여 이루어지고 있다. 장내시장으로는 한국거래소 내에 일반채권시장과 국채전문유통시장이 개설되어 있다. 일반채권시장에서는 전환사채와 소액 국공채의 장내거래가 의무화되어 있어 채권 거래가 비교적 활성화되어 있다.

(1) 장외시장

채권거래는 증권회사(inter-dealer broker 포함)를 중개기관으로 하는 장외거래 비중이 높다. 이는 채권의 종목이 다양하고 거래조건이 표준화되어 있지 않아 한국거래소의 자동매매시스템을 통해 거래하기가 곤란하기 때문이다.

현재 증권회사는 전화, 인터넷 메신저 등을 통해 매도 또는 매수를 원하는 투자자의 호가를 받은 후에 반대거래를 원하는 상대방을 찾아 거래를 중개한다. 따라서 매수·매도 호가(bid-ask quotes)를 미리 제시하고 고객의 거래요청에 반드시 응하여야 하는 시장조성(market making) 의무가 없어 채권 재고를 유지하는 위험을 부담할 필요가 없다.

그림 15-4 채권 장외유통 구조

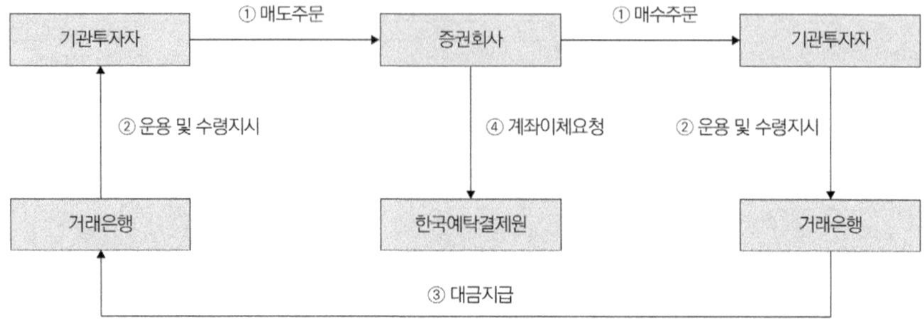

출처: 한국의 금융시장(한국은행)

이와 같이 증권회사들이 단순중개방식(brokerage)으로 채권거래를 중개하는 것은 증권회사들이 자체 채권 재고를 보유할 만큼 자금여력이 크지 않고 금리변동에 따른 위험을 충분히 헤지할 만큼 다양한 파생상품이 많지 않은 데다 과거 채권딜링업무 수행과정에서 큰 손실을 경험하였던 데 따른 소극적 자세 등에 주로 기인한다.

한편 장외시장의 경우 거래의 특성상 매매시간의 제한은 없으나 보통 09:00~16:00 중 거래가 일어나며 거래단위는 관행적으로 100억원이다. 일단 거래가 체결되면 매수기관은 자기 거래은행에게 매도기관 앞으로 대금 지급을 지시하고 매도기관은 증권회사를 통해 한국예탁결제원에 계좌이체를 요청한다. 자금 및 채권 결제는 통상적으로 거래 익일(T+1)에 이루어진다.

(2) 장내시장

장내시장은 한국거래소에 상장된 채권을 대상으로 표준화된 거래방식에 따라 거래가 이루어지는 조직화된 시장이다. 장내시장은 크게 일반채권시장과 국채전문유통시장으로 구분된다.

① 일반채권시장

일반채권시장은 불특정 다수의 일반 투자자가 참가할 수 있는 시장으로서 국채전문유통시장에서 거래되는 국고채를 제외한 모든 거래소 상장채권이 거래

대상이나 현재 소액 국공채와 전환사채 위주로 거래가 이루어지고 있다. 2009년 7월 말에는 국고채 ETF가 한국거래소에 상장되었다.

국민주택채권1종, 서울도시철도채권 및 서울특별시지역개발채권, 지역개발공채, 지방도시철도채권 등 첨가매출되는 소액 국공채(액면 5천만원 이하)는 환금성을 제고하기 위하여, 전환사채는 수요기반 확충을 위해 각각 장내거래가 의무화되어 있다.

장내시장 참가자는 한국거래소의 회원 증권회사로 제한된다. 개인, 일반법인, 한국거래소 회원이 아닌 기관투자자, 외국인 등은 회원 증권회사에 위탁계좌를 개설하여 장내시장에 참가할 수 있다.

② 국채전문유통시장

일반적으로 국채전문유통시장(IDM; Inter-Dealer Market)은 국고채전문딜러(PD) 등 시장조성 활동을 담당하는 금융기관들만 참가하는 시장이다. 우리나라에서는 1999년 3월 한국거래소 내에 국고채전문딜러, 예비국고채전문딜러(preliminary PD), 국채일반딜러 등 기관투자자들의 국채 도매거래를 위해 경쟁매매시장인 국채전문유통시장이 개설되었다.

그림 15-5 국채전문유통시장의 거래구조

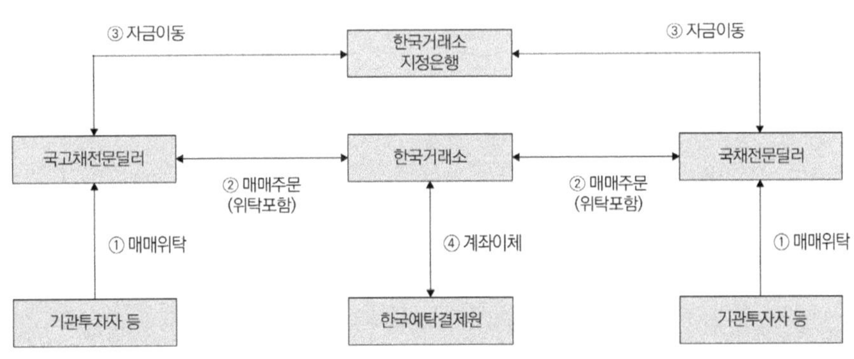

출처: 한국의 금융시장(한국은행)

동 시장에서 국고채전문딜러 등이 한국거래소가 운영하는 국채자동매매시스템(KRX Trading System for government securities)을 통해 종목별로 매수·매도 호가(two-way quotation)를 입력하면 거래조건이 맞는 주문끼리 자동으로 거래가 체결된다.

CHAPTER

16 선물시장

제1절 선물

1. 선물거래의 이해

(1) 현물거래와 선물거래

현물은 거래 즉시 인도 및 결제되는 상품, 증권 또는 지수를 말하고 선물은 장래의 특정일에 인도 및 결제되는 상품, 증권 또는 지수를 말한다. 여기서 인도란 상품이나 증권의 법적 소유권이 매도자로부터 매입자에게 이전되는 것을 의미하며, 결제란 거래대금의 지급을 의미한다.

현물거래란 매매계약의 성립과 동시에 대상상품의 인수·도와 대금 지불·수취가 이루어지는 거래방식이다. 대부분의 일상 거래가 현물거래에 속한다. 거래대금의 결제는 지급채무의 발생기준으로서 신용거래 또는 외상거래도 포함한다. 선물거래는 장래의 특정 시점에 대상상품을 얼마의 가격에 얼마만큼 매매하겠다는 약속의 형태로 이루어진다. 이에 따라 대상상품의 인수·도는 계약 체결 당시에 정한 가격으로 장래의 특정시점에 이루어지며 이 때 대금이 결제된다.

(2) 선도거래와 선물거래

선도거래와 선물거래는 장래시점에 현물의 인도와 결제가 이루어진다는 점에서 동일하다. 따라서 둘 다 장래 약속이행 여부가 거래의 안정성 확보에 있어서 매우 중요하다. 그러나 그 방법에는 차이가 있다.

장래 인도, 결제약속을 매매당사자 간에 건별로 직접 이행하는 거래방식을 선도거래라 하고, 조직적인 거래소시장이 표준화된 상품에 대해 장래 현물 인도, 결제 의무를 자기책임하에 이행하는 거래방식을 선물거래라 한다. 선물거래소는 선물매입자에 대해서는 선물매도자의 역할을 하며, 선물매도자에 대해서는 선물매입자의 역할을 한다.

선도거래는 매매당사자간에 건별로 이루어지는 약속이므로 계약불이행위험이 높다. 따라서 오늘날 선도거래는 신용도가 높은 금융기관이나 대기업 간에 이루어진다. 이에 반해 선물거래는 거래소가 계약이행의무를 지기 때문에 거래당사자가 거래상대방의 신용도를 일일이 확인할 필요 없이 이루어지므로 대중적 참여가 가능하다. 선도거래는 당사자 간의 거래이므로 계약내용, 조건 등을 필요에 따라 자유롭게 정할 수 있다. 하지만 선도거래는 계약불이행위험 외에도 상대방이 응하지 않으면 중도에 포지션청산을 쉽게 하지 못한다는 단점을 가지고 있다. 이 때문에 선도거래는 거래신용이 매우 높은 은행간 시장에서 주로 이루어진다.

선물거래는 장래 특정일 인도상품을 여러 사람이 경쟁적으로 매매할 수 있도록 거래소에 상장시켜서 거래하는 것이므로, 거래조건이 표준화되어 있으며 만기 이전에 언제든지 반대매매로 포지션청산을 할 수가 있다. 선물거래에서는 거래소가 만기에 현물을 인수·도할 의무를 지므로 매매 쌍방으로부터 계약이행보증금을 징수하는데, 이를 선물증거금이라 한다. 그러나 가격변동이 커서 한쪽의 손실금액이 증거금 예치액을 상회할 때는 거래소 입장에서 손해를 볼 수 있으므로 거래소에서는 증거금 잔액을 일일가격 변동에 따라 현금정산하는 증거금 일일정산제도를 채택하고 있다. 따라서 선물거래는 만기일 또는 중도 포지션청산 전까지 손익관리가 일일 단위로 이루어지기 때문에 대규모 누적손실이 만기에 한꺼번에 터져 나오는 일을 막을 수 있다.

(3) 선물거래 조직 및 제도

선물시장 참여자는 거래소, 금융투자업자, 그리고 선물투자자로 구성되어 있다. 그 각각에 대해서 알아보면 다음과 같다.

① 청산소

선물거래는 신용상태를 알 수 없는 불특정 다수가 참여하기 때문에 선물거래의 참여자가 안심하고 매매하기 위해서는 모든 거래의 계약이행을 보증할 제3자가 필요하다. 이런 역할을 하는 기관이 청산소이다. 선물거래에서는 매수자와 매도자가 직접 거래하는 것이 아니라 매수자와 매도자 사이에 청산소가 개입하여 각각의 거래상대방이 되어 주는 것이다. 즉, 청산소가 매도자에게는 매수자가 되어주고, 매수자에게는 매도자가 되어줌으로써 시장참여자들은 거래상대방의 신용상태에 대하여 염려할 필요 없이 안심하고 매매를 할 수 있다. 청산소의 역할을 그림으로 나타내면 다음과 같다.

그림 16-1 청산소의 역할

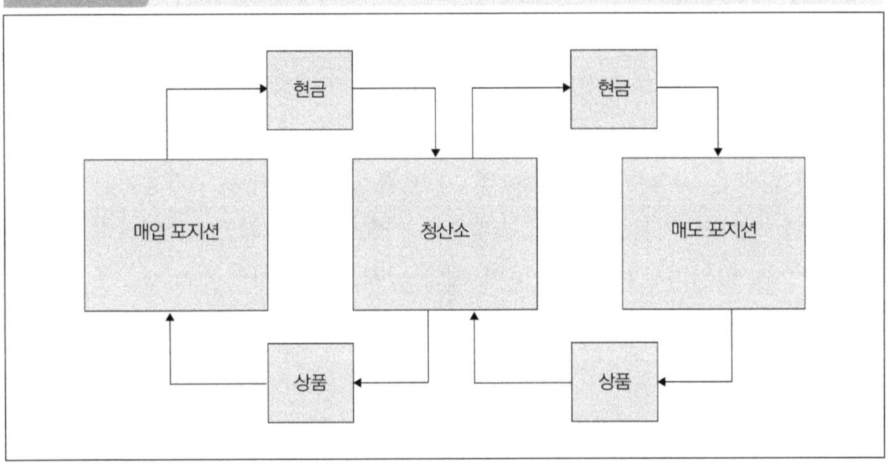

② 증거금제도

선물거래는 현재 시점에서 거래대상물과 대금이 필요 없는 대신 미래 특정 시점에 계약을 이행하겠다는 약속의 보증이 필요하다. 이를 위해 증거금이 필요한데, 증거금이란 계약불이행의 위험을 방지하기 위해 거래소가 매매 당사자로 하여금 계약과 동시에 납부하도록 하는 일정비율의 보증금을 말한다. 증거금에는 개시증거금과 유지증거금이 있다.

개시증거금은 신규로 선물계약을 체결할 때 계약금의 일부에 대해 납입하는 금액이다. 마진이라는 말은 계약금액의 일부만 납부한다는 의미에서 생겨난 것이다. 개시증거금의 수준은 거래소와 대상자산의 가격변동성에 따라서 차이가 있으나 대개 계약금액의 10% 내외에서 정해진다. 따라서, 선물거래를 위해서는 총계약금액의 10% 정도만 있으면 거래가 가능하다는 말이다. 이로 인해 선물거래는 실제 투입된 금액에 대해 10배의 손익확대효과, 즉 레버리지효과가 매우 큰 금융거래이다. 레버리지가 클수록 손실이 발생했을 때 계약이 이행되지 않을 가능성이 커지므로 이를 방지하기 위한 장치가 증거금이다.

유지증거금은 일일정산 과정에서 일정수준 이상으로 유지해야 하는 증거금 잔고를 말한다. 유지증거금은 선물계약을 유지시키고 계약이행을 보장하기 위한 목적으로 운용되며 개시증거금의 일정비율로 정해진다.

③ 일일정산제도

청산소는 당일 장이 끝난 후 종가를 기준으로 하여 매일의 정산가격을 발표한다. 이 가격을 기준으로 모든 거래 참여자들의 미청산계약에 대한 잠정이익과 손실을 정산한다. 이러한 정산의 결과 증거금계정의 수준이 유지증거금 이하로 떨어지면 고객은 금융투자업자로부터 마진 콜을 받는 대로 추가증거금을 납부해야 하며, 반대로 기본증거금을 초과하는 이익에 대해서는 현금인출이 가능하다. 청산소는 일일정산기능을 통하여 계약 당사자들로 하여금 일정수준의 증거금을 유지하도록 하여 계약불이행 위험을 미연에 방지한다.

④ 최종결제제도

선물거래를 마감하는 방법에는 반대매매를 통해 중간에 포지션을 청산하는 방법과 계약만기일에 청산하는 방법이 있다. 반대매매는 계약만기일 이전에 매입포지션에 있는 투자자가 동일계약[동일상품, 동일만기, 동일수량]에 대해 매도포지션을 취함으로써 기존의 포지션을 없애는 것이다. 반대매매의 경우 그동안 일일정산에 의해 누적된 이익 또는 손실이 선물거래의 손익이 된다. 최종결제일까지 청산되지 않은 선물포지션을 결제하는 방식으로는 실물인수도 방식과 현금정산 방식이 있다. 실물인수도는 최종결제일까지 청산되지 않은 선물포지션을 결제하는 방식의 하나로, 거래소가 지정한 창고를 통해 매도자와 매수자가 실물을 인수도하는 것이다. 선물계약에서 선물인수도에 관한 선택권은 일반적으로 선물매도자가 갖게 된다. 왜냐하면 만약 실물인수도에 관한 권리를 매입자가 갖게 되면 거래량이나 유동성이 작은 상품을 매점·매석하여 실물인수도 과정에서 현물가격을 조작할 수 있기 때문이다.

현금정산방식은 선물거래 대상 자산이 지수로 되어 있는 것과 같이 실물인도가 불가능한 품목에 대하여 채택하고 있는 최종결제 방법이다. 현금결제는 계약을 체결한 당시의 가격과 최종결제일의 정산가격의 차액만큼을 수수함으로써 마무리된다.

(4) 선물거래의 기능

선물거래는 가격예시, 차익거래를 통한 가격안정화, 위험전가 및 고수익추구 기회 제공, 그리고 자본형성 등의 주요기능을 가지고 있다.

① 가격의 예시

선물시장의 또 하나의 주요한 기능은 선물시장을 통해 미래의 현물가격을 예측할 수 있다는 점이다. 선물시장에서는 해당 결제월의 상품을 대상으로 수많은 거래자들의 매입, 매도호가에 의하여 해당 선물의 가격이 형성된다. 즉, 선물시장에서 거래자들에 의하여 형성되는 선물가격은 해당상품의 수요와 공급에 관련된 각종 정보가 집약되어 결정되므로 현재시점에서 미래 현물가격에 대한 불특정다수의 시장 참가자들의 공통된 예측을 나타낸다.

② 차익거래를 통한 가격의 안정화

선물시장은 시장가격 흐름상 일시적으로 과대 또는 과소평가된 시장가격의 불균형 상태를 신속하게 해소하는 역할을 담당하기도 한다. 만약 현물시장에서 형성된 가격이 일시적으로 과대 또는 과소평가된다면 현물가격과 선물가격 간의 불균형상태를 이용한 재정거래 또는 차익거래가 발생하여 시장가격이 신속하게 균형상태를 회복한다.

③ 위험의 전가 및 고수익추구 기회 제공

선물시장은 미래의 위험에 대해 얼마간의 비용이 들더라도 시장기구를 이용하여 이를 전가하고자 하는 사람에게 기회를 제공하고, 위험을 어느 정도 감수하면서 미래를 나름대로 예측하여 위험부담의 대가로 많은 고수익을 추구해 보겠다고 생각하는 사람을 엄격한 절차와 규칙에 따라 연결시켜주는 역할을 한다. 즉, 선물시장은 가격변동 위험을 원하지 않는 헤저로부터 가격변동위험을 감수하면서 보다 높은 이익을 추구하려는 투기거래자에게 위험을 전가하는 것을 가능하게 해준다. 즉, 실수요자인 헤저에 해당하는 생산자, 소비자, 기업, 금융기관 등은 실물자산 및 금융자산 거래에서 가격변동위험에 항상 노출되어 있는데 선물시장에서 실물포지션과 반대되는 포지션을 개설하여 실물가격의 불리한 가격변동으로부터 생기는 손실을 선물시장에서 생기는 이익으로 상쇄시키는 이른바 헤징을 할 수 있게 된다.

금융기관의 경우, 전문적 지식을 이용하여, 경우에 따라서 헤저의 입장이 되기도 하고 투기거래자가 되기도 하며 차익거래자의 입장이 되기도 한다.

④ 자본형성

선물시장은 투기거래자의 부동자금을 흡수하여 기업을 안정적으로 경영하고자 하는 위험회피거래자들의 효율적 자금관리와 자본형성에 도움을 준다. 선물거래의 주된 기능이 위험의 이전에 있음을 고려하면, 기업들은 증거금 정도의 소액의 자본으로 대규모 자금을 컨트롤할 수 있으므로 선물시장이 없을 때보다 자금운영의 유연성을 확보하게 된다.

(5) 선물거래의 기본용어

① 기초상품 또는 기초자산

이는 선물계약의 만기일에 가서 인도되는 상품 또는 자산을 말한다. 선물가격은 이 기초자산가격에 연동되어 변한다. 일부 선물계약에서는 만기일에 현물을 인도하는 대신에 기초상품가격에 의해 현금차액결제가 이루어지기도 한다. 선물계약의 거래대상이 되는 상품의 종류에 따라 크게 상품선물과 금융선물로 구분된다. 전통적인 상품선물은 농축산물 및 임산물, 비철금속, 귀금속, 에너지상품 등을 기초자산으로 하고, 금융선물은 통화, 금리, 주가지수 등을 기초자산으로 한다.

② 선물만기일

현물이 인도됨으로써 계약의무가 이행되는 날짜를 선물만기일이라고 한다. 만기일이 가까운 선물계약을 근월물, 만기일이 많이 남은 선물계약을 원월물이라 한다.

③ 선물가격

선물가격이란 선물 만기일에 현물을 인수할 때 기준이 되는 상품 단위당 가격으로 매매거래가 이루어지는 현재시점에서 결정된다.

④ 계약단위

계약단위란 거래소에서 거래되는 상품의 기본거래단위로서 선물계약 1건의 크기를 말하며, 하나의 거래단위를 1계약이라고 한다. 모든 선물거래소에서는 거래가 신속하게 이루어질 수 있도록 하기 위하여 거래 대상 상품별로 계약단위를 표준화하여 거래하고 있다.

⑤ 최소호가단위

최소호가단위는 선물계약의 매입, 매도 주문시에 내는 제시가격의 최소가격변동단위라고 할 수 있으며, 선물거래소마다 상품별로 호가단위의 크기를 표준화시켜 놓고 있다. 여기에 계약단위를 곱하면 최소호가단위 1단위 변동시 계약당 손익변동금액이 산출된다.

⑥ 미결제 약정

선물거래가 이루어진 후 반대매매나 최종결제가 이루어지지 않은 약정을 미결제 약정이라고 한다. 예를 들어, 선물 5계약을 신규매수하고 반대매매를 하기 전에는 미결제 약정 수가 5계약이 된다. 그러나 매수한 5계약 중 3계약을 전매도하고 나면 미결제 약정 수는 2계약이 된다.

⑦ 일일가격제한폭

선물거래는 현물거래에 비해 거래비용이 적게 들고 투기적 성격이 강하기 때문에 가격의 변동성이 크다. 일일가격제한폭이란 하루 중 가격이 변동할 수 있는 상한과 하한을 정해 이를 벗어나는 가격으로는 거래가 이루어지지 못하게 하여 투자자를 보호하고 효율적으로 시장을 관리 유지한다. 이는 전일 종가를 기준으로 당일 거래시간 동안 등락할 수 있는 최대한의 가격변동폭을 말한다. KOSPI200 선물의 경우 가격제한폭은 단계별로 각각 ±8%, ±15%, ±20%이다. 미국의 경우 주식시장의 가격제한폭이 없지만 선물시장에는 일일 가격제한폭이 있다.

⑧ 베이시스

베이시스란 정상시장에서 형성된 현물가격과 선물가격의 차이를 말한다. 이러한 베이시스는 선물시장을 이용하는 사람들 가운데 가격변동위험을 전가하려는 헤지거래자와 가격의 비정상적인 형성을 포착하여 순간적인 매매차익을 취하려는 차익거래자에게 중요한 투자 판단의 기준이 된다. 시간이 경과하여 만기일에 가까워지면 베이시스는 점차 작아지며, 만기일에는 선물가격과 현물가격이 동일하게 되어 베이시스는 0이 된다.

⑨ 정상시장

정상시장은 선물가격이 현물가격보다 높게 형성되어 있는 시장상태를 말한다. 일반적으로 선물가격은 현물가격보다 높게 형성되는데 그 이유는 선물상품의 인도 및 인수가 현물상품보다 늦게 이루어지므로 그 기간 동안의 상품보관료, 보험료, 이자비용 등이 반영되기 때문이다. 따라서 선물계약의 만기일이 멀면 멀수록 선물가격은 현물가격보다 더 커진다.

⑩ 콘탱고와 백워데이션

정상시장에서 선물가격이 현물가격보다 높게 형성되는 것을 콘탱고라 하며, 반대로 비정상시장 또는 역조시장에서 현물가격이 선물가격보다 높게 형성되는 현상을 백워데이션이라 한다.

(6) 선물거래의 손익

선물만기일에 기초자산을 인수하고 그 대가로 사전에 정한 대금을 지불하기로 약속하는 것을 '선물을 매입한다'고 한다. 선물을 매입한 상태를 '롱 포지션'이라고 표현한다. 선물을 매입한 경우 만기일이 될 때까지 기다려서 기초자산을 실제로 인수할 수도 있고, 만기일 이전이라도 매입했던 선물을 다시 매도함으로써 실물인수의 의무에서 벗어날 수도 있다.

한편 선물만기일에 기초자산을 인도하고 그 대가로 사전에 정한 대금을 영수하기로 약속하는 것을 '선물을 매도한다'고 한다. 선물을 매도한 상태를 '숏 포지션'이라고 한다. 선물을 매도한 경우 만기일이 될 때까지 기다려서 기초자산을 실제로 인도할 수도 있고, 만기일 이전이라도 매도했던 선물을 다시 매입함으로써 실물인도의 의무에서 벗어날 수도 있다.

이렇게 선물시장에서 매도한 것을 만기일 이전에 재매입하는 것을 환매수, 매입한 것을 만기일 이전에 재매도하는 것을 전매도라고 한다. 이처럼 환매수나 전매도를 통하여 기존의 포지션을 청산하는 것을 반대매매라고 한다.

선물을 매입한 투자자는 기초자산의 가격이 오를수록 이익을 보게 되며, 선물을 매도한 투자자는 기초자산의 가격이 떨어질수록 이익을 보게 된다. 선물거래 후 반대매매를 통해 중도에 청산하지 않고 만기일까지 최초계약을 유지한다면 거래에 따른 손익은 다음과 같다.

· 선물을 매입한 투자자의 손익 = 만기일의 기초자산가격 - 거래개시 시점의 선물매입가격
· 선물을 매도한 투자자의 손익 = 거래개시 시점의 선물매도가격 - 만기일의 기초자산가격

한편 만기일 이전에 반대매매를 통하여 기존의 포지션을 청산할 경우의 손익은 다음과 같다.

· 선물매입자의 손익 = 전매도 시점의 선물가격 - 거래개시 시점의 선물매입가격
· 선물매도자의 손익 = 거래개시 시점의 선물매도가격 - 환매수 시점의 선물가격

선물거래의 손익을 포지션에 따라 그림으로 나타내면 [그림 16−2]와 [그림 16−3]과 같다.

그림 16-2 선물매입포지션의 손익

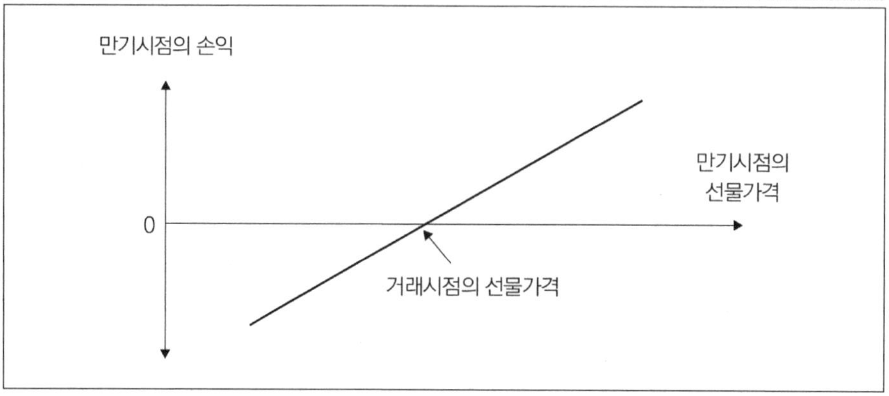

그림 16-3 선물매도포지션의 손익

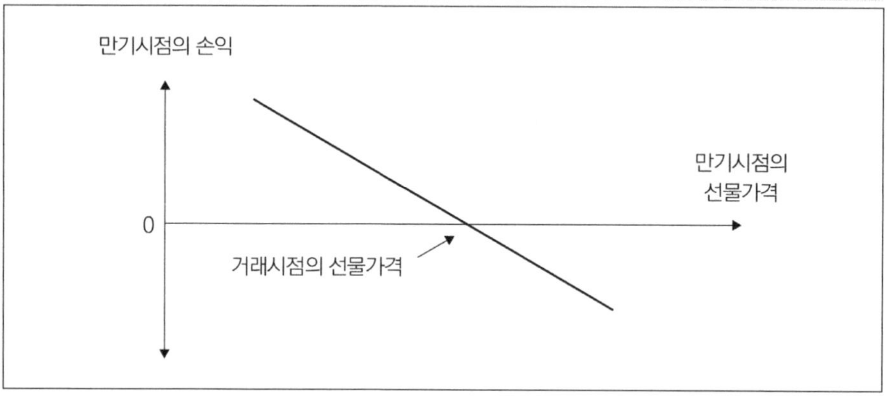

제2절 우리나라 선물시장

1. 주가지수선물시장

(1) KOSPI200선물

KOSPI200선물은 유가증권시장에 상장된 주권 200종목의 시가총액 기준으로 산출된 KOSPI200지수를 기초자산으로 하는 상품이다. 이처럼 KOSPI200선물은 주가지수를 거래대상으로 하고 있어 최종결제방법으로 현금결제를 채택하고 있다.

(2) 미니KOSPI200선물

미니KOSPI200선물은 기존 KOSPI200선물과 동일하게 한국의 대표 주가지수인 KOSPI200지수를 기초자산으로 하는 상품이다. 1계약금액을 1/5로 축소함으로써 소액투자가 가능하며 다양한 거래기회를 이용할 수 있다.

(3) 섹터지수선물

섹터지수선물은 산업군별 또는 유형별로 구분하여 산출한 주가지수를 기초자산으로 하는 상품이다. 코스피200섹터지수, 코스피배당지수 등을 거래대상으로 하고 있으며, 최종결제방식은 현금결제방식을 채택하고 있다.

(4) KOSDAQ150선물

KOSDAQ150선물은 코스닥시장의 기술주 섹터에 중점을 두면서 코스닥 종합지수의 흐름을 잘 따라가도록 시장대표성, 섹터대표성, 유동성 등의 기준으로 선정된 150개 종목으로 구성된 KOSDAQ150지수[산출기준시점 2010.1.4., 1,000p]를 거래대상으로 하는 상품이다. 최종결제방법은 현금결제방식을 채택하고 있다.

(5) KRX300선물

KRX300선물은 코스피 및 코스닥시장을 아우르는 우량기업으로 구성된 KRX300지수를 기초자산으로 하는 선물상품이다. 최종결제방법은 현금결제방식을 채택하고 있다.

(6) 유로스톡스50선물

유로스톡스50선물은 유로존 12개 국가의 증권시장에 상장된 주권 중 50종목에 대하여 지수산출전문기관인 STOXX가 산출하는 'EURO STOXX 50지수'를 거래대상으로 하는 상품이다.[산출기준시점 1991.12.31., 1,000p]

(7) 코스닥글로벌지수선물

코스닥글로벌지수선물은 재무실적, 지배구조, 기업 건전성 등의 기준으로 선정한 코스닥시장 대표 기업 약 50개 종목으로 구성된 코스닥글로벌지수[산출기준시점 2022.11.18, 1,000p]를 거래대상으로 하는 상품이다. 최종결제방법은 현금결제방식을 채택하고 있다.

2. 변동성지수선물시장

– KOSPI200변동성지수선물

KOSPI200변동성지수선물은 KOSPI200옵션가격을 이용하여 미래 KOSPI200의 변동성을 나타낸 지수를 기초자산으로 하는 상품이다. 변동성지수선물은 지수를 거래대상으로 하고 있어 최종결제방법은 현금결제방식을 채택하고 있다.

3. 개별주식선물

개별주식선물은 코스피200지수 또는 코스닥 글로벌지수의 구성종목 중 거래소가 선정한 주권을 기초자산으로 하는 선물상품이다.

4. ETF선물

ETF선물은 주식시장에 상장되어 있는 ETF를 기초자산으로 하는 선물상품이다. 최종결제방식은 현금결제방식을 채택하고 있다.

5. 채권/금리선물

(1) 3년국채선물

3년국채선물은 만기일 기준으로 잔존기간 3년의 국고채를 대상으로 거래하는 계약을 말한다. 국고채는 정부가 발행하는 채권으로 유가증권시장본부와 같은 장내유통시장 또는 금융투자회사 등을 통한 장외유통시장에서 거래되고 있다.

(2) 5년국채선물

5년국채선물은 만기일 기준으로 잔존기간 5년의 국고채를 대상으로 거래하는 계약을 말한다. 국고채는 정부가 발행하는 채권으로 유가증권시장본부와 같은 장내유통시장 또는 금융투자회사 등을 통한 장외유통시장에서 거래되고 있다.

(3) 10년국채선물

10년 국채선물은 만기일 기준으로 잔존기간 10년의 국고채를 대상으로 거래하는 계약을 말한다. 국고채는 정부가 발행하는 채권으로 유가증권시장본부와 같은 장내유통시장 또는 금융투자회사 등을 통한 장외유통시장에서 거래되고 있다.

(4) 30년국채선물

30년 국채선물은 만기일 기준으로 잔존기간 30년의 국고채를 대상으로 거래하는 계약을 말한다. 국고채는 정부가 발행하는 채권으로 유가증권시장본부와 같은 장내유통시장 또는 증권회사 등을 통한 장외유통시장에서 거래가 되고 있다.

(5) 국채선물 상품간스프레드

3년국채선물·10년국채선물 상품간스프레드는 국채선물 3년물과 10년물을 각각 매수·매도 또는 매도·매수함으로써 국채 장·단기 금리차의 변화에 투자 또는 헤지 할 수 있는 스프레드상품이다.

(6) 3개월무위험지표금리선물

3개월무위험지표금리선물은 한국무위험지표금리의 선물만기 직전 3개월 복리금리를 최종결제일에 현금결제 방식으로 거래하는 계약이다.

6. 통화선물

(1) 미국달러선물

미국달러선물은 미래의 일정시점에 인수도할 미국 달러화를 현재시점에서 미리 매수하거나 매도하는 계약이다.

(2) 엔선물

엔선물은 미래의 일정시점에 인수도할 일본 엔화를 현재시점에서 미리 매수하거나 매도하는 계약이다.

(3) 유로선물

유로선물은 미래의 일정시점에 인수도할 유로화를 현재시점에서 미리 매수하거나 매도하는 계약이다.

(4) 위안선물

위안선물은 미래의 일정시점에 인수도할 유로화를 현재시점에서 미리 매수하거나 매도하는 계약이다.

7. 상품선물

(1) 금선물

금선물은 금 가격변동에 대한 차익을 얻거나 가격변동 위험을 회피하기 위해, 현재 시점에 예측한 미래의 금가격과 실제 미래시점에 형성된 금가격과의 차이를 현금으로 주고받을 것으로 약속한 파생상품이다.

(2) 돈육선물

돈육선물은 돼지가격의 변동위험을 위하여 사전에 약속된 미래의 특정시점에 1계약당 1,000kg에 해당하는 돈육 대표가격을 사거나 팔 것을 약정하는 거래이다. 실제로 돼지를 사고 파는 것이 아닌 돈육의 가격을 거래대상으로 하는 선물거래이다.

CHAPTER

17 옵션시장

제1절 옵션

1. 옵션의 개념 및 역사

옵션이란 특정 대상물을 장래의 지정된 날[European option] 또는 그 이전에[American option] 일정한 가격으로 사거나 팔 수 있는 권리를 말한다. 옵션에는 살 수 있는 권리(콜옵션, call option)와 팔 수 있는 권리(풋옵션, put option)가 있다. 옵션은 권리이므로 유리할 때만 행사하면 되고, 불리하면 권리를 포기하면 그만이며 권리의 포기에 따른 의무는 없다.

예를 들어, 특정 자산을 정해진 가격에 살 수 있는 권리인 콜옵션을 매수한 사람은 해당 자산의 가격이 사전에 정한 가격보다 높게 시장에서 형성되는 경우, 그 권리를 행사하여 시장가격보다 낮은 가격으로 해당 자산을 삼으로써 그만큼 이익을 얻을 수 있다. 그러나 해당 자산의 가격이 사전에 정한 가격보다 낮게 시장에서 형성되는 경우에도 그 권리를 행사해서 시장가격보다 높은 가격으로 해당 자산을 삼으로써 손해를 보아야 하는 것은 아니다. 왜냐하면, 옵션은 권리이지 의무는 아니므로 유리할 때만 행사하면 되기 때문이다. 즉, 옵션매입자는 자신에게 유리한 경우에만 그 권리를 행사하여 이익을 누리고 그렇지 않은 경우에는 권리행사를 포기하는 선택권을 갖게 된다.

그런데 이렇게 권리만 있고 의무가 없는 옵션을 매수하는 사람은 해당 옵션을 매도한 사람에게 일정한 대가(프리미엄)를 지불해야 한다. 그러면 일정한 대가를 받고 권리를 판 옵션매도자는 권리를 산 사람이 권리를 행사하면 이를 반드시 받아주어야 하는 의무만 지게 된다. 옵션매수자가 권리를 행사하는 때는 옵션매도자에게 불리한 경우이고 옵션매수자가 권리를 행사하지 않는 경우에는 옵션매도자가 수취한 프리미엄이 그대로 옵션매도자의 이익이 된다. 이와 같이 옵션은 기타의 금융상품과는 달리 권리와 의무가 분리되어 있는 절묘한 금융상품이다.

옵션거래는 1973년 시카고에 CBOE(Chicago Board of Options Exchange)가 설립된 이후에 제도적으로 확립되었다. CBOE가 처음 생겼을 때는 단지 16개의 주식에 대한 옵션만 거래되었지만 지금은 주식 이외에도 주가지수, 외화, 미국 재무성증권, 주가지수선물, 상품선물 등 수많은 상품에 대한 옵션이 거래되고 있다. 옵션시장이 단기간 내에 성공할 수 있었던 것은 옵션자체가 매력적인 투자대상일 뿐만 아니라 다른 상품과 결합하여 투자자가 원하는 다양한 현금흐름을 제공함으로써 투자자에게 보다 폭넓은 투자기회를 만들어 주었기 때문이다. 우리나라에서는 1997년 7월에 상장된 KOSPI200 주가지수옵션과 1999년 4월에 상장된 미국달러옵션 및 2002년 1월에 상장된 개별주식옵션이 거래되고 있다.

2. 옵션거래의 기본용어

(1) 기본용어

① 기초자산

기초자산(underlying asset)은 옵션거래의 대상이 되는 자산을 말한다. 기초자산의 성격에 따라 옵션의 명칭이 정해진다. 본원적 기초자산으로는 주식, 채권, 외국통화, 상품 등이 있고 본원적 기초자산에서 파생된 기초자산으로는 주가지수, 선물금리계약, 선물, 스왑, 옵션 등이 있다.

② 행사가격

행사가격(exercise price 또는 striking price)이란 옵션거래에서 기초자산에 대해 사전에 정한 매입가격(콜옵션의 경우) 또는 매도가격(풋옵션의 경우)이다. 행사가격은 옵션매입자가 권리를 행사하는 데 있어서 기준이 되는 가격으로, 콜옵션 매입자는 기초자산의 가격이 행사가격 이상으로 상승했을 때 그 권리를 행사한다. 반면에 풋옵션매입자는 기초자산의 가격이 행사가격 밑으로 하락했을 때 그 권리를 행사한다.

③ 만기일

옵션매입자는 자신에게 시장상황이 유리한 경우에 권리를 행사하게 되는데 그 권리는 특정시점에만 또는 일정기간에만 행사가 가능하다. 즉, 권리를 행사할 수 있는 특정시점 또는 일정기간의 마지막 날을 만기일(expiration date)이라고 한다. 만기일이 지나면 해당 옵션은 그 가치를 상실하게 되고 더 이상 그 권리를 행사할 수 없다.

④ 프리미엄

옵션 매입자는 자신이 유리한 경우에 그 권리를 행사하여 이익을 누리는 반면 옵션매도자는 옵션매수자의 권리행사에 응해야 하는 의무를 지닌다. 이로 인해, 해당 옵션의 매입자가 이익을 누리게 되면 상대방인 옵션매도자는 손해를 보게 된다. 따라서 옵션매도자는 일방적으로 불리한 상황에 처하게 되기 때문에 옵션매수자로부터 권리부여에 대한 대가를 요구하게 되는데 이를 권리의 가격이라는 의미에서 특별히 프리미엄(premium)이라고 한다. 즉, 옵션에 있어서 프리미엄이란 옵션의 가격(option price)이라는 의미를 가지고 있다.

(2) 옵션의 분류

옵션은 기본적으로 콜옵션(call option)과 풋옵션(put option)으로 나눌 수 있다. 콜옵션은 기초자산을 정해진 가격으로 일정시점에 살 수 있는 권리를 나타내고, 풋옵션은 기초자산을 정해진 가격으로 일정시점에 팔 수 있는 권리이다.

이미 언급하였듯이 옵션은 매수자의 입장에서는 권리만 가지는 대신 프리미엄을 지급하고 매도자의 입장에서는 프리미엄을 수취하는 대신 의무만 지는 '권리와 의무가 분리되어 있는' 금융상품이다. 옵션 프리미엄을 무시하고 옵션거래자의 권리-의무 구조를 그림으로 나타내면 [그림 17-1]과 같다.

그림 17-1 옵션의 기본적인 수익형태와 옵션거래자의 권리·의무 구조

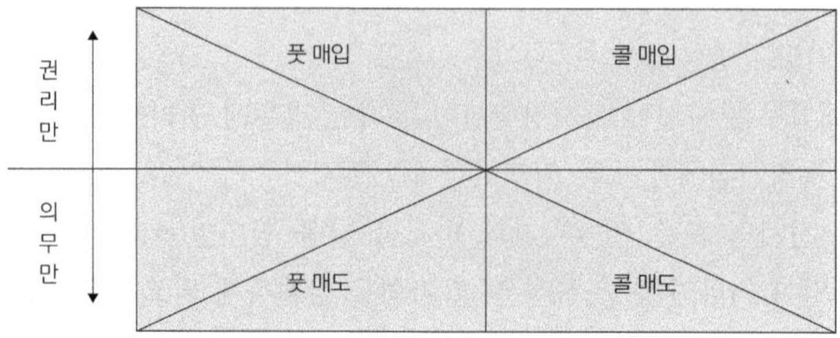

① 권리행사가능 시기에 따른 분류

i) 유럽형 옵션(European option)

유럽형 옵션은 만기일에만 권리행사를 할 수 있는 옵션이다.

ii) 미국형 옵션(American option)

미국형 옵션은 만기일을 포함하여 그 이전에 언제라도 권리행사가 가능한 옵션을 말한다.

미국형 옵션은 옵션 매입자에게 더 많은 재량권을 주기 때문에 일반적으로 유럽형 옵션에 비해 프리미엄(옵션가격)이 더 비싼 것이 일반적이다. 참고로 아시안 옵션(Asian option)은 유럽형 옵션처럼 만기일에만 권리를 행사할 수 있으나 행사가격이 정해져 있지 않고 계약기간 동안의 기초자산가격의 산술평균이나 가중평균이 행사가격으로 정해지는 옵션이다.

② 기초자산에 따른 분류

i) 상품옵션과 금융옵션

상품옵션은 기초자산이 실물(농축산물, 광물 등)일 경우의 옵션이고 금융옵션은 기초자산이 금융상품인 경우로 다시 개별주식옵션, 주가지수옵션, 금리옵션, 통화옵션 등으로 나눌 수 있다.

ii) 현물옵션과 선물옵션

현물옵션은 현물을 기초자산으로 하는 옵션이고 선물옵션은 선물계약을 기

초자산으로 갖는 옵션이다.

③ 거래장소에 따른 분류

i) 장내옵션

장내옵션은 선물계약처럼 거래조건이 표준화되어 거래소에 상장되어 거래되는 옵션을 말한다.

ii) 장외옵션

장외옵션은 거래소 이외의 장소에서 계약당사자 간의 합의에 의해 다양한 조건으로 거래되는 옵션이다.

④ 기초자산 가격과 행사가격의 관계에 따른 분류

i) 내가격옵션

옵션을 행사했을 때 이익이 나는 경우를 내가격옵션(in-the-money : ITM)이라고 하는데, 콜옵션의 경우에는 기초자산의 가격이 행사가격보다 높은 경우가 이에 해당되고, 풋옵션의 경우에는 행사가격이 기초자산의 가격보다 높은 경우가 이에 해당된다. 그리고 ITM옵션 중 기초자산의 가격과 행사가격의 차이가 크게 벌어진 경우를 심내가격옵션(deep ITM)이라고 한다.

ii) 등가격옵션

옵션의 행사가격과 기초자산의 가격이 일치하여 이익도 손해도 발생하지 않는 경우의 옵션을 등가격옵션(at-the-money : ATM)이라고 한다.

iii) 외가격옵션

옵션을 행사했을 때 손해가 발생하는 경우를 외가격옵션(out-of- the-money : OTM)이라고 하는데, 콜옵션의 경우 기초자산의 가격이 행사가격보다 낮을 때, 풋옵션의 경우에는 행사가격이 기초자산의 가격보다 낮을 때를 말한다. 그리고 OTM옵션 중 기초자산의 가격과 행사가격의 차이가 크게 벌어진 경우를 심외가격옵션(deep OTM)이라 한다.

내가격, 등가격, 외가격의 관계를 그림으로 나타내면 [그림 17-2]와 같다.

그림 17-2 내가격, 등가격, 외가격의 관계

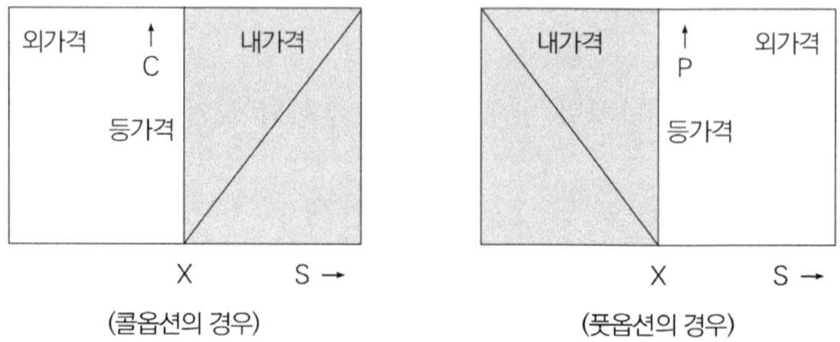

3. 옵션가격의 구성요소

옵션의 가격은 일반적으로 내재가치(intrinsic value)와 시간가치(time value)의 합으로 이루어져 있다.

(1) 내재가치

내재가치란 해당 옵션을 당장 행사해서 얻을 수 있는 가치를 말한다. 콜옵션은 기초자산의 가격이 행사가격보다 높은 경우에만 내재가치를 가지고 기초자산의 가격이 행사가격 이하인 경우에는 내재가치가 없다. 반면에 풋옵션은 기초자산의 가격이 행사가격보다 낮은 경우에만 내재가치를 가지고 기초자산의 가격이 행사가격 이상인 경우에는 내재가치가 없다.

$$\begin{aligned}&\text{콜옵션의 내재가치} = Max[\text{기초자산의 가격} - \text{콜옵션의 행사가격}, 0]\\&\text{풋옵션의 내재가치} = Max[\text{풋옵션의 행사가격} - \text{기초자산의 가격}, 0]\end{aligned} \quad (17-1)$$

위의 식에 의하면 기초자산의 가격이 콜옵션의 행사가격보다 낮은 경우 콜옵션의 내재가치는 음(-)의 값을 갖는데 옵션의 내재가치는 음(-)의 값을 가질 수 없으므로 이 때 옵션의 내재가치는 0이 된다. 옵션은 옵션보유자가 유리할 때만 행사하는 권리이므로 내재가치가 0보다 크면 권리를 행사하고 내재가치가 0보다 작으면 권리를 포기한다(마이너스(-)의 내재가치를 택하기보다는 0의 값을 택한다). 이는 다음과 같은 식으로 표시된다.

(2) 시간가치

일반적으로 옵션은 만기 이전에 내재가치 이상의 가격으로 거래된다. 즉, 현재 옵션의 가격 중 내재가치를 초과하는 부분이 존재하는데, 이 부분이 옵션의 시간가치이다. 이때 시간가치는 만기일까지 시장가격이 옵션 매입자에게 유리하게 변동할 가능성으로 인해 발생하는 가치이다. 옵션의 시간가치가 양(+)의 값을 갖는 것은 주가가 상승하는 경우 콜옵션의 내재가치가 주가에 대해 비례적으로 증가하는 반면 주가가 하락하는 경우 콜옵션의 내재가치가 0 이하로 내려가지 않는다는 것에 기인한다.

콜옵션의 시간가치 = 콜옵션의 프리미엄 − 콜옵션의 내재가치
풋옵션의 시간가치 = 풋옵션의 프리미엄 − 풋옵션의 내재가치 (17−2)

옵션의 시간가치는 다음과 같은 성질을 가진다.

① 기초자산의 시장가격과 행사가격이 비슷할수록 옵션의 시간가치가 크다. 즉, 등가격옵션의 시간가치가 내가격옵션이나 외가격옵션의 시간가치보다 크다

② 시간가치는 만기가 많이 남아 있을수록 크다. 이것은 만기가 많이 남아 있을수록 기초자산의 시장가격이 변동하여 내재가치가 증가할 수 있는 가능성이 커지기 때문이다. 시간이 경과할수록 주어진 옵션의 가치는 감소하는데, 이 현상을 시간가치 잠식효과라고 한다.

③ 시간가치 잠식속도는 등가격옵션일수록, 그리고 만기에 근접할수록 빨라진다.

이상의 성질을 고려하여 콜옵션의 가치를 그림으로 나타내면 [그림 17-3]과 같다. (단, X는 행사가격, S는 기초자산의 가격을 나타낸다)

그림 17-3 콜옵션의 가치

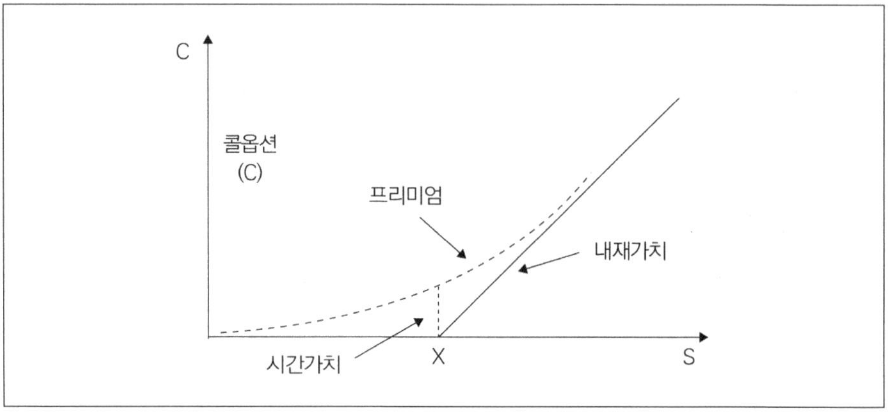

4. 옵션가격의 결정요인

만기가 되면 옵션의 가치는 내재가치에 의하여 결정된다. 그러나, 만기 이전에는 여러 가지 변수들에 의하여 옵션의 가격이 결정되는데 옵션의 가격을 결정하는 주요 변수들을 보면 기초자산의 시장가격, 옵션의 행사가격, 옵션만기일까지의 잔존기간, 기초자산의 가격변동성, 무위험이자율 등이다.

(1) 기초자산의 현재가격(시장가격)

해당 옵션의 기초자산가격은 행사가격과 함께 옵션의 가치를 결정하는 가장 중요한 요인이다.

콜옵션은 정해진 가격(행사가격)으로 해당 기초자산을 매입할 수 있는 권리이므로 기초자산의 가격이 상승하면 콜옵션의 가치도 증가한다.

반대로 풋옵션은 정해진 가격으로 해당 기초자산을 매도할 수 있는 권리이므로 기초자산의 가격이 하락할수록 풋옵션의 가치도 증가한다.

(2) 행사가격

특정 옵션을 선택하고 나면 옵션의 행사가격은 거래 당시에 결정된다. 콜옵션의 경우 행사가격이 높을수록 내재가치가 작아지므로 행사가격이 높은 콜옵션은 상대적으로 그 가격이 싸다. 반면에 행사가격이 낮은 콜옵션일수록 옵션프리미엄이 높게 형성된다.

반면에 풋옵션의 경우 행사가격이 낮을수록 내재가치가 작아지므로 행사가격이 낮은 풋옵션은 상대적으로 그 가격이 싸다. 반면에 행사가격이 높은 풋옵션일수록 옵션프리미엄이 높게 형성된다.

(3) 옵션만기까지의 잔존기간

잔존기간은 만기까지 남아있는 기간으로, 시간가치와 결부되는 개념이다. 잔존기간은 옵션매입자가에게 유리한 방향으로 시장가격이 움직일 수 있는 기회의 의미를 가지고 있다.

콜옵션 매입자에게는 기초자산의 가격이 상승할 시간적인 여유를, 풋옵션 매입자에게는 기초자산의 가격이 하락할 시간적인 여유를 주기 때문에 옵션만기까지의 잔존기간은 양(+)의 가치를 가진다. 따라서 다른 조건이 같다면 잔존기간이 짧은 옵션보다 잔존기간이 긴 옵션의 가치가 높게 형성된다.

옵션만기까지의 잔존기간과 옵션가격이 정비례하지는 않는다. 만기까지의 기간이 많이 남아 있는 경우에는 시간의 흐름에 따라 옵션의 가치하락이 천천히 이루어짐에 반하여 만기가 얼마 남지 않은 경우에는 옵션의 가치가 빠른 속도로 하락하는 것을 볼 수 있다.

(4) 기초자산의 가격변동성(분산)

기초자산의 가격변동성이 높으면 높을수록 콜옵션, 풋옵션에 관계없이 옵션의 가치는 높아진다. 이는 옵션의 가격이 기초자산의 가격변화에 따라 비대칭적인 손익구조를 나타내기 때문에 변동성이 크면 기초자산 가격이 크게 오르거나 크게 하락할 확률이 크므로 그만큼 큰 이익을 얻을 수 있는 확률이 커진다는 것을 의미한다.

물론 가격변동성이 높을수록 손해를 볼 수 있는 확률도 커진다는 것을 의미한다. 하지만, 손실은 옵션을 매입할 때 지불한 프리미엄으로 한정되어 있는 반면, 기초자산의 가격이 유리한 방향으로 움직일 때는 이익이 기초자산의 가격에 비례하여 옵션 프리미엄보다 훨씬 크게 증가할 수 있으므로 기초자산의 변동성은 양(+)의 가치를 가진다.

(5) 무위험이자율

무위험이자율은 옵션거래에서 발생하는 기회비용을 의미한다. 옵션거래에서 발생하는 기회비용은 콜옵션과 풋옵션의 경우 서로 다르게 나타난다.

콜옵션의 매입과 기초자산의 매입을 비교해 보면, 콜옵션 매입은 현물매입에 비해 매입대금의 지출시점을 늦추는 효과를 가지므로 이자율이 높을수록 콜옵션매입에 유리하게 작용한다. 즉, 이자율이 높을수록 콜옵션의 가치는 증가한다.

반면에 풋옵션의 매입과 기초자산의 매도를 비교해 보면, 풋옵션 매입은 현물매도에 비해 매도대금의 수취시점이 늦추어지는 효과를 가지므로 이자율이 높을수록 풋옵션 매입에 불리하게 작용한다. 즉, 이자율이 높을수록 풋옵션의 가치는 감소한다.

5. 옵션의 손익구조

(1) 콜옵션의 손익구조

콜옵션을 매입할 경우 만기일에 기초자산의 시장가격이 미리 정한 행사가격이상 상승할 경우 옵션을 행사함으로써 그 차이만큼 이익을 볼 수 있다. 반면에 만기일에 시장가격이 행사가격보다 낮을 경우 콜옵션매수자는 옵션행사를 포기하게 된다. 만기일(T)의 시장가격을 S_T, 행사가격을 X라고 할 때, 콜옵션의 가치 C는 다음의 식으로 나타낼 수 있다.

$$C = \mathrm{Max}[S_T - X, 0] \quad (17-3)$$

즉, $S_T - X$가 0보다 크면, $S_T - X$가 콜옵션의 가치가 되고, $S_T - X$가 0보다 작으면 0이 콜옵션의 가치가 된다.

시장가격이 행사가격을 초과하는 영역이 콜옵션매수자에게는 권리행사 영역이 되고, 콜옵션매도자에게는 의무이행 영역이 된다. 콜옵션매수자에게는 시장가격이 상승할 경우 이익은 무한대가 되지만 하락할 경우 콜옵션 권리행사를 포기함으로써 옵션가격(프리미엄)만큼 한정된 손실만 보게 된다. 콜옵션매도자는 매수자와 대칭적인 손익구조를 갖게 되며 시장가격이 하락할 경우 프리미엄만큼의 이익이 확보되지만 상승할 경우는 손실이 무한대가 된다.

그림 17-4 콜옵션매수자와 매도자의 손익선

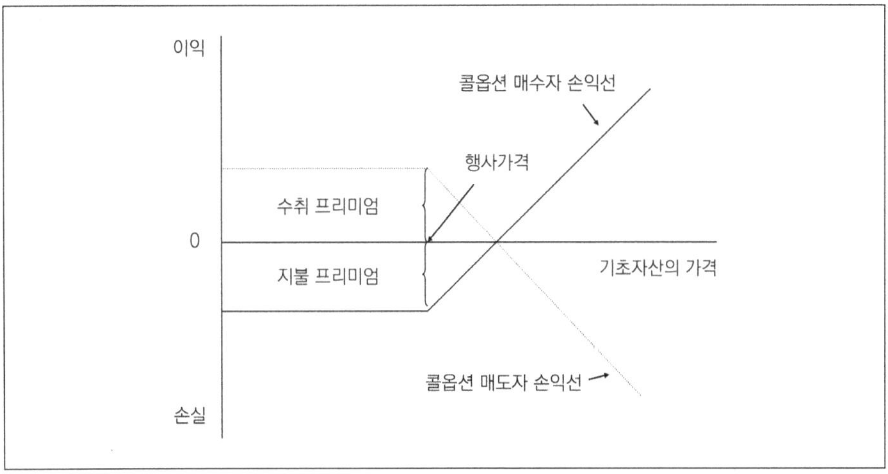

(2) 풋옵션의 손익구조

풋옵션을 매입할 경우 만기일에 기초자산의 시장가격이 미리 정한 행사가격보다 낮을 경우 옵션을 행사함으로써 그 차이만큼 이익을 볼 수 있다. 반면에 만기일에 시장가격이 행사가격보다 높을 경우 풋옵션매수자는 옵션행사를 포기하게 된다. 만기일의 시장가격을, 행사가격을 라고 할 때, 풋옵션의 가치 는 다음의 식으로 나타낼 수 있다.

$$P = Max[X - S_T, 0] \qquad (17-4)$$

즉, $X-S_T$가 0보다 크면, $X-S_T$가 풋옵션의 가치가 되고, $X-S_T$가 0보다 작으면 0이 풋옵션의 가치가 된다.

그림 17-5 풋옵션매수자와 매도자의 손익선

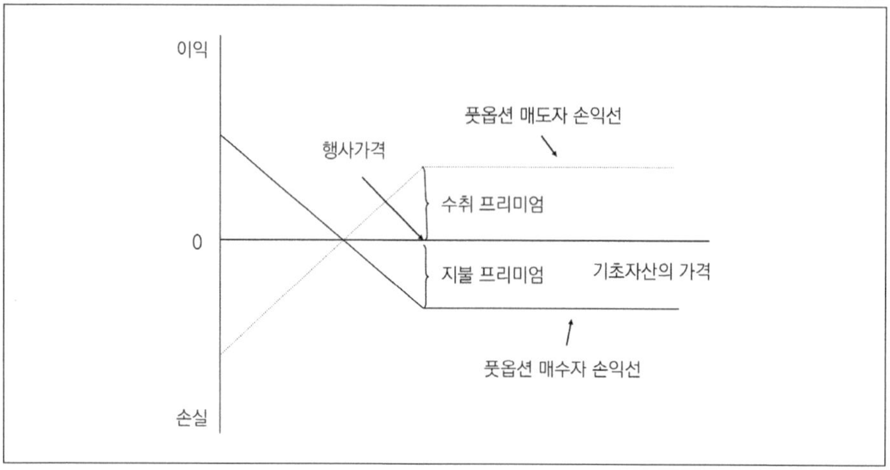

시장가격이 행사가격을 미달하는 영역이 풋옵션매수자에게는 권리행사영역이 되고, 풋옵션매도자에게는 의무이행영역이 된다. 풋옵션매수자에게는 시장가격()이 0으로 하락할 경우 최대이익은 행사가격(X)이 되지만 상승할 경우 풋옵션 권리행사를 포기함으로써 옵션가격(프리미엄)만큼 한정된 손실만 보게 된다. 풋옵션매도자는 매수자와 대칭적인 손익구조를 갖게 되며 시장가격이 상승할 경우 프리미엄만큼의 이익이 확보되지만 하락할 경우는 행사가격 전액이 손실로 나타난다.

제2절 우리나라 옵션시장

1. 주가지수옵션

(1) KOSPI200옵션

코스피200옵션은 유가증권시장본부에 상장된 주권 200종목의 시가총액 기준으로 산출된 코스피200지수를 기초자산으로 하는 상품이다. 코스피200옵션은 주가지수를 거래대상으로 하고 있어 최종결제방법으로 현금결제를 채택하고 있다.

(2) 미니KOSPI200옵션

미니코스피200옵션은 기존 코스피200옵션과 동일하게 한국의 대표 주가지수인 코스피200지수를 기초자산으로 하는 상품이다. 다만, 1계약금액을 1/5(거래승수 25만→5만)로 축소함으로써 소액투자가 가능하여 다양한 거래기회를 이용할 수 있다.

(3) 코스닥150옵션

코스닥150옵션은 코스닥시장의 기술주 섹터에 중점을 두면서 코스닥 종합지수의 흐름을 잘 따라가도록 시장대표성, 섹터대표성, 유동성 등의 기준으로 선정된 150개 종목으로 구성된 코스닥150지수[산출기준시점 2010.1.4., 1,000p]를 거래대상으로 하는 상품이다. 최종결제방법은 현금결제방식을 채택하고 있다.

2. 개별주식옵션

코스피200지수 또는 코스닥 글로벌지수의 구성종목 중 거래소가 선정한 주권을 기초자산으로 하는 옵션상품이다.

3. 통화옵션

– 미국달러옵션

미국달러옵션은 미리 정한 환율로 최종거래일에 달러화를 매수 또는 매도할 수 있는 권리를 매매하는 것이다. 미리 정한 환율을 행사가격이라 한다.

저자 약력

강 인 철(康仁喆)

부산대학교 상과대학 경영학과 졸업
부산대학교 대학원 경영학석사
부산대학교 대학원 경영학박사(재무관리전공)
영산대학교 정보경영학부 교수 역임
경남대학교 창업보육관 관장 역임
(현) 경남대학교 경영대학 경영학부 교수

재무이론과 실제

초판 발행 2024년 8월 30일

지은이 강인철
펴낸이 박노일

총괄기획 최준규
편 집 이상민

펴낸곳 pnc publishing and culture 피앤씨미디어
경기도 고양시 일산동구 강송로 153 310－1501
등록 제396－2012－000203호
전 화 070)7550-3758 팩 스 02)6280-3758
홈페이지 www.pncmedia.co.kr 이메일 pnc@pncmedia.co.kr
ISBN 979-11-5730-946-7 93320

정 가 25,000원